Bitcoin et Cryptomonnaies pour les nuls

Bitcoin et Cryptomonnaies pour les nuls

Daniel Ichbiah
Jean-Martial Lefranc

FIRST
INTERACTIVE

Bitcoin et Cryptomonnaies pour les Nuls

Éditions First, un département d'Édi8
12, avenue d'Italie
75013 Paris – France
Tél. : 01 44 16 09 00
Fax : 01 44 16 09 01
Courriel : firstinfo@editionsfirst.fr
Site Internet : www.pourlesnuls.fr

ISBN : 978-2-412-03952-6
Dépôt légal : octobre 2018

Imprimé en France
Mise en page : Catherine Kédémos

Sommaire

PARTIE 4 : FRANCHIR LE PAS 171

CHAPITRE 7 : Investir dans les cryptomonnaies 173

CHAPITRE 8 : Quatre scénarios pour l'avenir des cryptomonnaies 197

Introduction

Depuis plusieurs années, le Bitcoin et ses divers avatars font la une de l'actualité. Certains médias s'extasient sur les plus-values extraordinaires qu'ont pu réaliser certains de ceux qui ont acheté des Bitcoins au bon moment. D'autres préfèrent mettre en exergue les mésaventures de ceux qui auraient perdu beaucoup d'argent en plaçant leurs deniers dans ces nouvelles devises.

Là n'est pas tout. Pas une semaine ne se passe sans qu'apparaisse une nouvelle cryptomonnaie présentée comme le *nec plus ultra* du domaine. En gros, chacune vise à résoudre certaines des insuffisances des monnaies pionnières que sont le Bitcoin et l'Ethereum. L'une dit apporter plus de rapidité au traitement des transactions, une autre prétend garantir l'anonymat... Dans la réalité, certaines de ces nouvelles monnaies sont aussi virtuelles que possible. Alors, qui croire ? Qui soutenir ? Qui suspecter ?

En parallèle, le domaine a vu se développer un jargon complexe, et les spécialistes se plaisent à parsemer leur discours de ces termes obscurs, comme pour mieux marquer qu'ils seraient des experts du genre.

Bref, pour le simple *quidam* qui tente de comprendre de quoi il en retourne, la tâche n'est pas simple. Faut-il acheter des Bitcoins, de l'Ethereum, de l'EOS ?... Faudrait-il plutôt investir dans une cryptomonnaie apparue la semaine dernière ? Quels sont les risques à placer son argent dans l'une de ces aventures ? Qu'est-ce que la fameuse *blockchain* et en quoi peut-elle garantir qu'une transaction ne sera jamais falsifiée ? Quel est le rôle des mineurs, ces personnes qui gagnent de l'argent – en cryptomonnaie – en faisant tourner leurs ordinateurs 24 heures sur 24 pour les besoins d'une monnaie particulière.

Ce livre se propose de vous expliquer, de façon la plus claire possible, en quoi consiste cette révolution des cryptomonnaies. Nous nous efforçons de rester le plus simple possible, au risque de choquer les puristes.

Le Bitcoin et ses avatars représentent pour la monnaie une révolution analogue à celle qu'a été le Web dans le domaine de l'information ! Toutefois, si l'espoir est grand de voir la monnaie changer de forme avec l'avènement de ces nouveaux modèles, il importe de demeurer prudent quant à ce domaine sous sa forme actuelle et future.

Aux débuts du Web, il était courant de s'enthousiasmer sur les potentiels de ce nouveau média. À l'arrivée, nous avons une poignée de grandes entreprises (Google, Facebook, Amazon, Netflix...) qui gèrent l'essentiel des services liés à un domaine particulier !

Qu'en sera-t-il pour les cryptomonnaies ? Nous l'abordons ici en imaginant divers scénarios d'évolution.

Comment est organisé ce livre

Voici comment est organisé le livre et ce que vous allez découvrir au fil de ces pages.

Un chapitre introductif revient sur l'histoire des monnaies et en quoi le Bitcoin a su apporter le facteur essentiel (la confiance) selon un modèle différent de tous ceux adoptés jusqu'alors.

Partie 1 – Les mots de la cryptomonnaie

Ce qui rend l'approche des cryptomonnaies complexe pour un grand nombre de gens, ce sont les multiples termes apparus avec ce phénomène, des termes souvent liés à l'informatique.

Nous proposons donc de vous expliquer tous les termes incompréhensibles au premier abord de ce domaine.

Le Chapitre 1 est essentiel. En le lisant, vous allez découvrir neuf concepts essentiels du domaine :

- Bitcoin
- *Blockchain*
- Minage/mineurs
- *Smart contract*
- Ethereum

» Cryptomonnaie

» Lightning Network

» EOS

» IOTA

La seule lecture de ce chapitre va vous procurer un point de vue éclairé sur les cryptomonnaies, depuis leur origine (le Bitcoin) jusqu'aux évolutions diverses qu'ont été l'Ethereum ou de nouvelles monnaies comme EOS et IOTA.

La lecture du Chapitre 2 est moins fondamentale. Comme il s'agit d'un dictionnaire des termes liés aux cryptomonnaies, vous pouvez vous y référer chaque fois que vous rencontrerez un terme qui vous est inconnu ou peu clair. Il sert avant tout de référence.

Partie 2 – La genèse du Bitcoin et des cryptomonnaies

Une façon simple d'entrer dans l'univers des cryptomonnaies consiste à raconter leur histoire.

Le Chapitre 3 revient sur la genèse de cette monnaie avec laquelle tout a commencé. Quelles ont été les motivations de son créateur, Satoshi Nakamoto, quels ont été les épisodes majeurs de l'évolution du Bitcoin ?

Le Chapitre 4 explique comment l'Ethereum qu'a défini Vitalik Buterin a permis l'émergence de centaines de cryptomonnaies en un temps record. Nous abordons plus en détail certaines de ces cryptomonnaies, comme le Ripple, l'une des seules à avoir gagné une reconnaissance auprès du système financier traditionnel.

Partie 3 – Cryptomonnaies : fonctionnement et applications

Le Chapitre 5 entre de manière approfondie dans les techniques de cryptographie qui ont permis à Bitcoin d'exister. Il analyse dans le détail ce qui rend une *blockchain* inviolable, avec des mécanismes de contrôle qui reposent sur des algorithmes complexes.

Le Chapitre 6 aborde un grand nombre des concepts liés à ces nouvelles technologies : la décentralisation des informations, les *smart contracts* (la couche logicielle qui amène à définir une cryptomonnaie particulière ou bien une application liée à une monnaie), ce que sont les ICO, ces offres publiques de participation à une nouvelle monnaie, *etc.*

Partie 4 – Investir dans les cryptomonnaies

Le Chapitre 7 explique pourquoi, dans l'état actuel des choses, il est aventureux d'investir dans une cryptomonnaie, quand bien même de très belles opérations ont pu avoir lieu ici ou là. Nous passons en revue les critères à analyser dès lors que la motivation essentielle serait de réaliser un placement financier.

Dans le Chapitre 8, nous proposons quatre optiques d'évolution, optimistes et pessimistes pour ce secteur.

- La *blockchain* devient la nouvelle fondation du réseau mondial.
- La *blockchain* disparaît avec son rêve communautaire.
- La cryptomonnaie devient un quasi-monopole à l'image des Gafa.
- Les États prennent le contrôle des cryptomonnaies.

Partie 5 – Les dix commandements

Cette partie clôt traditionnellement chaque ouvrage de la collection *Pour les Nuls*. Le Chapitre 9 répond à dix questions couramment posées à propos des cryptomonnaies, tandis que le Chapitre 10 regroupe dix points essentiels qu'il faut garder à l'esprit si l'on veut se lancer dans le domaine de la cryptomonnaie.

Les icônes utilisées dans ce livre

Lorsque vous rencontrez cette icône, essayez de mémoriser son contenu.

Cette icône attire l'attention sur une anecdote, généralement à base de chiffres.

Cette icône signale une mise en garde ou un problème posé par les cryptomonnaies.

Chapitre introductif

Lorsqu'il nous a été proposé d'écrire ce livre, nous avons relevé le défi de rendre ce sujet accessible à tous.

Or, s'il est sujet qui apparaît particulièrement complexe, c'est bien celui des cryptomonnaies – du moins, en apparence.

Que dire d'une monnaie « virtuelle », qui s'échange essentiellement par le biais d'ordinateurs ou de smartphones ? Quelle confiance peut-on apporter à ce qui paraît impalpable et qui s'assimilerait pour certains à du vent...

Dans cette introduction, nous allons tenter de vous montrer qu'en réalité, le Bitcoin, comme toutes les autres cryptomonnaies, repose sur des principes ultra-simples, connus de tous.

Comment les monnaies sont apparues

Pour mieux comprendre ce qui va suivre, il peut être bon d'en revenir aux fondamentaux.

Autrefois était le troc...

Si nous pouvions remonter loin, très loin en arrière, nous nous retrouverions dans un village où l'on pratiquait le système d'échanges de biens et de services le plus simple qui soit : le *troc*.

Vous fournissiez à un voisin des fraises et des framboises de votre jardin ainsi qu'une douzaine d'œufs de votre ferme. En échange, il passait une après-midi à arracher les mauvaises herbes de votre pelouse. Comme votre production était de qualité, et comme son travail était accompli avec soin, chacun était content.

Ce système avait l'avantage d'être fiable : si l'on se faisait duper une seule fois, on ne faisait plus appel à ce voisin mais à un autre. Il n'en demeure pas moins que cette façon de procéder était tout de même peu pratique si l'on voulait opérer à grande échelle.

Un système d'échange accepté par tous

Pour qu'il soit possible de mieux gérer l'échange de ce que chacun pouvait produire ou offrir, un système a été défini. Posons que nous avons décidé d'utiliser certains cailloux peints en bleu foncé comme intermédiaire. Nous avons, d'un commun accord, défini une échelle de valeurs de ces cailloux.

- » Un œuf correspond à 1 caillou.
- » Un sac de fraises me rapporte 2 cailloux.
- » Je t'échange un mètre cube de bois de chauffage contre 100 cailloux.
- » Si je veux acheter ta table, tu en veux combien ? 200 cailloux ?
- » *Etc.*

Effectivement, nous avons eu là un système bien pratique, car l'on n'est plus obligé d'échanger ses fraises et framboises contre un seul service – celui que me propose le voisin, arracher mes mauvaises herbes. Je peux « vendre » mes fraises et framboises à plusieurs voisins et récolter ainsi quelques centaines de cailloux. Avec le pécule ainsi amassé, je peux m'offrir des œufs, du bois de chauffage, l'arrachage des mauvaises herbes...

Nous avons ici une *monnaie d'échange* : le caillou peint en bleu foncé.

L'ingrédient manquant : la confiance

Pas si vite, cependant. Immédiatement, une question vient à l'esprit : comment empêcher les abus ? Comment être sûr que les cailloux que Jean-Luc m'a donnés pour mes fraises représentent une véritable production ? Comment être sûr qu'il n'est pas simplement allé ramasser des cailloux qu'il a ensuite peints en bleu ? En d'autres termes, comment être sûr que ces cailloux ont une valeur réelle ?

C'est ici qu'intervient le *garant* ou *tiers de confiance.*

Pour que le système d'échange à base de cailloux bleus puisse fonctionner, il a fallu que les gens du village choisissent une personne de bonne réputation, quelqu'un à qui l'on pouvait déléguer la responsabilité de gérer les cailloux. Nommons cette personne Barnabé.

Barnabé est donc celui qui émet les cailloux bleus. Il les grave avec un certain poinçon afin qu'ils soient, théoriquement, infalsifiables. Barnabé est doté d'une vision fine : il est capable d'un seul coup d'œil de déterminer si un caillou bleu est authentique et donc licite ou bien s'il a été contrefait.

Grâce au système des cailloux bleus et à la présence de Barnabé, les échanges de biens et de services peuvent désormais se pratiquer à grande échelle dans le village. (Notons au passage que ce système tend à revenir à la mode avec l'apparition de monnaies locales.)

Le système des cailloux a évolué avec le temps afin de devenir nos pièces et billets actuels. Le tiers de confiance qu'incarnait Barnabé est l'ancêtre de nos banques actuelles, officiellement garantes de la valeur de notre argent.

LES BILLETS D'EUROS, INFALSIFIABLES ?

De tout temps, les banques ont eu fort à faire pour rendre les billets infalsifiables, tandis que les faussaires, pour leur part, n'ont eu de cesse d'élaborer des stratagèmes afin de contourner lesdites protections. Ainsi, sur le seul premier semestre 2013, pas moins de 670 000 faux billets en euros ont dû être retirés de la circulation.

Pour tenter de limiter la chose, à partir de 2014, de nouvelles technologies anticontrefaçon ont été mises au point sur les coupures en euros :

- visage de la déesse Europe dans la fenêtre sur la partie supérieure de l'hologramme et dans le filigrane visible en inclinant le billet ou par transparence ;
- nombres en couleur émeraude ;
- effet lumineux et changement de teinte quand on penche le billet.

Est-ce à dire que les falsifications auraient reculé depuis l'apparition de ces nouveaux billets ? Ce serait sans compter sur le fait que, hélas, les faussaires savent s'équiper eux aussi de technologies avancées...

Les deux éléments clés d'une monnaie

La démonstration qui précède peut sembler simplissime, mais elle nous donne néanmoins les points fondamentaux d'une monnaie :

- un élément (pièce, billet, lingot d'or...) auquel nous avons convenu d'attribuer une certaine valeur ;
- un tiers de confiance qui est le garant de la validité de cet élément d'échange.

Tels sont les éléments clés d'une monnaie, que nous retrouvons à toutes les époques et dans la plupart des civilisations, au Moyen Âge comme de nos jours, dans les pays d'Europe comme en Asie.

Il faut croire que ce système a longtemps eu du bon, puisque nous avons de nos jours des monnaies comme l'euro ou le dollar qui servent à des échanges de biens ou de services à l'échelle internationale.

QUELLES ONT ÉTÉ LES PREMIÈRES BANQUES ?

Il semble que les premières banques ou en tout cas, ce qui y ressemble le plus, soient apparues en Lydie (une ancienne ville d'Asie Mineure évoquée par Homère) ou encore en Mésopotamie et en Phénicie (l'actuel Liban).

Toutefois, c'est aux alentours du IVe siècle avant J.-C. que l'on a vu apparaître les premiers banquiers (à même de recevoir des dépôts de pièces, de les changer contre d'autres types de pièces et même d'octroyer des crédits) dans des villes grecques comme Éleusis ou Delphes. À cette époque, la valeur des pièces de monnaie était calculée à partir du métal qui les constituait (or, bronze, argent...). Plus étonnant : certains de ceux qui jouaient ainsi le rôle d'échangeurs de monnaie et donc de banquiers, étaient des prêtres.

Comment l'argent est devenu virtuel

Il est courant, pour certains réfractaires au Bitcoin et autres cryptomonnaies, de se justifier ainsi : « je ne suis pas à l'aise à l'idée de manipuler de l'argent virtuel. »

Pourtant, en réalité, voilà plusieurs siècles que l'argent virtuel est devenu, pourrait-on dire, « monnaie courante », et plusieurs décennies que chacun d'entre nous en utilise quotidiennement !

Qu'en est-il ? Certes, à l'origine, l'argent que nous détenions était représenté par des pièces de monnaie sonnantes et trébuchantes. D'un certain côté, il pouvait être rassurant d'avoir à domicile un coffre empli de telles pièces. De l'argent en métal, solide, palpable. Dans le même temps, détenir tout cela à la maison pouvait aussi induire un risque et attirer la convoitise de certains.

Par la force des choses, peu à peu, les intermédiaires tels que les banques ont pris de l'importance. L'argent était déposé dans de tels établissements, dans des conditions sûres – du moins pouvait-on l'espérer. Pour en avoir un usage courant, nous avons commencé à recourir à des éléments en papier tels que les lettres de change, très répandues à partir du XVIIIe siècle. Et puis, ce système a évolué pour donner naissance au *chèque*. Pour information, la Banque de France a émis ses premiers chèques en 1826. En 1972, près des deux tiers des Français avaient un compte chèque.

Or, qu'est-ce qu'un chèque, sinon une forme d'argent virtuel ? Lorsque vous vendez une voiture à un particulier et que ce dernier vous délivre pour cela un chèque, vous espérez qu'il détient la somme correspondante sur son compte en banque, mais sans en être absolument sûr. Nous acceptons le chèque car nous savons que, si le compte de l'intéressé n'est pas approvisionné, il sera sévèrement sanctionné (par un interdit bancaire, par exemple). Ainsi, l'établissement financier joue bien le rôle de tiers de confiance.

Avec l'arrivée des cartes de crédit dès l'année 1967, nous avons franchi un autre stade dans l'usage de l'argent virtuel. Lorsque vous payez avec une telle carte dans un restaurant, cet argent est accepté sur la base que la banque et aussi l'organisme émetteur de ces cartes se portent garants du paiement, au moins en partie.

Plus récemment, avec la généralisation de l'informatique et d'Internet, nous avons pris l'habitude de manipuler de l'argent virtuel. Ainsi, lorsque vous achetez des boucles d'oreille sur un site comme Rakuten (anciennement PriceMinister), dans la réalité, aucune pièce ni aucun billet de banque n'est échangé entre vous-même et le vendeur de cet article. La transaction se résume essentiellement à une écriture comptable effectuée sur ordinateur : des suites de 0 et de 1 sont modifiées dans un registre informatique.

Ainsi, l'argent que nous utilisons quotidiennement – celui qui est versé par un employeur, celui que nous dépensons pour acheter un billet de train ou un logiciel vendu en téléchargement depuis un site Web, est bel et bien devenu virtuel.

Et comme toujours, le tiers de confiance est représenté par les banques, auxquelles nous accordons foi. Mais au fait, leur accordez-vous réellement votre pleine confiance ?

Le tiers de confiance a perdu… notre confiance !

Les banques, tout au moins certaines d'entre elles, n'ont pas toujours eu un comportement exemplaire. Nombre de particuliers et d'entreprises se sont retrouvés dans des situations pour le moins épineuses pour avoir accordé leur confiance à un intermédiaire qui s'en est révélé indigne !

Ainsi, certaines banques ont peu à peu fait évoluer leur rôle de garants de la monnaie pour se muer en investisseurs ou spéculateurs à grande échelle, au risque de perdre des sommes colossales si la manœuvre n'avait pas été bien calculée.

Pour mémoire, voici quelques exemples de l'Histoire récente.

La plongée du Crédit Lyonnais

En 1988, Jean-Yves Haberer est nommé à la tête du Crédit Lyonnais. Bien qu'il s'agisse d'une banque publique, il entreprend alors pour cette dernière une politique d'expansion à tous crins digne du privé. Durant quatre ans, les investissements qu'il opère dans quelque 1 600 entreprises se révèlent profitables. Et puis, le vent tourne. Dès 1993, le Crédit Lyonnais accuse des pertes d'un montant si élevé que l'établissement se retrouve proche de la faillite. Le sauvetage *in extremis* de la banque a coûté cher au contribuable et a abouti à la privatisation de l'établissement en 1999.

L'affaire Kerviel

Au début des années 2000, la Société Générale avait recours aux services de *traders*. Leur activité : acheter des valeurs boursières à grande échelle tout en prenant au passage des risques élevés. À la fin 2007, l'un de ces *traders*, Jérôme Kerviel, est parvenu à engager 50 milliards d'euros de la banque – soit un peu plus de la moitié de ses fonds – sur divers marchés financiers. Et puis, en janvier 2008, il a perdu un milliard d'euros, et cette décrue en a entraîné d'autres, amenant la banque à annoncer une perte record de 4,9 milliards d'euros. L'affaire a fait grand bruit, car le *trader* a estimé que la banque se serait servie de ses agissements pour masquer certaines pertes dont il n'était pas directement responsable. Il demeure que la Société Générale a dû faire appel à une aide de l'État de plusieurs milliards d'euros.

La crise de 2008

L'exemple le plus frappant de la défaillance des banques est intervenu à partir de la fin 2007. Si des dizaines de milliers de familles américaines ont alors perdu la maison pour laquelle elles avaient contracté un crédit, si peu à peu la planète entière est entrée dans une récession qui allait durer plusieurs années, c'est suite aux errements de la banque d'affaires Lehman Brothers – alors quatrième banque des États-Unis. À l'origine de sa faillite : la multiplication d'emprunts à taux variables, originellement très alléchants mais rendant les remboursements difficiles, voire impossibles à assurer pour de nombreux foyers dès lors que les taux ont un peu trop monté. La chute de Lehman Brothers a entraîné toutes les places boursières mondiales dans la dégringolade et engendré l'une des plus grandes crises économiques de l'Histoire.

Une monnaie dans laquelle on pourrait avoir confiance

L'affaire est entendue : les banques ont perdu leur statut de tiers de confiance.

C'est à partir d'un tel constat que la nécessité d'un nouveau type de monnaie est apparue. Le créateur présumé du Bitcoin, Satoshi Nakamoto, a voulu définir un modèle dans lequel la confiance ne repose plus sur les banques, mais sur :

- un modèle mathématique sophistiqué : la cryptographie ;
- nous-mêmes, usagers de la monnaie (pour plus de détails, sur l'histoire du Bitcoin, lisez le Chapitre 3 de ce livre).

Le Bitcoin, ainsi que les autres cryptomonnaies apparues dans son sillage, comme l'Ethereum, le Ripple ou le Lisk, est une monnaie virtuelle. Mais pas davantage que l'euro, que vous utilisez quotidiennement dans vos achats sur Internet ou par carte de crédit.

La différence réside dans le mécanisme de confiance qui a été développé et que l'on appelle la *blockchain*. En gros, c'est l'équivalent d'un livre comptable dont chacun de nous serait le garant.

Vous avez bien lu : avec les cryptomonnaies, chacun de nous devient garant de la validité des échanges monétaires.

Comment cela est-il possible ? Nous allons vous donner la réponse à cette question tout au long de ce livre. Mais revenons tout de même sur la genèse du Bitcoin (même si elle sera davantage développée dans le Chapitre 3), car cela va vous aider à comprendre ce qui va suivre...

Et le Bitcoin fut

Si en 2008, le dénommé Satoshi Nakamoto a eu l'idée du Bitcoin, la fameuse crise évoquée plus haut en a certainement été l'élément déclencheur. Il est apparu à cet individu qu'il était plus que temps de s'affranchir du système bancaire.

Comment faire pour qu'il soit possible de s'échanger de l'argent sans passer par le tiers de confiance que sont les banques ? Telle a été la réflexion de Nakamoto, qui a eu plusieurs idées brillantes, consignées dans le document annonçant le projet Bitcoin durant l'été 2008.

Pas d'ordinateur central

L'une des idées fortes a été d'imaginer un système affranchi de toute banque centrale et donc de tout ordinateur central.

Pour ce faire, Nakamoto s'est inspiré du système décentralisé ou *peer-to-peer* (« égal à égal ») déjà utilisé par le logiciel de partage Napster aux alentours de l'an 2000.

Sur Napster, chaque utilisateur avait accès à l'intégralité des morceaux de musique présents sur les ordinateurs connectés au réseau à un moment donné. C'est ainsi que les participants du réseau pouvaient s'échanger les chansons présentes sur leurs ordinateurs. Pour mémoire, Napster a dû s'arrêter à la fin 2001 suite à un procès intenté par la RIAA (l'instance représentant les maisons de disques américaines).

Sur un système *peer-to-peer*, on dit que l'information est « décentralisée » ou « distribuée ». Bitcoin repose sur ce même principe d'informatique décentralisée. Chaque ordinateur connecté à un moment donné participe à la communauté globale. Il n'existe plus de banque et donc plus de serveur central. Les données relatives à vos Bitcoins ne sont donc pas stockées par une entreprise unique, mais réparties entre plusieurs participants. Avec un bonus potentiel : l'anonymat – nous reviendrons plus en détail sur ce point.

Selon une même logique, le logiciel sur lequel repose le Bitcoin est *open source* ou « libre », ce qui signifie qu'il n'appartient à aucun éditeur. Ni Microsoft, ni Google, ni Sony ne sont propriétaires de Bitcoin ni des variantes qui ont pu suivre, comme Ethereum, Ripple ou EOS.

Le logiciel qui gère le Bitcoin est à la disposition de tous, et, mieux encore, chacun peut l'adapter à sa guise – vous en découvrirez davantage dans les chapitres qui suivent.

La confiance est apportée par la *blockchain*

Nous l'avons vu à plusieurs reprises, aucune monnaie n'est viable si elle n'est pas accompagnée d'une confiance de la part de ceux qui l'utilisent. Comment le Bitcoin a-t-il résolu ce problème ?

Deux conditions minimales se devaient d'être résolues :

- » empêcher qu'une même transaction puisse se produire deux fois de suite ou plus. (Lorsque vous réalisez l'achat d'une planche de surf par carte bancaire, ce dernier est répertorié de façon unique. Il n'existe théoriquement pas de risque pour que vous soyez débité deux fois de ladite somme.) ;
- » empêcher que ladite transaction puisse être détournée par un pirate qui récupérerait la somme sur son propre compte.

La solution trouvée pour cela par Nakamoto a été un système appelé la *blockchain*. Nous y reviendrons à plusieurs reprises dans cet ouvrage, car il s'agit de l'élément clé du Bitcoin et des cryptomonnaies qui ont suivi.

La *blockchain* est l'équivalent d'un livre comptable dans lequel serait inscrite chaque transaction de façon chronologique. Chaque achat effectué en Bitcoins est inscrit à la queue leu leu dans cette *blockchain*, en fonction d'un calcul très complexe faisant intervenir une clé de cryptage unique propre à l'individu qui a effectué cet achat, mais aussi une suite de chiffres appelée *preuve de travail*, qui contribue à rendre chaque écriture totalement unique.

Chaque achat en Bitcoins est donc répertorié dans la *blockchain*, et la différence avec une banque centrale, c'est que ce livre comptable est partagé par tous ceux qui gèrent la validation des Bitcoins à un moment donné. En d'autres termes, c'est une série d'individus comme vous et moi qui fait office de banquier.

Qu'en est-il de la sécurité de chaque transaction, propre à achever le sentiment de confiance envers le Bitcoin ? Elle vient de ce qu'un certain nombre des ordinateurs du réseau ont la possibilité de vérifier qu'une transaction est valide – et que cette vérification doit être effectuée dans la pratique avant que la transaction soit acceptée.

Ainsi, pour falsifier une transaction, il faudrait, à partir d'une certaine date, pouvoir falsifier la *blockchain* sur une majorité d'ordinateurs reliés au réseau ! Quand bien même cela serait possible sur une période ultrabrève, il ne serait pas possible de maintenir longtemps une *blockchain* parasite qui puisse soutenir la comparaison avec des centaines de copies licites identiques entre elles et différentes de cette dernière. Autant dire que la sécurité est plus qu'assurée. Dans le Chapitre 5, nous reviendrons plus en détail sur ce mécanisme qui rend une *blockchain* infalsifiable.

Le principe de la *blockchain* n'est pas parfait, et nous verrons pourquoi dès le chapitre suivant. En attendant, il est tellement novateur qu'il commence à être mis en application dans bien d'autres domaines que la monnaie.

Tels sont les éléments sur lesquels reposent le Bitcoin et les cryptomonnaies qui ont suivi.

UN APPARTEMENT POUR UN INVESTISSEMENT DE 18 EUROS

Les histoires de plus-values retentissantes liées au Bitcoin ont commencé à faire la une de nombreux journaux à partir de la fin 2016. Pourtant, bien avant cela, un étudiant norvégien a pu bénéficier de la montée spectaculaire du cours du Bitcoin.

En 2009, par pure curiosité, Kristoffer avait acheté des Bitcoins pour 150 couronnes norvégiennes, soit l'équivalent de 18 euros. Il avait obtenu en échange 5 000 BTC. Et puis, il n'y a plus repensé jusqu'en 2013. À cette période, le Bitcoin a commencé à faire parler de lui et s'est vu notamment, grâce à l'anonymat qu'il procurait, utilisé comme monnaie d'échange sur le sulfureux site Silk Road (voir le Chapitre 3). Et les médias ont commencé à se pencher sur la montée déjà remarquable qu'avait connue son cours.

Kristoffer s'est alors rappelé qu'il avait acheté des Bitcoins quatre ans plus tôt et a découvert, ô stupeur, que son avoir avait désormais une valeur de 761 800 couronnes ! L'intéressé a alors mis à profit cette somme pour s'acheter un appartement dans l'un des beaux quartiers d'Oslo !

Dire que le Bitcoin a été un succès est peu dire. Alors que l'achat d'un BTC (la monnaie en question) ne représentait que quelques centimes d'euros en janvier 2009, ce même Bitcoin valait près de 6 500 euros début juin 2018 – alors qu'il venait de subir une grosse chute au cours des journées précédentes ! Quant au marché mondial à cette même date, il représentait plus de 110 milliards d'euros... Pas mal pour une monnaie longtemps décriée et que le président de JP Morgan avait cru bon de qualifier en septembre 2017 d'« escroquerie » qui ne tarderait pas à « imploser » ! Sans commentaires...

Ethereum, EOS, IOTA et autres cryptomonnaies

Nous l'avons vu, le logiciel sur lequel repose le Bitcoin est un logiciel libre, ce qui implique qu'il peut être modifié ou enrichi à volonté par d'autres.

Au fil des années, le Bitcoin a révélé certaines insuffisances, et de nouveaux modèles ont été proposés à la communauté. Certaines innovations telles que les *smart contracts* sont tout aussi majeures que la *blockchain* : cet autre modèle, initié par la cryptomonnaie Ethereum, entend permettre d'automatiser certaines transactions. Il semble appelé à révolutionner des domaines tels que l'assurance. Un exemple : en cas de bris de glace, si tant est que l'on possède une voiture intelligente, ce dégât pourrait être immédiatement remboursé par l'assureur sans qu'il soit nécessaire de lui envoyer le moindre document...

Honnêtement, le domaine des cryptomonnaies peut paraître redoutable, et il l'est. Toutefois, gageons que vous allez avoir de nombreuses surprises en découvrant, au fil des pages, les incroyables perspectives qu'offrent ces nouvelles monnaies.

Que vous ayez acheté ce livre avec l'intention d'investir dans l'une de ces nouvelles monnaies ou simplement pour comprendre de quoi il en retourne, vous allez découvrir un univers en pleine effervescence, appelé à modifier de manière profonde les systèmes monétaires tels que nous les avons connus jusqu'alors.

Alors, démarrons le voyage...

1

Les mots de la cryptomonnaie

DANS CETTE PARTIE :

» Les neuf termes essentiels de la cryptomonnaie

» Parlez-vous cryptomonnaie ? Petit dictionnaire à destination des novices

Les informaticiens ont la fâcheuse manie d'inventer des termes, des expressions, des concepts… Le secteur de la crypto-monnaie n'y a pas échappé. Alors, la première étape pour aborder le sujet est de définir ces mots impressionnants en apparence, mais qui, en réalité, recouvrent des notions relativement simples. Nous avons sélectionné neuf mots essentiels à l'appréhension du domaine et quelques dizaines d'autres que vous pourrez aborder au fur et à mesure de votre exploration du sujet.

Chapitre 1

Les neuf termes essentiels de la cryptomonnaie

DANS CE CHAPITRE :

- **Bitcoin**
- ***Blockchain***
- **Mineurs et minage**
- **Smart contract**
- **Ethereum**
- **Cryptomonnaie**
- **Lightning Network**
- **EOS**
- **IOTA**

Si les gens du domaine de la technologie ont une manie épouvantable, c'est bien celle consistant à créer semaine après semaine, de nouveaux termes, de nouveaux sigles, de nouvelles abréviations, généralement abscons et rébarbatifs.

Le domaine de la cryptomonnaie n'y a pas échappé. Pire, il a entraîné le développement, en seulement quelques années, d'un vocabulaire d'une grande complexité, recouvrant des concepts eux-mêmes loin d'être simples.

Il faut dire aussi que les termes inventés au passage sont loin d'être évidents. Pourquoi avoir créé une expression telle que « *hard fork* » (littéralement : fourchette dure) pour parler de la scission d'une monnaie – l'apparition d'un dérivé de cette monnaie ? Pourquoi avoir voulu revêtir l'une de ces évolutions du Bitcoin d'un mot aussi étrange au premier abord que Segwit – qui d'ailleurs comme vous l'apprendrez plus loin n'est pas une fourchette dure mais plutôt une fourchette molle (*soft fork*), soit une évolution relativement légère du Bitcoin ?

Clairement, ce domaine n'est pas simple et certains semblent avoir pris un malin plaisir à en rendre l'accès difficile, peut-être pour en limiter l'accès à quelques spécialistes.

Résultat des courses : celui qui aborde le sujet de nos jours est assailli par une montagne de termes abscons. Et par la force des choses, les spécialistes du genre ont du mal à s'empêcher d'utiliser certains de ces termes dans ce qu'ils appellent leurs « explications ». Il n'est pas rare, sur YouTube, de tomber sur une vidéo censée présenter le Bitcoin, l'Ethereum ou l'EOS de façon simple, et de voir lesdits olibrius parsemer leur discours d'un grand nombre de ces mots du domaine.

Le principal obstacle à la compréhension du Bitcoin et du domaine de la cryptomonnaie réside donc en premier lieu dans son vocabulaire. Celui qui aborde ce sujet est rapidement submergé par une foule de termes et de concepts obscurs, plus difficile à déchiffrer qu'un texte antique rédigé en sanskrit.

La toute première étape consiste donc à déchiffrer ce que recouvrent des termes aussi étranges...

Nous avons donc regroupé dans ce chapitre les explications des neuf termes les plus essentiels du domaine, qu'il est fortement conseillé de lire. Ici comme ailleurs, nous avons pris le parti de la simplicité.

Bitcoin

Le Bitcoin est la première cryptomonnaie apparue, et ce, dès janvier 2009.

Les clés de cette nouvelle monnaie ont été exposées dès août 2008 sur un forum dédiée à la cryptographie, par un dénommé Satoshi Nakamoto (voir le Chapitre 3).

Dans son texte d'introduction au Bitcoin, Nakamoto a exposé les tenants et aboutissants d'une monnaie qui ne reposerait pas sur une banque centrale mais sur un réseau d'ordinateurs connectés entre eux.

FIGURE 1.1 : La version française de Bitcoin.org, le site originellement créé par Satoshi Nakamoto et « Sirius » (de son vrai nom Martti Malmi), les deux premiers développeurs du Bitcoin. Lorsque Nakamoto a quitté le projet, il a confié la responsabilité de ce site à divers développeurs, afin d'empêcher qu'une seule personne ou groupe puisse prendre le contrôle du projet Bitcoin.

Ce qui est frappant, avec le recul, c'est à quel point Nakamoto a su prendre en compte dès le départ l'intégralité des facteurs d'une monnaie. Il a donc été possible, au fur et à mesure de la jeune histoire du Bitcoin, de résoudre la plupart des problèmes que ce domaine a pu connaître jusqu'à présent.

Les principes de base du Bitcoin

Satoshi Nakamoto a défini :

- Un modèle de monnaie ultrasécurisé : il est impossible de falsifier une transaction réalisée en Bitcoins.
- Une monnaie à même de garantir l'anonymat, si tant est que l'échange a lieu directement entre deux individus – sans passer par une plate-forme intermédiaire.
- Divers algorithmes visant à réguler à tout moment l'émission de la monnaie, et aussi sur le long terme, ses fluctuations.

Cette monnaie repose sur plusieurs principes essentiels, que l'on retrouve dans la plupart des cryptomonnaies qui ont suivi :

» **Un logiciel libre**, ou *open source*, accessible à tous et que d'autres peuvent utiliser comme base pour la création d'autres monnaies dérivées du Bitcoin.

» **Une signature cryptographique** qui rend chaque transaction unique et infalsifiable. Davantage d'explications sur ce système peuvent être trouvées plus bas à la section « Cryptomonnaie » et plus encore, dans le Chapitre 5.

» Une technologie révolutionnaire reposant sur **un registre des transactions** (appelé ***blockchain***). En vertu de ce modèle, chaque opération effectuée depuis les débuts du Bitcoin est enregistrée à jamais dans la *blockchain* et celle-ci est infalsifiable. L'intégrité des transactions est assurée par divers facteurs ; une chronologie immuable de chaque événement intervenu depuis le tout premier achat en Bitcoins, des copies de la *blockchain* à foison un peu partout sur la planète...

» **Une validation de chaque transaction** prenant en compte l'identifiant crypté de chaque intervenant mais aussi une « preuve de travail » issue d'un calcul ultracomplexe. Cette preuve de travail permet à chacun de vérifier que la transaction est valide.

» **Un système de production de la monnaie par des « mineurs »** qui assurent la validation de ces transactions et sont régulièrement récompensés par des Bitcoins.

Une production volontairement limitée

Dès le départ, Sakamoto a limité la production de Bitcoins sur le long terme à 21 millions d'unités. Il lui a ainsi conféré un statut comparable à celui d'un métal précieux tel que l'or, plutôt qu'une monnaie comme l'euro. De fait, le cours du Bitcoin évolue en fonction de l'offre et de la demande, comme dans le cas de l'or, du platine ou des diamants.

Comment se passe cette création de monnaie ? Le Bitcoin repose sur un « protocole », soit une séquence de code qui sert à la fois à vérifier la validité d'une transaction et à produire l'émission de nouvelles « pièces ».

Le système a été conçu ainsi : de nouveaux Bitcoins sont créés toutes les 10 minutes environ.

Les mineurs, dans la mesure où ils mettent à contribution leurs ordinateurs pour vérifier la validité des transactions, sont régulièrement récompensés par l'octroi de ces nouveaux Bitcoins (voir la section « Mineurs et minage »).

Tous les 4 ans environ, le nombre de Bitcoins émis toutes les 10 minutes est divisé par deux :

- En 2009, 50 nouveaux Bitcoins étaient créés toutes les 10 minutes.
- Début 2013, seuls 25 nouveaux Bitcoins étaient émis toutes les 10 minutes.
- À la mi-2016, ce nombre est tombé à 12,5 nouveaux Bitcoins toutes les 10 minutes.
- *Etc.*

L'émission des Bitcoins a suivi une progression précise : une émission rapide au tout début afin de favoriser les premiers entrants et qui se ralentit peu à peu.

À la fin 2017, on dénombrait 16,78 millions de Bitcoins en circulation sur le marché mondial. Cela signifie qu'il reste un peu plus de 4 millions de Bitcoins à émettre et ils le seront entre aujourd'hui et 2141 (plus de détails dans la section « Mineurs et minage »).

En 2024, 93,75 % de la totalité des Bitcoins auront été émis, soit près de 20 millions. Autrement dit, il faudra plus d'un siècle pour que soit émis le dernier million de Bitcoins.

L'évolution du cours du Bitcoin

Comme on le voit sur la Figure 1.2, si le Bitcoin a commencé à attirer l'attention des grands médias à partir de 2017, c'est en raison de la montée spectaculaire qu'a alors connu son cours. Ainsi, en 2013, un Bitcoin valait environ 10 euros. Quatre ans plus tard, il fallait débourser entre 3 et 4 000 euros pour acquérir le même Bitcoin !

Il y a là une progression spectaculaire. Pourtant, l'histoire du Bitcoin a parfois été épique et certains épisodes ont pu donner à croire que certains des principes énoncés plus haut n'étaient pas assurés. Ainsi, quand Mt.Gox, alors la première place de marché Bitcoin au monde, a fait faillite début 2014, près de 10 % de la masse monétaire du Bitcoin a disparu de la circulation.

Si l'on dispose sur son ordinateur d'un vaste espace disque (plus de 180 Go à la mi-2018), on peut tout à faire gérer le logiciel de gestion de ses Bitcoins soi-même et donc, sans risque.

Seulement voilà. On peut aussi déléguer la gestion de cette cryptomonnaie à des sociétés externes, ce que l'on appelle des *plates-formes d'échange* (en anglais, *exchange*). Or, certaines d'entre elles peuvent avoir leurs failles – même si les cas tels que Mt.Gox sont extrêmement isolés.

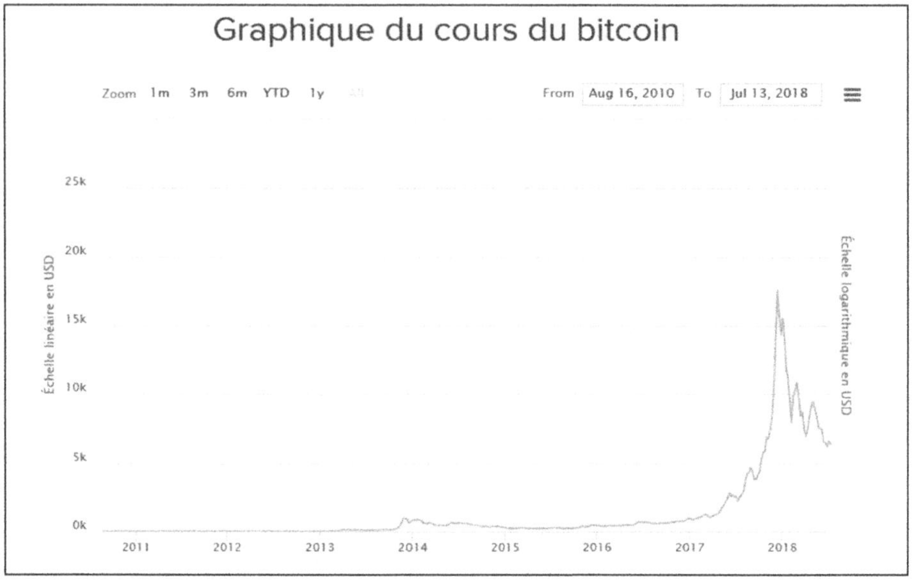

FIGURE 1.2 : L'évolution du cours du Bitcoin depuis 2011. Comme on peut le voir, cette monnaie a connu un premier « pic » en 2014, puis une véritable envolée à partir de 2017, suivie d'une relative décrue au début de l'année 2018. Ce graphique provient du site `buybitcoinworldwide.com`.

Le Chapitre 3 de ce livre permet de mieux comprendre comment est né le Bitcoin, d'en découvrir davantage sur ses principes fondateurs et son évolution depuis 2008.

Blockchain

Les experts de l'informatique sont unanimes sur ce point : la *blockchain* est une révolution majeure. C'est le facteur le plus innovant du Bitcoin et des autres cryptomonnaies. Il est courant de dire qu'il s'agirait d'une avancée comparable à celle du Web !

FIGURE 1.3 : Le système de la *blockchain* peut être mis à profit dans bien d'autres domaines que la monnaie. Ainsi, la société IBM met à profit la *blockchain* dans des applications comme le suivi des aliments vendus en supermarché ou la gestion de stocks.

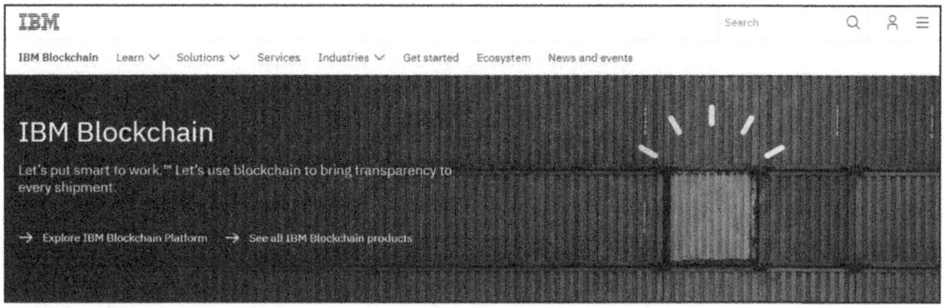

Pour faire simple, le Bitcoin ou l'Ethereum et autres cryptomonnaies reposent sur la technologie de la *blockchain*. Toutefois, cette technologie peut tout à fait servir à d'autres usages. En d'autres termes, si la *blockchain* en tant que technologie a déjà changé la façon de gérer l'argent, son champ d'application dépasse largement celui des cryptomonnaies.

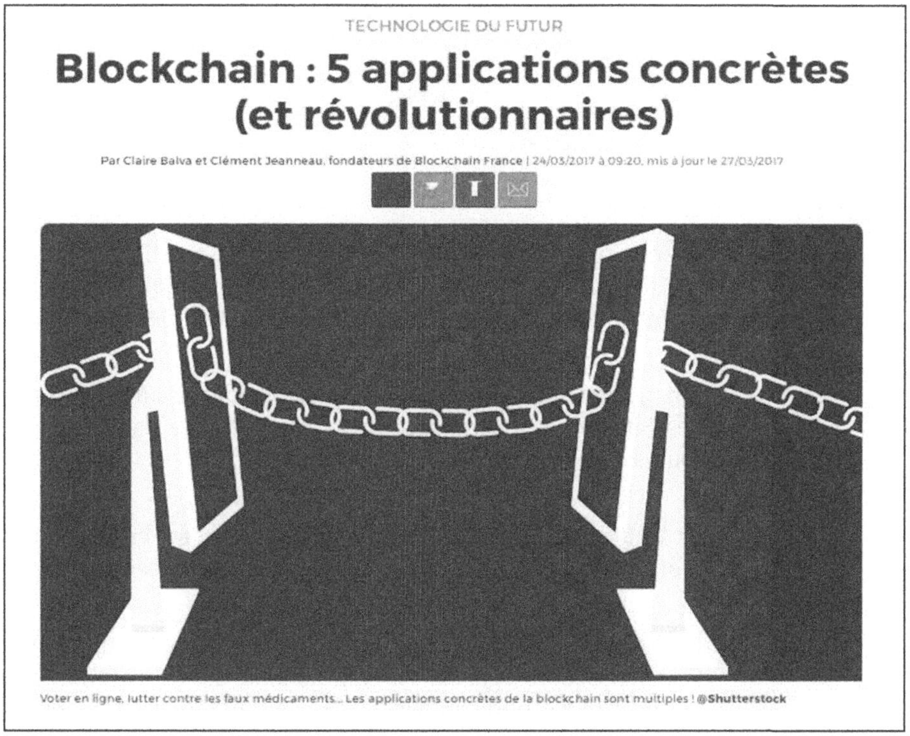

TECHNOLOGIE DU FUTUR

Blockchain : 5 applications concrètes (et révolutionnaires)

Par Claire Balva et Clément Jeanneau, fondateurs de Blockchain France | 24/03/2017 à 09:20, mis à jour le 27/03/2017

Voter en ligne, lutter contre les faux médicaments... Les applications concrètes de la blockchain sont multiples ! @Shutterstock

FIGURE 1.4 : Dans un article du 23 avril 2017, le magazine Les Échos a présenté 5 types d'applications révolutionnaires que la *blockchain* rend possible. Parmi celles-ci figurent le vote en ligne sécurisé, la possibilité de se faire indemniser automatiquement si son avion a du retard, le versement automatisé des droits d'auteurs à un compositeur lorsque son œuvre est diffusée quelque part, la possibilité d'empêcher la production de médicaments contrefaits...

Étant donné que la fonction essentielle d'une *blockchain* est de garantir qu'une transaction est valide, sans nécessiter de tiers de confiance, des applications se développent dans toutes sortes de domaines nécessitant une sécurité du plus haut niveau : gestion de stocks, vote électronique sécurisé, *etc.*

Un registre comptable intégral

Comme le présent livre concerne les cryptomonnaies, nous allons parler de la *blockchain* avant tout dans ce contexte. Il s'agit de l'équivalent d'un registre comptable, d'une échelle démesurée. Ainsi, on trouve dans la *blockchain* du Bitcoin toutes les transactions effectuées depuis le tout premier achat effectué avec cette monnaie – 2 pizzas achetées le 22 mai 2010.

Le nom *blockchain* (littéralement : chaîne de blocs) reflète bien sa nature. Il s'agit d'un registre de transactions classées chronologiquement sous forme de blocs reliés les uns aux autres. Certains la comparent à une base de données.

Chaque bloc est une transaction financière :

- achat d'un film en ligne ;
- vente d'un livre électronique ;
- envoi d'argent à un particulier ;
- *etc.*

Chaque bloc est relié au précédent comme au suivant et l'ensemble forme une chaîne chaque jour plus titanesque. Il demeure qu'avec les outils appropriés, vous pourriez consulter toutes les transactions effectuées jusqu'à ce jour.

Ainsi, si cet après-midi, vous achetez un voyage sur le site Expedia en payant avec des Bitcoins, cette transaction va être indiquée dans la *blockchain*, à la suite de toutes celles effectuées jusqu'alors.

La validation de chaque bloc de la *blockchain* est effectuée par des « mineurs » (voir ce terme plus bas) à partir d'ordinateurs hyperpuissants.

Quand un nouveau bloc doit être ajouté au registre suite à une nouvelle transaction, il n'a cours légal dans la communauté des usagers d'une monnaie que lorsque la majorité des mineurs ont validé son authenticité – ils ont identifié la nouvelle *blockchain* comme la plus longue jamais produite jusqu'alors – nous reviendrons sur ce mécanisme dans les chapitres qui suivent.

Pourquoi la *blockchain* ne peut être falsifiée

La *blockchain* a pour atout de garantir qu'une transaction est sûre. En effet, si quelqu'un voulait la « hacker » afin de détourner une partie de l'argent échangé, il lui faudrait pirater la majorité des ordinateurs qui la gèrent, ce qui est peu envisageable.

Autre point majeur : tout ce qui est inscrit dans une *blockchain* ne peut plus jamais être supprimé. Personne ne sera jamais en mesure de modifier cette base de données, et le fait qu'elle soit démultipliée en assure cette intégrité.

La *blockchain* a été l'élément clé du Bitcoin, mais on retrouve son principe dans la quasi-totalité des cryptomonnaies qui ont suivi.

Les inconvénients de la *blockchain*

Si le principe de la *blockchain* est révolutionnaire, il pêche à un niveau particulier. Plus les années passent, et plus la chaîne relative à une cryptomonnaie s'allonge et plus le calcul de validation devient complexe.

Aux tous débuts du Bitcoin, il était entendu qu'une transaction pouvait s'opérer en quelques secondes. Or, avec l'augmentation de taille de cette *blockchain* et la multiplication des transactions, les délais se sont très fortement allongés, se comptant parfois en jours.

En 2016, la taille de la *blockchain* Bitcoin était déjà de 80 Go. En octobre 2017, il fallait 137 Go pour stocker la blockchain du Bitcoin. À la mi-août 2018, elle approche les 180 Go

Alors qu'il fallait quelques secondes pour calculer les premières *blockchains* liées au Bitcoin, ce temps s'est allongé. Durant l'année 2016, le volume était de 2 000 transactions Bitcoin toutes les dix minutes. Au plus fort de la vague Bitcoin de 2017, le temps de traitement des transactions s'est allongé pour devenir des heures ou mêmes des jours.

Tel est le talon d'Achille de la *blockchain* définie par Satoshi Nakamoto. Le nombre de transactions qui peuvent être gérées à un moment donné est limité – cette situation devrait évoluer à terme suite à certaines évolutions décrites plus bas telles que Lightning Network.

Cette situation a également engendré l'apparition de cryptomonnaies reposant sur d'autres mécanismes, comme l'EOS ou l'IOTA, qui sont présentés plus bas dans ce chapitre.

Mineurs et minage

Jusqu'à présent, c'est une banque centrale liée au gouvernement d'un pays ou d'un continent qui avait le pouvoir de « battre monnaie ». La grande révolution liée au Bitcoin, c'est que désormais, c'est une communauté d'individus qui détient ce pouvoir.

Nous pourrions dire, pour faire simple, qu'un « mineur » de Bitcoins « loue » le temps de calcul de son ordinateur au réseau global.

Ainsi, chaque fois qu'une transaction est effectuée et donc qu'un bloc doit être ajouté à la *blockchain*, il faut opérer un calcul extrêmement complexe lié à l'algorithme propre à cette monnaie.

De tous les ordinateurs connectés, le premier à résoudre le problème est le plus à même de recevoir un ou plusieurs Bitcoins en récompense. Il le reçoit en vertu de ce que l'on appelle une « preuve de travaux ». Ce mécanisme est expliqué en détail dans le Chapitre 5.

Comme il se peut que plusieurs mineurs trouvent la solution du problème au même moment, c'est l'algorithme du Bitcoin – ou des monnaies qui ont suivi – qui détermine qui va bénéficier de ces nouveaux Bitcoins selon un système aléatoire.

Comment est déterminé le gagnant de nouvelles unités d'une cryptomonnaie

Nous l'avons compris, chaque mineur se retrouve en concurrence avec d'autres mineurs à un moment donné.

Ainsi, pour ce qui est du Bitcoin, pour déterminer lequel des mineurs ayant résolu l'équation va recevoir les nouvelles unités ou « pièces » émises, l'algorithme est influencé par des facteurs tels que :

» le nombre de machines utilisées pour le minage ;
» la puissance (et donc le coût) de ces machines installées par le mineur ;
» parfois, le coût approximatif de l'électricité d'où il opère ;
» le cours actuel de la cryptomonnaie ;
» *etc.*

Le système est ainsi fait que, une fois le résultat trouvé, il très facile à d'autres ordinateurs de vérifier que ce résultat est correct.

Une fois le contrôle accompli, le résultat – soit la *blockchain* mise à jour – est enregistré sur tous les ordinateurs du réseau.

En réalité, le mineur qui a été sélectionné de manière aléatoire est rémunéré de deux façons :

» Une fois toutes les dix minutes, les nouveaux Bitcoins créés (soit 12,5 toutes les 10 minutes en 2018 et 6,25 en 2019 - voir plus haut la section « Bitcoin ») lui sont alloués.
» Il reçoit également un pourcentage des transactions qui ont été opérées durant ces 10 minutes.

Ce système est la clé de la décentralisation de la monnaie électronique : les mineurs sont incités à collaborer au réseau de validation des transactions étant donné qu'ils reçoivent une rémunération en contrepartie.

Les fermes de serveurs

Aux débuts du Bitcoin, un simple PC suffisait à résoudre le problème mathématique lié aux *blockchains*. Toutefois, plus les années ont passé et plus l'équation est devenue complexe.

De nos jours, seules des entreprises gérant ce que l'on appelle des « fermes de serveurs » peuvent prétendre participer au minage. Il en existe notamment en Chine et en Russie, mais aussi dans des pays comme la Bulgarie, du fait que l'électricité y est bon marché ou encore en Islande, pour la même raison mais aussi parce que la température ambiante facilite le refroidissement des machines. On estime qu'il est nécessaire d'investir plusieurs millions d'euros pour mettre en place de telles « fermes de serveurs ».

L'avantage pour de nombreuses cryptomonnaies apparues récemment, c'est qu'à nouveau, comme aux débuts du Bitcoin, un simple PC peut être utilisé pour le minage.

Smart contract

Littéralement : contrat intelligent. L'apparition des *smart contracts* a été la première évolution majeure des cryptomonnaies. La première monnaie à exploiter ce concept a été l'Ethereum.

Le créateur du concept, Vitalik Buterin, est parti d'un constat. Le Bitcoin, dans sa forme originelle, ne permet pas d'exécuter un code informatique. Or, puisque nous avons ici une monnaie numérique, il serait utile de pouvoir lui associer des programmes qui s'exécutent automatiquement selon certaines conditions.

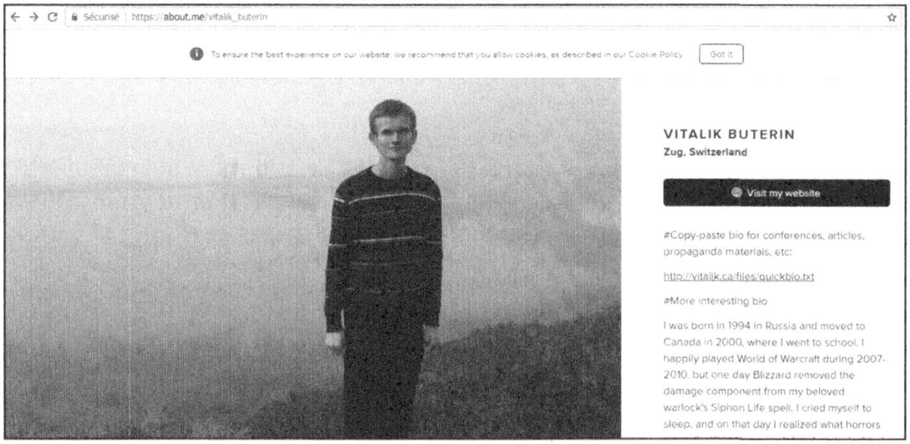

FIGURE 1.5 : Vitalik Buterin, l'inventeur de l'Ethereum et des « smart contracts » (contrats intelligents). D'origine russe, il vit à présent en Suisse.

Supposons que le loyer annuel de son appartement représente une certaine somme en Bitcoins et que l'on ait reçu ladite somme globale de la part d'une tante généreuse. Afin d'être sûr de ne pas tout dépenser en début d'année, on pourrait souhaiter programmer un paiement de la part de cette fameuse tante en 12 échéances. Le 1er septembre, elle nous adresse 1/12 de la somme, le 1er octobre un autre douzième et ainsi de suite. Or, dans sa forme originelle, le Bitcoin ne permet pas de programmer un tel paiement automatisé.

Tel a donc été le constat originel de Vitalik Buterin. Toutes sortes de paiements automatiques gagneraient à pouvoir être programmés. On pourrait indiquer que tous les 10 du mois, il faut virer sa pension alimentaire à Mathilde. Ou stipuler une condition : dès lors que le cours d'une certaine action en Bourse descend au-dessous d'un niveau particulier, vendre mes actifs. Un site de paris en ligne pourrait poser des conditions telles que : « Si l'OM gagne le match, vous recevez 1/1 000 de Bitcoins ».

La *blockchain* définie par le Bitcoin ne permettait pas de réaliser une telle programmation d'actions, et c'est donc ce qui a été résolu avec l'arrivée de cryptomonnaies intégrant les *smart contracts*.

Les *smart contracts* rendent possible la programmation de transactions liées à des conditions. Ils peuvent mettre en relation de nombreuses personnes, entreprises ou organismes.

De fait, les *smart contracts* sont en mesure à terme de rendre caduques un grand nombre de tâches administratives considérées comme rébarbatives, car impliquant de réunir de nombreux documents, de les envoyer à un organisme, d'attendre qu'ils soient vérifiés, d'avoir éventuellement à renvoyer certaines pièces...

Quelques exemples :

- » Vous avez acheté un billet de train et le trajet en question est annulé. De nos jours, il faut généralement se rendre à un guichet en gare afin d'obtenir le remboursement dudit billet. Si le billet a été payé avec une monnaie comme l'Ethereum, et qu'il existe un *smart contract* lié à ce billet, le remboursement pourrait être effectué automatiquement par la SNCF, sans nécessiter la moindre intervention de votre part.
- » Vous achetez une coque de protection pour votre iPad sur un site d'e-commerce et le vendeur a indiqué une clause comme quoi en cas de retard, une remise vous serait accordée. Dans la mesure où il est temporairement en rupture de stock à réception de votre commande, la ristourne est aussitôt appliquée. Vous disposez immédiatement du remboursement partiel correspondant.
- » De même, on peut imaginer une automobile connectée et bardée de capteurs. Dans le cas d'un choc, toutes les données de la collision seraient aussitôt transmises à votre assureur et le *smart contract* pourra déclencher un paiement immédiat des frais de réparation.

Autre avantage, les *smart contracts* devraient permettre d'éliminer les risques liés à l'erreur humaine, comme une case incorrectement cochée.

Cap Gemini a estimé qu'il serait possible d'économiser 17,5 milliards d'euros par an dans le domaine de l'assurance automobile grâce aux *smart contracts*.

Le potentiel des *smart contrats* est immense lorsque nous prenons en compte l'arrivée de l'Internet des objets (objets connectés intelligents). Ainsi, on pourrait déterminer que, dès lors que le thermomètre descend au-dessous d'un certain seuil dans un chalet, la livraison de fuel doit être déclenchée automatiquement.

L'apparition des *smart contracts* a été une étape clé dans l'histoire des cryptomonnaies et certains estiment que ce concept serait aussi important que celui du Bitcoin.

Notons aussi que les cryptomonnaies sont pour la plupart des variantes de l'Ethereum, dont le fonctionnement est défini par un *smart contract*.

Ethereum

L'Ethereum a constitué la première évolution majeure en matière de cryptomonnaie.

Il est ainsi considéré que le Bitcoin représente la première génération de cryptomonnaie, et que l'Ethereum et les monnaies basées sur lui ont constitué la seconde génération.

Le créateur de l'Ethereum s'appelle Vitalik Buterin et il a été salué par de nombreux magazines financiers comme l'une des personnalités majeures de notre époque. L'intéressé est très jeune : il est né le 31 janvier 1994 en Russie, et ses parents ont émigré au Canada six ans plus tard.

Vitalik Buterin s'est intéressé au Bitcoin dès 2011, alors qu'il n'avait que 17 ans. Particulièrement doué en mathématiques, il a lancé le premier magazine papier dédié à cette nouvelle monnaie, *Bitcoin Mag*. Il y a publié de nombreux articles faisant état de ses réflexions sur le domaine – intervenant également sur divers forums du Net.

Or, dès 2013, Vitalik Buterin a exposé ce qui selon lui était l'une des limitations du Bitcoin, soit l'impossibilité de gérer certaines transactions de manière automatique. De là est née la volonté de créer une sorte de Bitcoin programmable.

FIGURE 1.6 : Ethereum.org est le site qui gère les évolutions d'Ethereum et propose les outils adéquats : portefeuille, langage de développement de smart contracts…

Aidé par un autre technicien, Nick Szabo, Vitalik Buterin a donc développé le concept des *smart contracts* (voir ce terme plus haut). L'idée : lier une cryptomonnaie à un code correspondant à un contrat intelligent, avec des clauses qui seront exécutées selon certaines conditions.

Afin de financer ses recherches sur le sujet, Buterin a lancé l'équivalent d'un *crowdfunding* dans la cryptomonnaie, soit une ICO (*Initial Coin Offering* – voir ce terme dans le chapitre suivant) ou levée de fonds spécifique à ce domaine, la première du genre, en janvier 2014. Cette vente lui a permis de récupérer 31 591 Bitcoins, soit environ 18 millions de dollars d'alors – et de vendre ainsi pour 60 millions d'Ether – la monnaie de l'environnement Ethereum.

Le 30 juillet 2015, l'Ethereum a officiellement été mis en ligne, avec mise en vente de 11,5 millions d'Ethers.

L'Ethereum a connu une progression spectaculaire en 2017, passant de 9,76 $ pour un Ether à 407,10 $ soit une augmentation de 5 000 % avec toutefois de nombreuses fluctuations.

Et depuis la création de l'Ethereum, un très grand nombre de cryptomonnaies sont apparues, dérivées de cette monnaie.

LE TALON D'ACHILLE DES SMART CONTRACTS

L'histoire de l'Ethereum a connu un cafouillage majeur lorsque des hackers, en avril 2018, ont découvert l'existence d'une faille dans un *smart contract* géré par un fonds d'investissement du nom de The DAO. Cette faille leur a permis de créer une quantité astronomique de « jetons » (de l'anglais *token* - l'équivalent de pièces). Pour une partie du public, cet épisode a temporairement jeté un discrédit sur l'Ethereum et sur le concept des cryptomonnaies puisqu'elles avaient pour réputation d'être ultraprotégées. Elles le sont du fait qu'elles reposent sur des blockchains et sur la cryptographie. Toutefois, un *smart contract* représente une couche logicielle supplémentaire et s'il n'est pas programmé de manière adéquate, il peut présenter des failles. D'autres épisodes du même type sont intervenus depuis.

Tel est le potentiel souci des *smart contracts*. Il est crucial qu'ils soient programmés de manière experte de façon à être à l'abri de telles attaques potentielles. De plus en plus, ce critère est pris en compte dans l'appréciation d'une cryptomonnaie particulière.

Cryptomonnaie

Une cryptomonnaie est une monnaie fondée sur l'Ethereum et constituant, comme cette monnaie, un moyen de paiement alternatif à l'euro, au dollar, au mark et autres monnaies officielles.

#	Name	Symbol	Market Cap	Price	Circulating Supply	Volume (24h)	% 1h	% 24h	% 7d	
1	Bitcoin	BTC	$106 535 790 782	$6 212,62	17 148 287	$3 512 950 000	-0,36%	-0,75%	-6 42%	···
2	Ethereum	ETH	$43 449 399 841	$431,55	100 681 725	$1 394 330 000	-0,52%	-1,67%	-8,63%	···
3	XRP	XRP	$17 039 743 957	$0,433996	39 262 444 717 *	$159 111 000	-0,53%	-1,65%	-8,13%	···
4	Bitcoin Cash	BCH	$11 909 534 061	$690 94	17 236 663	$307 781 000	-0,49%	-1,18%	-5,01%	···
5	EOS	EOS	$6 134 528 618	$6,85	896 149 492 *	$489 036 000	-0,86%	-3,70%	-20,60%	···
6	Litecoin	LTC	$4 371 713 924	$76,17	57 397 033	$235 326 000	-0,88%	-1,25%	-7,80%	···
7	Stellar	XLM	$3 739 016 098	$0,199243	18 766 110 217 *	$52 695 500	-0,70%	6,34%	-2,87%	···
8	Cardano	ADA	$3 469 586 506	$0,133821	25 927 070 538 *	$98 976 900	-1,39%	4,37%	-5,83%	···
9	Tether	USDT	$2 713 962 339	$1,00	2 707 140 346 *	$2 040 170 000	0,09%	0,20%	-0,11%	···
10	IOTA	MIOTA	$2 651 646 874	$0,953991	2 779 530 283 *	$28 371 900	-0,94%	-2,63%	-10,83%	···
11	TRON	TRX	$2 148 733 761	$0,032681	65 748 111 645 *	$190 969 000	-0,42%	-0,75%	-10,39%	···
12	NEO	NEO	$2 059 947 500	$31,69	65 000 000 *	$106 933 000	-1,58%	-4,12%	-14,64%	···
13	Monero	XMR	$1 966 555 520	$121,16	16 223 478	$21 981 400	-0,69%	-1,68%	-9,31%	···

FIGURE 1.7 : Les principales cryptomonnaies, classées par Coinmarketcap en fonction de leur capitalisation.

En théorie, il suffirait de partir du logiciel libre correspondant à Bitcoin et de le modifier, pour créer une nouvelle cryptomonnaie. Dans la pratique, c'est l'Ethereum, qui a donné naissance à l'essor des cryptomonnaies, grâce au système des *smart contracts.*

Une monnaie reposant sur un cryptage

Si l'on s'en tient aux deux parties de ce mot, il apparaît qu'une cryptomonnaie est une monnaie reposant sur un cryptage (codage informatique visant à transformer une information de façon à rendre suprêmement difficile son déchiffrage).

Une cryptomonnaie, c'est cela, mais aussi, bien d'autres choses. Elle repose sur un certain nombre de principes essentiels, le plus important d'entre eux étant la *blockchain* (sorte de journal comptable des transactions) évoquée plus haut.

La prolifération des cryptomonnaies

En juin 2018, on recensait 1 639 cryptomonnaies et il en apparaissait 2 ou 3 nouvelles chaque jour. La liste, régulièrement mise à jour, est accessible à cette adresse : `https://coinmarketcap.com/all/views/all/`.

FIGURE 1.8 : Pas une semaine ne se passe sans qu'apparaissent de nouvelles cryptomonnaies. Pour la plupart d'entre elles, il paraît difficile d'évaluer si elles ont ou non des chances de s'imposer sur le long terme.

En réalité, seule une douzaine environ de cryptomonnaies semblent disposer d'un réel potentiel à un moment donné. À la mi-2018, ces cryptomonnaies sont les suivantes :

- Bitcoin ;

- Ethereum ;
- Ripple (XRP) ;
- Bitcoin Cash ;
- EOS ;
- LiteCoin ;
- Cardano ;
- Stellar ;
- IOTA ;
- TRON ;
- NEO ;
- Monero.

Comme le montre la Figure 1.8, certaines monnaies font régulièrement parler d'elles et à partir de 2018, une cryptomonnaie en particulier, Tether, basée sur le dollar, a opéré une percée spectaculaire. Pourtant, cette même monnaie a par la suite soulevé une suspicion telle qu'une enquête est en cours pour avoir si les créateurs de cette cryptomonnaie ont réellement respecté leurs engagements. Le Chapitre 4 de ce livre revient davantage sur ces divers aspects liés à l'essor des cryptomonnaies.

Pas de banque centrale

Pour mieux comprendre ce qu'est une cryptomonnaie, posons-nous la question de base : quelle est la différence entre une monnaie telle que le Bitcoin ou l'Ethereum et l'euro, le dollar ou le yen ?

La première différence, c'est qu'il n'existe pas de banque centrale telle que la Banque de France ou la Réserve fédérale américaine, chargée d'en être à la fois l'émetteur et le garant.

Eh oui... Il n'existe pas dans le monde physique d'établissement se portant garant de votre avoir en cryptomonnaie. Si tel est le cas, qu'est-ce qui permet de certifier que votre portefeuille en Bitcoin ou en Ethereum correspond à une valeur réelle, et donc que vous puissiez l'utiliser pour acheter un écran plat, réserver une chambre d'hôtel ou acheter un jeu vidéo en ligne ?

Comme nous pourrons le voir plus en détail dans le Chapitre 4, cette confiance peut être apportée à un grand nombre des cryptomonnaies citées plus haut, mais pour certaines d'entre elles, il est plus difficile de savoir de quoi il en retourne au juste.

- Si tant est que la cryptomonnaie a bel et bien été lancée et a acquis un certain crédit (celles qui figurent au sommet de la page de coinmarketcap.com le sont), la confiance dans son fonctionnement réside le plus souvent dans un registre de compte, que l'on appelle la *blockchain* (voir ce terme plus bas pour plus d'explications) qui repose sur la cryptographie.
- L'émission de la monnaie repose sur un système de récompense. La vérification des transactions est confiée à des « mineurs », de simples individus, théoriquement comme vous et moi. Le travail de validation qu'ils apportent est récompensé par de nouvelles pièces mises en circulation et qui leur sont attribuées.

Certaines cryptomonnaies comme l'Ethereum sont davantage que de simples moyens de paiement et permettent le développement d'applications (voir plus bas).

Il existe des cryptomonnaies dédiées à un seul usage. Ainsi, Burger King a lancé le WhooperCoin, d'abord en Russie. Pour chaque rouble dépensé, un WhooperCoin est offert au consommateur. Une fois qu'il a accumulé 1 700 WhooperCoins, l'amateur de burgers peut les échanger contre un Whooper !

Une monnaie reposant sur un cryptage

Pourquoi le terme « crypto » ? Parce que chaque transaction est agrémentée d'une signature cryptographique. Nous avons là un système de codage ultracomplexe.

Clé privée et clé publique

Le Bitcoin, tout comme les autres cryptomonnaies, repose sur un type de cryptage qui prend en compte des « clés privées » identifiant individuellement chaque personne impliquée.

Dès lors que vous disposez d'un portefeuille en Bitcoin ou autre cryptomonnaie, une clé privée vous est ainsi attribuée – elle est cryptée et donc secrète. Il s'agit d'un chiffre unique et extrêmement long : il s'étend sur 256 bits. Le Chapitre 5 vous en apprend davantage sur la question, mais un fait demeure : c'est une clé qu'il est impossible de dérober.

On estime que, si un ordinateur était en mesure de traiter 10^{12} clés privées par seconde, il lui faudrait un million de fois l'âge de l'univers pour les dénombrer toutes. Et la simple énumération de ces clés consommerait davantage que l'énergie totale produite par le soleil durant 32 ans !

Lorsqu'on effectue une transaction, notre clé privée est utilisée afin de produire une clé publique.

Cela fonctionne ainsi.

Supposons que vous envoyez l'équivalent de 100 euros en Bitcoins à votre cousine Alice. Pour réaliser ce transfert :

- Un calcul est effectué afin de produire une clé publique à partir de votre clé privée.
- De même, une clé publique est produite à partir de la clé privée d'Alice.
- L'échange de fonds est effectué en tenant compte de ces deux clés publiques, ce qui aboutit à une « signature » unique pour la transaction.
- Toutefois, il est quasi impossible, à partir des clés publiques, de calculer les clés privées correspondantes !

En d'autres termes, les deux clés privées sont soumises à un calcul complexe qui aboutit à une signature unique à chaque transaction. Il est impossible de la contrefaire.

Si un hackeur parvenait à intercepter cette transaction, il ne pourrait pas récupérer les Bitcoins correspondants. En effet, s'il voulait changer l'identité du destinataire – en gros, remplacer la clé publique d'Alice par la sienne – la transaction serait invalidée. Donc, impossible de dérober des fonds.

La seule façon de parvenir à détourner vos Bitcoins serait de dérober votre clé privée, mais celle-ci est cryptée et elle a vocation à rester secrète.

UN ANONYMAT GARANTI… SAUF LORS DES ÉCHANGES AVEC UNE MONNAIE TRADITIONNELLE

L'un des facteurs appréciés par les usagers des cryptomonnaies, par rapport aux monnaies traditionnelles, c'est que les transactions au sein d'une même cryptomonnaie, par exemple de Bitcoin à Bitcoin, sont anonymes.

Toutefois, lorsqu'on souhaite échanger ses Bitcoins contre des euros ou des dollars, dans la mesure où l'on fait intervenir une monnaie traditionnelle, l'identité de celui qui opère la transaction peut être révélée.

Lightning Network

Une surcouche placée au-dessus du Bitcoin, visant à rendre les paiements instantanés et illimités.

Nous l'avons vu plus haut, le traitement de la *blockchain* du Bitcoin telle qu'elle a été conçue à l'origine, aboutit à un traitement assez lent des transactions : au mieux, il se situe à 7 transactions par seconde, là où un organisme comme VISA peut traiter jusqu'à 65 000 transactions par seconde.

Lightning Network est l'une des solutions trouvées pour résoudre ce problème qu'a rencontré le Bitcoin lorsque son activité a atteint une certaine échelle.

Quelle en est l'idée ? Il est courant pour un usager de cette monnaie d'effectuer un grand nombre de petites transactions, sur des montants réduits, et il n'est pas optimal d'avoir à stocker chacune de ces petites transactions sur la *blockchain*. Lighting Network établit donc un canal de paiement séparé entre deux usagers, lequel canal va tôt ou tard produire un solde que l'on reportera sur la *blockchain*.

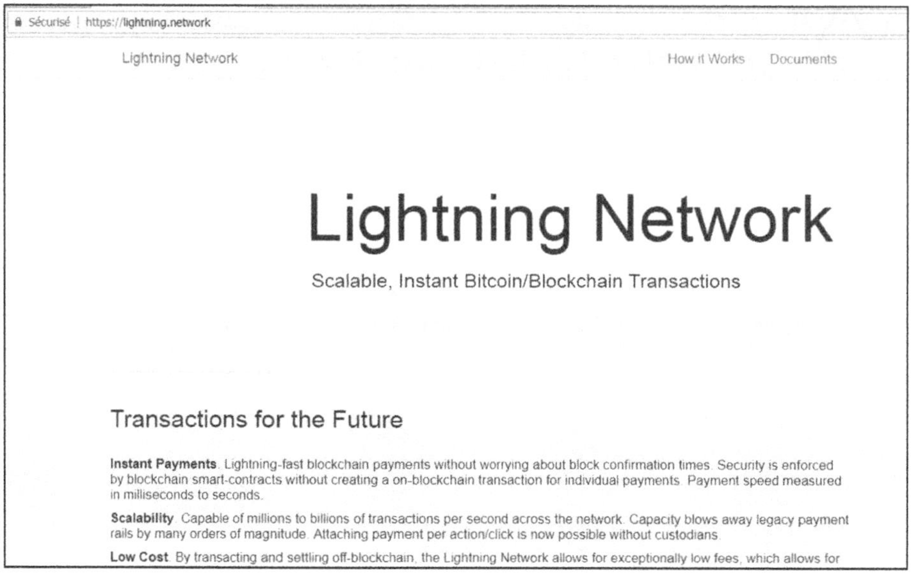

FIGURE 1.9 : Le site de présentation du Lightning Network brille par sa sobriété. Pourtant, ce système, qui est en mesure de soulager le traitement de la *blockchain*, a très vite reçu un écho favorable.

Imaginons qu'Arnold effectue des commandes régulières sur un site de bijoux à bas prix, que nous appellerons, pour les besoins de la démonstration, Bijou.fr.

Pour simplifier les choses, Arnold va établir un canal de paiement avec Bijou.fr. Ils vont pouvoir déposer une certaine somme en Bitcoins sur une adresse précise dite « multisignature ». Cette adresse devient l'équivalent d'un coffre-fort auquel les deux parties ont donné leur accord. Posons qu'Arnold y dépose l'équivalent de 100 satoshis (un cent millionième de Bitcoin – voir Chapitre 2). Bijou.fr y dépose 0 satoshi.

Arnold	Bijou.fr
100	0

Par la suite, Arnold dépense 40 satoshis pour acheter une bague. Dans le coffre, nous avons alors la situation suivante :

Arnold	Bijou.fr
60	40

Les deux parties signent la transaction avec leurs clés privées/clés publiques, et celle-ci est ainsi enregistrée dans le coffre.

Par la suite, Arnold achète d'autres articles et le coffre évolue ainsi :

Arnold	Bijou.fr
50	50

Arnold	Bijou.fr
20	80

Arnold	Bijou.fr
5	95

À présent, Arnold est dans une situation où il ne dispose plus de suffisamment de fonds pour acheter d'autres articles chez Bijou.fr

À partir de là, l'une des deux parties peut décider de fermer le canal de paiement ainsi ouvert – qu'il s'agisse d'Arnold ou de Bijou.fr

Ce n'est qu'alors, à la dernière opération ainsi validée, que l'information décrivant les échanges entre Arnold et Bijou.fr va rejoindre la *blockchain* du Bitcoin.

Nous obtenons donc des transactions traitées de manière immédiate et la possibilité pour l'écosystème du Bitcoin de se développer sans souci à n'importe quelle échelle.

Un autre avantage de Lightning Network est qu'il n'est pas forcément nécessaire d'ouvrir un canal spécifique pour qu'une opération aboutisse. Si Alice est reliée à Arnold par un canal et qu'elle souhaite acheter une broche sur Bijou.fr, la transaction va être effectuée par ce biais. Le système Lightning Network tente de lui-même de trouver une route qu'il peut emprunter.

Apparu au début de l'année 2018, Lightning Network était encore en expérimentation au mois d'août, mais il a déjà été adopté par des sociétés telles que Bitrefill, qui vend des cartes de téléphonie prépayées.

EOS

EOS est une cryptomonnaie dérivée de l'Ethereum et qui a été qualifiée comme « *blockchain* de 3e génération ». On l'a également affublé du nom d'Ethereum Killer.

L'idée maîtresse d'EOS est d'accélérer considérablement le nombre de transactions par seconde.

FIGURE 1.10 : Eos.io, le site qui propose les outils propres à la monnaie EOS.

Ce qui s'est passé avec Ethereum, c'est que ce réseau a rapidement montré ses limites. En effet, il ne peut traiter que 15 transactions par seconde. Par comparaison, un moteur de recherches comme Google peut gérer plus de 40 000 demandes par seconde – ce qui équivaut à 3,5 milliards de requêtes par jour[1].

Comment Crypto Kitties a saturé le réseau Ethereum

Un épisode a été marquant dans l'histoire d'Ethereum. Fin novembre 2017, une start-up a lancé CryptoKitties, une application d'achat et de vente de chatons virtuels, avec possibilité d'accoupler ceux-ci, un peu dans le style des Tamagotchi

1. Source : `http://www.internetlivestats.com/google-search-statistics/`

de la fin des années 1990. Ces chatons ne pouvaient être achetés qu'avec une cryptomonnaie maison, MetaMask, elle-même fondée sur l'Ethereum.

CryptoKitties a connu un succès immense : des millions de dollars ont été dépensés en quelques semaines. Là n'est pas tout. À elle seule, l'application en est arrivée à représenter 15 % des transactions Ethereum. Elle a saturé ce réseau, ralentissant très fortement le traitement des transactions.

Cet épisode a mis en exergue les insuffisances du réseau Ethereum dans sa forme originelle et a donc incité certains à développer des alternatives plus performantes.

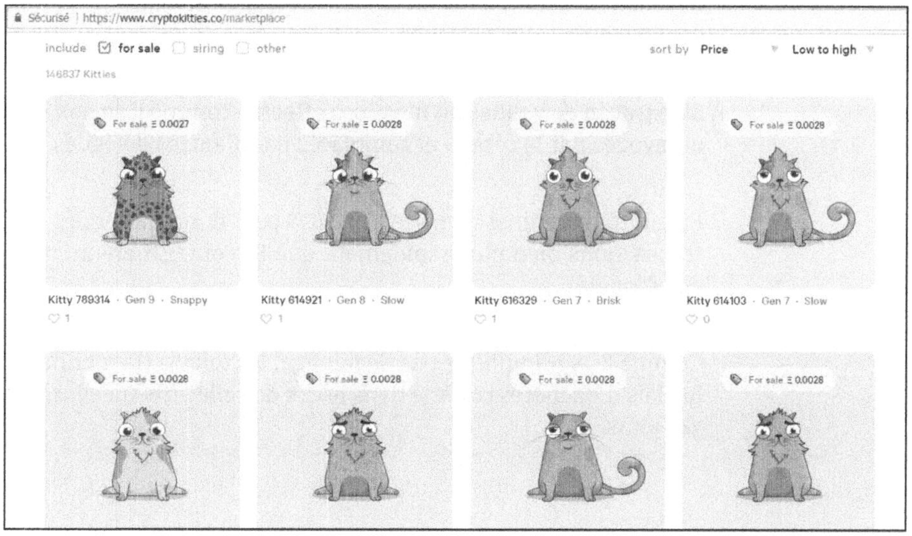

FIGURE 1.11 : L'application CryptoKitties a connu un tel succès qu'à elle seule, elle a saturé le réseau Ethereum durant l'automne 2017.

50 000 transactions par seconde pour EOS

L'une de ces solutions a été EOS, qui a été annoncée comme l'infrastructure la plus rapide existante. Son créateur, Dan Larimer, annonce un volume de 50 000 transactions par seconde. Dan Larimer n'en est pas à son coup d'essai, il avait auparavant créé BitShares, une sorte de banque liée à une *blockchain*, et Steam It, une plate-forme sociale récompensant ses contributeurs en les rémunérant.

EOS a fait l'objet d'une ICO (levée de fonds) le 26 juin 2017, laquelle a connu un succès retentissant, battant tous les records connus pour une telle opération.

1 milliard de tokens (jetons) ont été proposés à la vente sur 341 jours, celle-ci ayant pris fin le 1er juin 2018.

La preuve d'enjeu déléguée

L'une des caractéristiques d'EOS est la « preuve d'enjeu déléguée », un système reposant sur 21 personnes élues par les utilisateurs et qui ont la charge de valider les *blockchains*.

Cette validation leur étant déléguée, il n'est plus nécessaire d'en passer par des armadas de mineurs, un système qui, comme on l'a vu, engendre une immense dépense en électricité et en vient à favoriser ceux qui ont mis en place les plus gros équipements informatiques.

Si le travail de validation n'est pas effectué comme il se doit, ces délégués se voient désavoués par le réseau et remplacés par d'autres délégués.

En simplifiant ainsi ce processus, EOS peut donc traiter des dizaines de milliers de transactions bien plus rapidement que Bitcoin, Ethereum ou les monnaies qui en ont découlé.

Comme EOS n'implique pas de minage, les tokens (la monnaie) sont distribués par le biais d'enchères comme dans le cas de celle effectuée lors de la vente initiale de 341 jours.

IOTA

IOTA est une autre monnaie de 3e génération.

Elle vise, tout comme EOS ou d'autres monnaies telles que Cardano, à résoudre les problèmes liés à la *blockchain* du Bitcoin. Rappelons que, sous sa forme originelle, cette monnaie grâce à laquelle tout a commencé tend à devenir de plus en plus difficile à gérer.

Les créateurs de IOTA ont résolu la chose en remplaçant la *blockchain* traditionnelle par un *tangle* ou « enchevêtrement ».

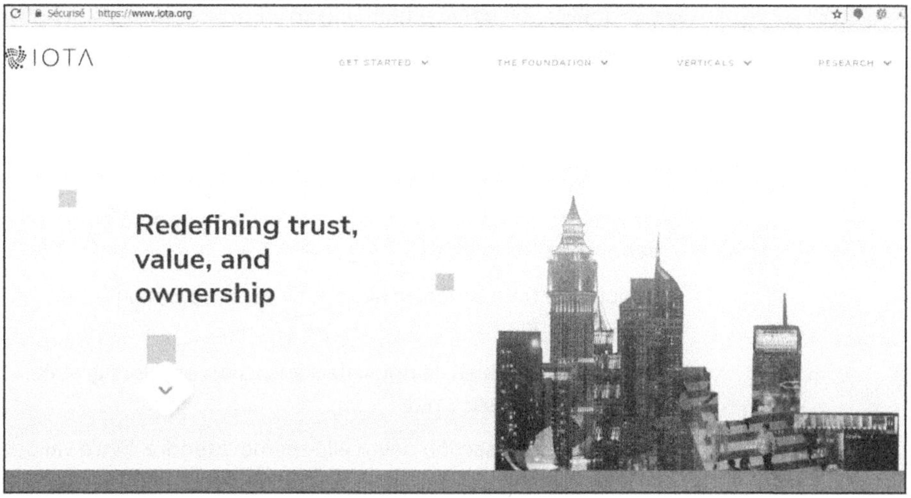

FIGURE 1.12 : Iota.org, le site qui présente IOTA, une cryptomonnaie de 3e génération.

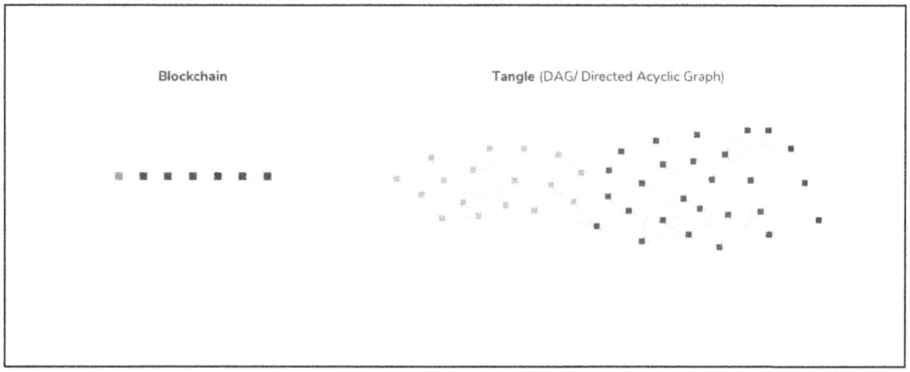

FIGURE 1.13 : À la différence de la *blockchain* qui est séquentielle, le tangle de IOTA est un enchevêtrement de transactions. Chaque point est relié à deux autres qui en assurent la validation. Ce système rend le traitement de chaque transaction ultrarapide.

Ce *tangle* est également appelé **Direct Acyclic Graph** (voir Figure 1.13). Que signifient ces termes ?

- **Direct** implique que chaque transaction est liée à une autre d'une manière unidirectionnelle. C pointe vers B et A, mais A ne pointe pas vers B et pas davantage vers C. E va pointer vers d'autres transactions comme B et D, mais B ne va pas pointer vers E.
- **Acyclic** signifie qu'il ne peut y avoir aucune boucle dans ce système. Si C valide A et B, A ne peut pas valider C.
- **Graph** signifie… graphique.

Avec le *tangle* de IOTA, chaque transaction comporte, comme pour Bitcoin ou Ethereum, des informations d'identification : émetteur, récepteur, nombre de tokens transférés... Elle est également liée à deux autres transactions qui la valident.

Que se passe-t-il quand une nouvelle transaction est opérée en IOTA ?

1. Le système choisit alors dans l'enchevêtrement deux transactions qui n'ont pas encore été validées.
2. La nouvelle transaction va alors avoir la tâche de confirmer ces deux transactions précédentes.
3. Si tout se passe bien, la nouvelle transaction est alors greffée au *tangle* – elle en devient une extrémité.
4. La nouvelle transaction devra elle-même attendre d'être validée selon le même système.

C'est cette technique qui fait que les transactions de IOTA peuvent être traitées sans le moindre délai.

La question peut toutefois être posée : comment peut-on savoir qu'une transaction donnée est valide ?

- » En premier lieu, pour chaque transaction, une vérification complexe est effectuée selon un modèle cryptographique réputé inviolable, analogue à celui de Bitcoin ou Ethereum. La difficulté de l'opération de validation détermine un « poids » qui indique un certain niveau de sécurité.
- » De plus, chaque transaction est associée à un « poids global », une valeur qui indique son niveau de sécurité global. Ce poids global est représenté par le cumul du poids des transactions qui pointe vers elle et donc, il ne cesse d'augmenter au fil du temps. Par exemple, au début, la transaction A a eu un poids de 2, du fait d'avoir été validée par C. Lorsque C a été validé par E, C a reçu un poids de 3. Ce poids a été renvoyé à A qui a désormais un poids de 2 + 3 = 5, et ainsi de suite.

Grâce à ce système fort ingénieux, IOTA peut gérer un nombre potentiellement illimité de transactions par seconde. De plus, il n'est plus nécessaire pour chaque intervenant de stocker la copie complète d'une *blockchain* – rappelons qu'en août 2018, la taille de la *blockchain* Bitcoin approchait les 180 Go.

Autre point fort : IOTA ne fait pas intervenir de mineurs. Il en résulte que l'échange d'argent n'implique aucune commission !

Le domaine des cryptomonnaies est en pleine évolution et il est encore trop tôt pour dire qui sortira vainqueur de ce bouillonnement créatif. Ainsi, en 1995, lorsque Yahoo! était le moteur de recherche dominant et qu'Amazon en était à ses balbutiements, il aurait été difficile de prédire que 5 ans plus tard, Yahoo! serait supplanté par un nouveau venu du nom de Google. Il était tout aussi ardu de prévoir que la société Amazon alors lourdement déficitaire, aurait été en mesure de tenir sur la durée et de s'imposer comme le n° 1 de son secteur.

Nous sommes dans une situation similaire aujourd'hui et si Bitcoin et Ethereum semblent avoir gagné droit de cité, il est encore trop tôt pour dire si Lightning Network, EOS ou IOTA vont s'imposer. Il demeure qu'ils tracent des voies d'évolution prometteuses.

Chapitre 2

Le glossaire de la cryptomonnaie

DANS CE CHAPITRE

- **De A comme « ADA » à I comme « ICO »**
- **De J comme « jeton » à W comme « wallet »**

Ce chapitre, tout comme le précédent, a pour ambition de vous initier en douceur aux termes du domaine de la cryptomonnaie. Bien évidemment, il pourra servir de référence tout au long de la lecture de ce livre et donc, les termes ont été classés par ordre alphabétique. Par conséquent, vous pourrez revenir à ce chapitre et consulter chaque nouveau terme au fur et à mesure de la lecture.

Lire ce chapitre en séquence serait sans doute rébarbatif. Le mieux est de commencer par examiner les mots que vous avez pu entendre ou lire et qui sont jusqu'alors demeurés obscurs. Vous pourrez ensuite y revenir chaque fois que vous avez un doute sur un terme particulier.

Un grand nombre des concepts exposés ici sont également expliqués de manière approfondie dans les chapitres qui suivent. Toutefois, vous avez ici une référence à laquelle vous pourrez revenir à votre guise tout au long de votre lecture.

Rappelons que les neuf termes principaux ont été définis dans le Chapitre 1. Nous les avons indiqués ici, mais vous renvoyons vers ce chapitre pour leur définition.

ADA

Voir « Cardano ».

Altcoin

Littéralement, « alternative au Bitcoin ». Une pièce (coin) d'une cryptomonnaie autre que le Bitcoin.

Le Litecoin est un exemple d'altcoin. On parle de « coin » dès lors qu'une monnaie dispose de sa proche *blockchain*, comme c'est le cas pour Bitcoin, Ethereum ou Dash. Les actifs dérivés de la *blockchain* Ethereum, pour leur part, sont appelés *tokens*.

ASIC

Un ordinateur dédié intégralement au minage de Bitcoins ou autre cryptomonnaie.

D'ordinaire, l'essentiel de la puissance d'un ordinateur est utilisé pour gérer des tâches propres au système d'exploitation ou des logiciels utilisés à un moment donné. Or, si l'on pratique une activité de minage, il est préférable de dédier des ordinateurs à cette seule tâche.

C'est dans cette optique qu'ont été conçus certains ordinateurs appelés ASIC, des ordinateurs dont la fonction exclusive est le minage, ce qui leur assure des performances plusieurs centaines de fois supérieures à celles d'ordinateurs classiques.

Attaque des 51 %

Si un mineur ou un groupe de mineurs parvient, à un instant précis, à superviser au moins 51 % de la puissance informatique permettant le minage d'une monnaie, il est en mesure d'en contrôler les transactions et de détourner des fonds à son avantage. On parle alors d'une « attaque des 51 % » ou encore de « Gold Finger ».

Où se situe l'astuce ? Satoshi Nakamoto, lorsqu'il a défini les règles du Bitcoin, a édicté que, en cas de situation d'anomalie, c'est la *blockchain* la plus longue qui l'emporte. Ainsi, un hackeur pourrait parvenir à produire un bloc frauduleux, et quelques autres. Toutefois, en parallèle, des blocs légitimes sont produits et il est peu probable que le hackeur seul puisse en produire davantage que la communauté. Il lui faudrait pour cela contrôler au moins 50 % des transactions opérées à un moment donné. Pourtant, cela peut se produire lorsqu'une monnaie est encore très jeune.

Cette situation s'est produite à plusieurs reprises, notamment le 16 mai 2018 avec le Bitcoin Gold, une monnaie dérivée du Bitcoin. L'attaquant, dans la mesure où il a pu prendre le contrôle à un instant précis de plus de 50 % de la puissance de calcul totale du réseau, a pu générer des transactions – normalement uniques – deux fois de suite. En d'autres termes, il a réalisé ce que l'on appelle des « doubles dépenses ».

Après avoir déposé des Bitcoins Gold (BTG) sur plusieurs plates-formes d'échange, il a échangé ces BTG contre des « jetons » d'autres cryptomonnaies, qu'il a envoyés vers un portefeuille sous son contrôle.

Dans la mesure où il était en contrôle temporaire du système, il a pu duper ce dernier, en effectuant une telle transaction sur une plate-forme donnée. Il l'a aussitôt réitérée sur une autre plate-forme. Il aurait ainsi récupéré l'équivalent de 18,6 millions de dollars provenant des réserves de diverses plates-formes d'échange. À la même époque, deux cryptomonnaies ont subi de similaires attaques, le Verge et le Monacoin.

Pour pouvoir opérer une attaque des 51 %, même dans ces cas de figure, il a fallu que l'attaquant dispose d'une puissance informatique réellement énorme. Lorsqu'une telle attaque se produit, il n'y a pas de conséquence pour les usagers de la monnaie. Seules les plates-formes d'échange impliquées en pâtissent.

Attaque par rejeu

Voir « Replay Attack ».

Bitcoin

Voir Chapitre 1.

Bitcoin Cash

Une monnaie dérivée du Bitcoin.

FIGURE 2.1 : Le sigle du Bitcoin Cash.

En juillet 2017, un grand mouvement s'est opéré dans le but de faire évoluer le logiciel gérant le Bitcoin. La demande pour cette cryptomonnaie ayant explosé, plusieurs insuffisances du modèle initial sont apparues. La gestion des transactions s'était fortement ralentie, et les frais de minage avaient fortement augmenté.

Le consensus s'est établi autour d'une évolution douce (on parle de « *soft fork* » dans le jargon des cryptomonnaies) du Bitcoin appelée SegWit – voir ce terme.

Pourtant, une minorité d'usagers de cette monnaie a refusé l'option SegWit et a préféré une autre issue, une évolution plus radicale (on parle de « *hard fork* »), celle du Bitcoin Cash.

Les créateurs du Bitcoin Cash ont choisi comme option d'augmenter considérablement la taille des blocs. Ceux-ci ont une taille de 8 mégabits, ce qui rend possible de traiter un beaucoup plus grand nombre de transactions par seconde.

Au 1er août 2017, les possesseurs de Bitcoins qui avaient choisi le Bitcoin Cash ont donc trouvé dans leur *wallet* autant de Bitcoins Cash qu'ils avaient de Bitcoins.

Bitcoin Core

Le logiciel de gestion du Bitcoin.

Originellement, son créateur Satoshi Nakamoto l'a publié sous le nom de Bitcoin. Il a par la suite été renommé Bitcoin-Qt. À partir de janvier 2017, il a été rebaptisé Bitcoin Core.

Bitcoin Gold

Une scission majeure (« *hard fork* ») du Bitcoin intervenue en novembre 2017.

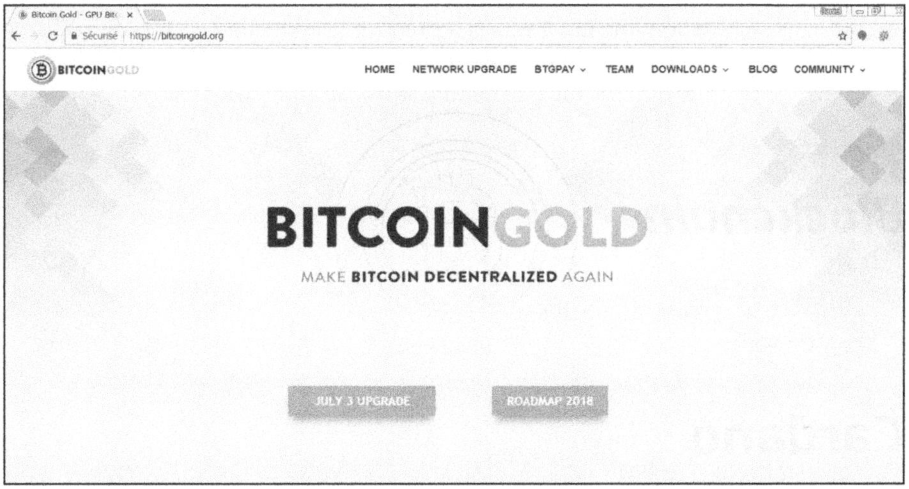

FIGURE 2.2 : Le site officiel du Bitcoin Gold.

Durant l'été 2017, le Bitcoin a connu deux évolutions majeures. L'une appelée SegWit a consisté en une évolution douce (« *soft fork* ») de la monnaie initiale et en une scission (« *hard fork* ») intitulée Bitcoin Cash.

À l'automne, une nouvelle évolution du même type a été proposée, avec deux voies, l'une douce appelée SegWit2x et une autre plus radicale, connue comme le Bitcoin Gold.

Le Bitcoin Gold est parti d'un constat. Aux débuts de cette monnaie, n'importe qui pouvait miner du Bitcoin depuis un simple PC. Or, avec l'apparition de fermes de serveurs et d'ordinateurs dédiés au minage (appelés ASIC), cette opération n'est devenue praticable que par des sociétés à même d'investir des millions de dollars.

Bitcoin Gold a été donc une tentative d'en revenir à un Bitcoin dont la production serait plus démocratique. Pour être en mesure de le miner, il faut mettre à contribution un GPU (*Graphical Processing Unit*), en d'autres termes, le processeur d'une carte graphique. Or, on trouve des GPU fort puissants dans les ordinateurs dédiés aux jeux vidéo. Il est à noter que d'autres monnaies comme l'Ethereum utilisent déjà le GPU.

Le Bitcoin Gold a été lancé par un dénommé Jack Liao sur la base que chaque propriétaire de Bitcoins recevait l'équivalent en Bitcoins Gold.

En mai 2018, Bitcoin Gold a fait l'objet d'une attaque de la part d'un mineur anonyme qui a réussi à prendre le contrôle de 51 % du réseau de manière temporaire. Il a ainsi pu dérober 380 000 Bitcoins Gold, soit l'équivalent de 18 millions de dollars. Plus de détails sur « attaque des 51 % ».

Blockchain

Voir Chapitre 1.

Cardano

Cardano est la société créatrice d'une cryptomonnaie, l'ADA, mise sur le marché en octobre 2017.

La société Cardano affirme gérer une *blockchain* de 3e génération, tout comme dans le cas de l'EOS ou de IOTA, avec notamment pour ambition de gérer un nombre de transactions par seconde très largement supérieur au Bitcoin, à l'Ethereum et aux monnaies dérivées de cette dernière. Cardano emploie de nombreux ingénieurs et chercheurs et affirme que sa *blockchain* est gérée avec une « approche scientifique ».

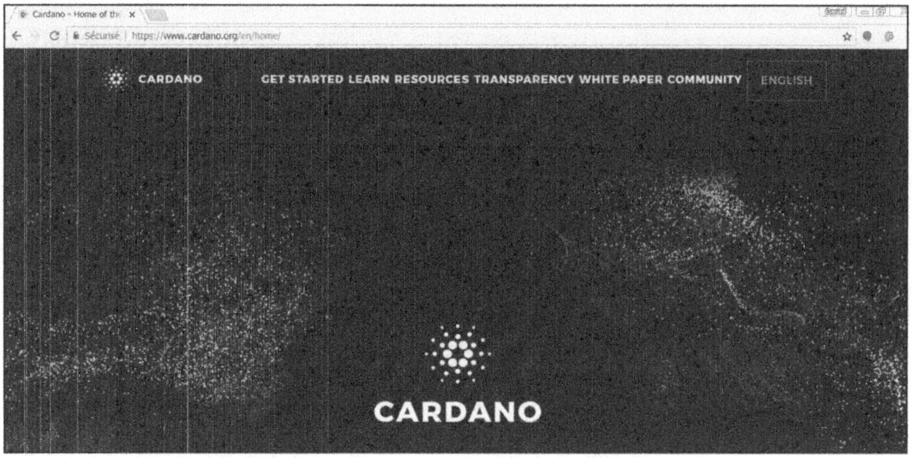

FIGURE 2.3 : Le site de la cryptomonnaie Cardano.

En trois mois, la capitalisation du Cardano a atteint les 3 milliards de dollars et son cours s'est multiplié par 400 %.

Clé privée/clé publique

La clé privée est un très long chiffre généré de manière aléatoire. Il vous identifie de manière secrète, en tant qu'individu gérant un portefeuille Bitcoin, Ethereum ou autre, de manière totalement unique.

Lorsque vous vous créez un compte Bitcoin sur un site tel que Coinbase, une telle clé privée vous est attribuée. Elle seule vous donne accès à votre portefeuille.

Si vous envoyez de l'argent à une autre personne, cette transaction va faire l'objet d'un calcul ultracomplexe prenant notamment en compte vos deux clés privées. La transaction se fera toutefois au travers de deux clés dites « publiques » qui elles sont visibles de tous.

La clé publique devient l'équivalent de la signature que vous posez sur un chèque et qui vous identifie comme celui qui a signé ce chèque. La différence, c'est que cette clé publique va changer à chaque transaction, tout en permettant de vous identifier puisque chaque clé publique est issue de votre clé privée – le calcul prend en compte votre clé privée, mais aussi des éléments liés à la transaction effectuée à un moment donné.

L'astuce, et c'est là-dessus que repose la cryptographie, c'est que s'il est possible à partir d'une clé privée d'obtenir une clé publique, il est quasi impossible depuis la clé publique de retrouver la clé privée.

Un exemple très simple pour illustrer ce mécanisme ? À partir du chiffre 22 que l'on divise par 3, il est possible d'obtenir le chiffre 1 comme reste de la division. En effet 22/3 = 7 avec un reste de 1. Posons que 22 est la clé privée et 1 la clé publique. Comment pourriez-vous à partir de 1 remonter à 22 ? Comment savoir si ce reste de 1 n'est pas issu d'une autre division telle que 16/3 soit 15 avec un reste de 1 – ce qui signifierait alors que la clé privée est 16. Cet exemple grandement simplifié illustre le mécanisme mis en jeu.

Or, les clés privées ont une taille de 256 bits (avec 1 ou 0 pour chaque chiffre). Cela signifie qu'il peut en exister un nombre égal à 2^{256}, soit une quantité pharamineuse, tellement titanesque qu'elle dépasse l'entendement. Donc, si vous avez fait en sorte de la garder secrète, personne n'est en mesure de retrouver votre clé privée.

En d'autres termes, l'usage du système des clés privées/clés publiques explique pourquoi personne ne sera en mesure de détourner l'argent impliqué dans cette transaction.

D'autres explications figurent dans le Chapitre 4 et dans la section « Cryptomonnaie » du Chapitre 1.

Coin

Littéralement : pièce.

On parle de « coin » dans le cas d'une cryptomonnaie fondée sur sa propre *blockchain*.

Le Bitcoin et l'ether sont des exemples de coins.

Coinbase

Une plate-forme d'échange pour acheter et vendre des Bitcoins (à partir d'une monnaie classique telle que l'euro), ou encore des ethers, des litecoins et des Bitcoins Cash.

Coinbase fait également office de « *wallet* » (portefeuille) permettant de stocker ses avoirs en cryptomonnaie.

Cryptomonnaie

Voir Chapitre 1.

DAO (The)

Decentralized Autonomous Organization – organisation autonome décentralisée.

Une partie de la mauvaise réputation qu'ont pu avoir les cryptomonnaies est venue d'un incident intervenu sur The Dao, une cryptomonnaie basée sur l'Ethereum.

Apparu en mai 2016, The DAO était un fonds d'investissement opérant de manière distribuée. L'idée était de collecter des fonds qui serviraient à investir dans des entreprises ou projets. Très vite, The DAO a battu les records existants en matière de *crowdfunding*, récoltant 120 millions de dollars en quelques jours.

Seulement voilà, le *smart contract* (voir ce terme au Chapitre 1) sur lequel reposait The DAO présentait une faille. Le 17 juin 2016, un pirate a ainsi pu dérober l'équivalent de 50 millions de dollars en ethers, soit environ un tiers des fonds alors récoltés.

La communauté gérant Ethereum a connu une divergence sur la façon de traiter cet épisode. Vitalik Buterin a estimé qu'il valait mieux invalider la *blockchain* qui avait subi cette anomalie. D'autres ont préféré ne pas invalider cette transaction afin d'éviter un précédent – comme quoi, un corps quelconque pourrait intervenir sur une *blockchain* et sur le destin d'une cryptomonnaie.

La solution trouvée a été de créer en juillet 2016 un *hard fork* (voir ce terme) soit une scission de la monnaie Ethereum. De cette façon, les utilisateurs qui avaient investi leurs éthers sur The DAO ont eu la possibilité de les récupérer. Cette nouvelle division a pris le relais de l'Ethereum (ETH).

Les dissidents ont préféré demeurer sur la *blockchain* originelle, celle qui avait fait l'objet d'un piratage et qui est donc devenue l'Ethereum Classic (ETC).

Dapp

Decentralised application – Application décentralisée.

Les cryptomonnaies, par nature, reposent sur des Dapps – leur code est exécuté sur une multitude d'ordinateurs connectés entre eux plutôt que depuis un serveur central.

Dash

Une cryptomonnaie dérivée du Bitcoin. Abréviation de *Digital Cash.*

Apparu publiquement en janvier 2014, Dash a été créé par Evan Duffield, initialement sous le nom de Xcoin, puis de DarkCoin, avec pour ambition de rendre le Bitcoin à la fois plus rapide et plus anonyme. À partir de 2015, il l'a rebaptisé Dash, comme abréviation de *Digital Cash*, soit le cash de l'ère numérique.

Avec Dash, Duffield a souhaité créer une sorte de monnaie universelle, que chacun puisse utiliser à sa guise, et pour laquelle les transactions seraient totalement anonymes – avec une impossibilité de pouvoir retrouver qui a été à l'origine d'un mouvement de monnaie en analysant la *blockchain*. Pour ce faire, Dash utilise un mécanisme particulier qui mélange chaque transaction avec des dizaines ou centaines d'autres. Grâce à ce mécanisme, il serait totalement impossible à une tierce partie de remonter jusqu'à l'acheteur ou encore de savoir ce que l'on a acheté au juste sur une boutique en ligne. De plus, avec Dash, les transactions sont quasi instantanées – quelques secondes seulement.

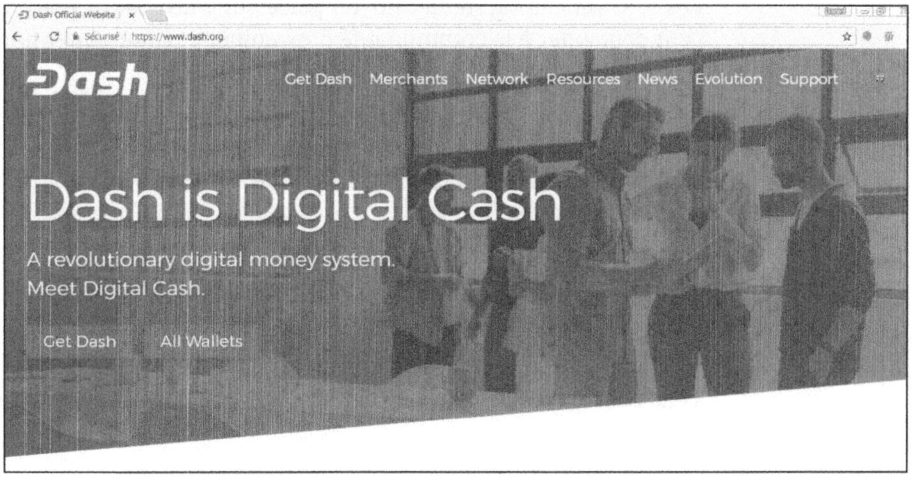

FIGURE 2.4 : Le site de Dash, une cryptomonnaie qui se veut l'équivalent du « cash » dans le monde réel.

À ses débuts, le Dash a soulevé des suspicions, car son minage a semblé ultracomplexe. Pourtant, l'équipe fondatrice a pu miner 1,9 million de dashs en deux jours. Duffield s'en est excusé en expliquant qu'il avait mal maîtrisé certains aspects du codage, et cela a mené à des mises à jour importantes du programme à ses débuts. Cette monnaie fonctionne avec un système de vote et la communauté Dash a choisi de ne pas tenir compte de ces erreurs de jeunesse.

Dash figure dans le Top 20 de CoinMarketCap des cryptomonnaies ayant la plus grande capitalisation – chiffre de juin 2018.

EOS

Voir Chapitre 1.

ERC20

Ethereum Request for Comments n° 20/Demande de commentaire n° 20 pour l'Ethereum.

Les ERC sont un système mis en place sur l'Ethereum grâce auquel un individu peut demander à la communauté d'examiner et commenter une proposition.

Le 19 novembre 2015, la 20e proposition a été postée, d'où le nom ERC20. Elle concernait l'établissement de standards Ethereum pour le développement de tokens (actif numérique – voir l'entrée « Token ») programmables et aisés à mettre en œuvre.

Le créateur d'ERC20 (Fabian Vogelsteller alias Frozeman) a ainsi défini un standard qui a grandement facilité la création de tokens.

Vous pourrez trouver plus de détails sur ERC20 dans le Chapitre 9.

Ethereum

Voir Chapitre 1.

Exchange

Voir « Plate-forme d'échange ».

Ferme de serveurs

Voir la section « Mineurs et minage » du Chapitre 1.

Fiat

Ce terme désigne les monnaies traditionnelles telles que pièces ou billets de banque.

Fork

De l'anglais *fork* qui signifie fourchette.

Une évolution ou scission d'une cryptomonnaie.

Pourquoi fourchette ? Pour symboliser le fait qu'une route principale se divise en deux directions. Dans le cas présent, c'est le logiciel qui gère la cryptomonnaie qui fait l'objet d'une scission. Rappelons en effet que les cryptomonnaies reposent habituellement sur des logiciels libres, qui peuvent donc être modifiés par d'autres.

Ainsi, dans le cas du Bitcoin, deux *forks* ont déjà eu lieu. La raison en est que sa *blockchain* originelle ne paraissait plus adéquate pour gérer l'ampleur de la demande. En effet, Satoshi Nakamoto avait limité sa taille à 1 Mo, et donc, dès que cette limitation a posé problème, le traitement des transactions en Bitcoins s'est fortement ralenti.

Un premier *fork* a eu lieu début août 2017, avec :

- un *soft fork* (évolution douce) du Bitcoin lui-même ;
- un *hard fork* (scission majeure), soit une cryptomonnaie issue de l'originale, appelée le Bitcoin Cash.

Le 24 octobre 2017, un deuxième *hard fork* est apparu, le Bitcoin Gold, là encore dans l'optique de résoudre ce problème de taille de la *blockchain*.

Il arrive parfois aussi que des *forks* interviennent du fait de divergences d'opinions entre les développeurs impliqués dans un projet ou encore, s'il s'agit d'une entreprise créatrice de cryptomonnaie, en raison d'un conflit interne.

Voir aussi : « Soft fork » (évolution douce) et « Hard fork » (scission majeure).

Gold Finger

Voir « Attaque des 51% ».

Hachage

Voir « Hash/Hashcash ».

Hard fork

Littéralement : fourchette dure.

Une scission majeure dans l'évolution d'une cryptomonnaie. Il en résulte une nouvelle monnaie, inspirée de l'originale (qui continue d'évoluer néanmoins en parallèle).

Ainsi, le Bitcoin a connu un *hard fork* en septembre 2017 avec l'apparition d'un dérivé, le Bitcoin Cash, puis un deuxième quelques mois plus tard, le Bitcoin Gold.

Hash/Hashcash

Un algorithme fort utilisé en cryptographie, qui amène à convertir une chaîne de caractères donnée en une valeur inférieure.

Ainsi, lorsqu'un message doit être crypté, il est soumis à cette fonction de « hashing », qui le transforme en une suite complexe de 0 et 1. Le résultat de ce calcul est lui-même appelé le « hash » du message.

Notons que certains sites Web ont adopté le terme « hachage » pour « hashing ». Nous avons préféré conserver « hashing ».

La beauté du mécanisme de hashing, c'est que si l'on change le moindre élément du message original, le hash qui en résulte est totalement différent.

Prenons un exemple. Le message : « Alain est levé » produirait un hash composé de 0 et de 1.

Le message : « Olain est levé » et dans lequel nous avons tout juste changé une lettre produirait un hash qui n'a strictement rien à voir avec le précédent !

Mieux encore, il est impossible, en utilisant une fonction de hashing tel que SHA-256 de remonter à « Alain s'est levé » à partir du hash de « Olain s'est levé ».

En réalité, il est également impossible, à partir du hash de « Alain s'est levé » de reconstituer ce message. Mais s'il en est ainsi, à quoi cela peut-il bien servir ? Grâce au fait qu'il est possible de retrouver une certaine séquence de chiffres (par exemple une suite de 12 zéros) au début du hash, si on effectue un test donné un certain nombre de fois.

Le hash/hashing est notamment utilisé par votre banque pour protéger les opérations que vous effectuez en ligne. Et à ce jour, SHA-256 est apparu comme la fonction de hashing la plus performante – elle est notamment recommandée par Google.

SHA-256 est la fonction qu'a choisie Satoshi Nakamoto lorsqu'il a développé le Bitcoin. Plus précisément, il a édicté que les nouvelles « pièces » (coins) pourraient être générées à partir de « preuve de travaux » fondée sur l'algorithme Hashcash-SHA-256^2, développé par Adam Back.

Qu'est-ce qu'une « preuve de travaux » ? Un certain calcul très complexe qui vise à déterminer qu'un hash particulier est conforme à un certain modèle. Ce travail est effectué par les mineurs (voir la section « Mineurs et minage » au Chapitre 1 et aussi le Chapitre 5).

En d'autres termes, avec ce système Hashcash-SHA-256^2, l'ordinateur d'un mineur doit résoudre un problème mathématique de hashing chaque fois qu'une nouvelle transaction est effectuée. Une fois qu'il a résolu ce problème, sa solution est envoyée au serveur et elle constitue sa « preuve de travaux », lui donnant potentiellement droit à de nouveaux Bitcoins.

Chaque bloc d'une *blockchain* comporte, entre autres informations, le hash du bloc précédent. Cela contribue donc à rendre la *blockchain* infalsifiable – si quelqu'un voulait changer l'ordre des transactions, il produirait une variante de la *blockchain* qui serait instantanément considérée comme invalide.

ICO

Initial Coin Offering, proposition initiale d'une nouvelle monnaie.

On connaissait les IPO (*Initial Public Offering* – annonce de l'entrée prochaine en Bourse d'une entreprise, avec émission d'actions initiales à des prix préférentiels). Le domaine de la cryptomonnaie a donné naissance aux ICO.

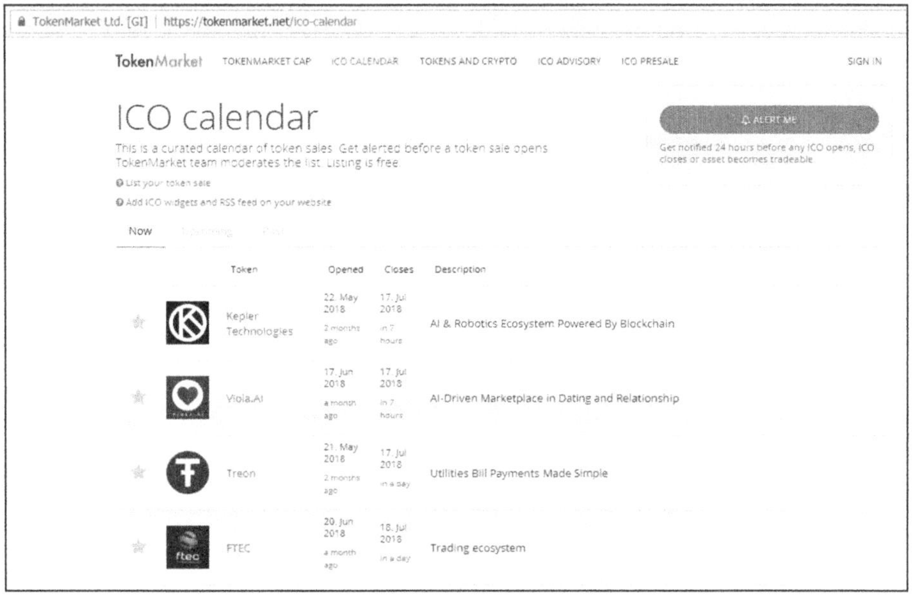

FIGURE 2.5 : Un calendrier des ICO en cours peut être consulté sur le site tokenmarket.net.

Chaque fois qu'une nouvelle cryptomonnaie est envisagée, elle fait l'objet d'une ICO, laquelle vise à récolter des financements, dans un esprit similaire à celui du *crowdfunding* : ceux qui investissent ont l'espoir de rentabiliser leur mise si le projet aboutit ; en l'occurrence, une fois que la cryptomonnaie est officiellement mise sur le marché.

Chaque ICO est accompagnée d'un livre blanc (de l'anglais *white paper*) dans lequel les créateurs de la nouvelle monnaie expliquent quelle est sa spécificité. Idéalement, ceux qui souhaitent investir dans ladite monnaie se doivent de lire ce livre blanc.

Si vous êtes convaincu par ce livre blanc, vous pouvez alors acheter un certain nombre de tokens (jetons) ou de coins de la nouvelle monnaie.

À titre d'exemple, l'ether (la monnaie de l'Ethereum) a été lancée par une ICO avec un cours initial de 40 cents. Une fois l'Ethereum officiellement coté, il valait déjà 14 dollars, soit 30 fois plus.

Les ICO ont commencé à se multiplier à partir de l'été 2017 suite à la montée spectaculaire du cours du Bitcoin. L'idée sous-jacente : ceux qui ont raté le train du Bitcoin se disent qu'il vaudrait mieux ne pas rater l'arrivée de la prochaine monnaie phare.

IOTA

Voir Chapitre 1.

Jeton

Voir « Token ».

Kraken

L'une des deux principales plates-formes d'échange/place de marché de cryptomonnaies.

Kraken peut assurer l'échange d'euros, de dollars ou autre monnaie classique avec 17 cryptomonnaies différentes.

Cette plate-forme dispose d'une bonne réputation en termes de sécurité – elle n'a pas connu de piratage. Les frais de gestion y sont moins élevés que sur son concurrent Coinbase.

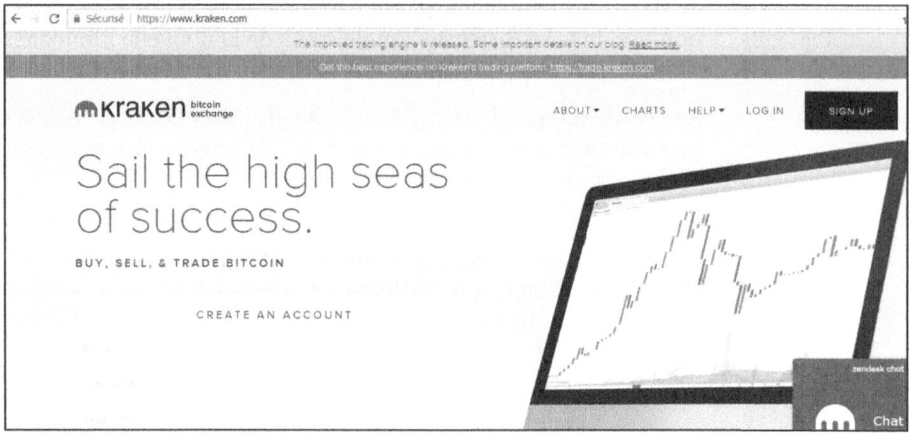

FIGURE 2.6 : Kraken, l'une des principales plates-formes d'échange de cryptomonnaie.

Litecoin

Une cryptomonnaie dérivée du Bitcoin.

Le Litecoin est né en octobre 2011, sous l'impulsion de Charly Lee, un ancien ingénieur de Google, qui a également travaillé chez Coinbase, l'une des principales places de marché. Litecoin fait d'ailleurs partie des quatre monnaies prises en charge par Coinbase.

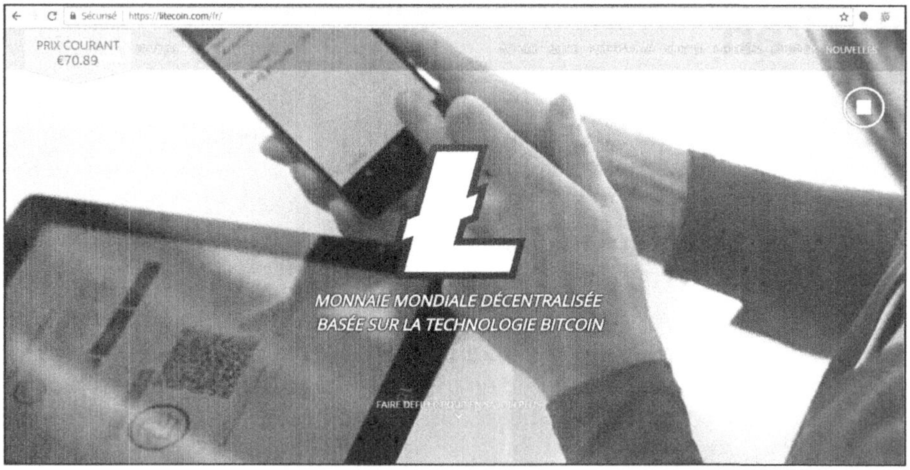

FIGURE 2.7 : Le site français consacré à la gestion de Litecoins.

Litecoin a été la première cryptomonnaie à prendre en compte l'évolution douce du Bitcoin appelée SegWit, visant à accélérer les transactions sur cette monnaie.

Litecoin fait valoir qu'elle est l'une des seules cryptomonnaies avec laquelle il est possible d'acheter des biens. Et certains experts la recommandent en tant que placement sur le long terme.

Charlie Lee, le créateur du Litecoin, est une personnalité très écoutée dans le domaine de la cryptomonnaie, avec des centaines de milliers d'abonnés à ses tweets. À ce titre, il a parfois été accusé de conflit d'intérêts, certains de ses tweets ayant eu pour effet de faire monter ou descendre le cours du Litecoin. Pour tenter de mettre fin à ces rumeurs, Charlie Lee a vendu tous ses litecoins en décembre 2017. Toutefois, peu avant cet épisode, le Litecoin se portait à merveille, ayant connu une plus-value record de + 9 150 % en un an (à comparer au + 1 318 % du Bitcoin pourtant cité en exemple à la même époque). Certains estiment que Charlie Lee serait devenu multimillionnaire au passage. L'intéressé n'a pas souhaité évoquer la question.

Lightning Network

Voir Chapitre 1.

Minage/mineur

Voir Chapitre 1.

Monero

Une cryptomonnaie qui affirme favoriser un anonymat complet des transactions. Monero se targue d'offrir cet anonymat en raison d'un système appelé « signatures de cercle », en vertu duquel ni l'émetteur d'une transaction ni son destinataire n'apparaissent dans la *blockchain*.

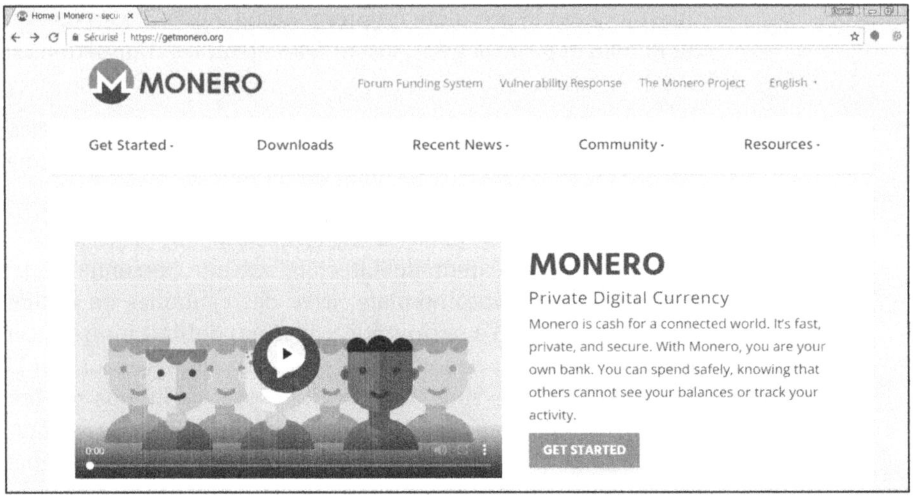

FIGURE 2.8 : Le site de présentation de la monnaie Monero avec les outils de gestion appropriés.

Par ailleurs, Monero fait état d'une vitesse des transactions de 2 minutes, jugée comme rapide pour ce qui est d'une cryptomonnaie.

Autre avantage, un simple PC de moyenne puissance permet d'effectuer du minage à domicile.

Place de marché

Voir « Plate-forme d'échange ».

Plate-forme d'échange

Une plate-forme d'échange (ou place de marché) est un site sur lequel sont gérées des cryptomonnaies et à partir duquel il est possible d'échanger ces dernières entre elles ou avec des devises traditionnelles.

Il existe une quarantaine de places de marché avec un volume d'échange important, dont les principales sont Binance, Kraken et Coinbase. Si la plupart gèrent le Bitcoin et l'Ethereum, les autres cryptomonnaies prises en compte sont habituellement limitées. Binance, qui est le leader du domaine, ne traite que deux cents cryptomonnaies, quand Kraken n'en propose que dix-huit et que Coinbase en accueille quatre.

Avant d'investir dans une cryptomonnaie, il peut être judicieux de vérifier si elle est prise en compte par une plate-forme d'échange et de voir quelle est sa cotation.

Preuve d'enjeu déléguée

Voir la section « EOS » du Chapitre 1.

Preuve de travail

La preuve de travail réside d'un calcul ultracomplexe opéré sur chaque transaction relative à une cryptomonnaie. Il s'agit d'un chiffre associé à cette transaction qui l'identifie de façon unique. Ce chiffre, soumis à un hashing, produit une certaine suite de zéros. Le mineur qui a trouvé ce chiffe a ainsi trouvé la preuve de travail recherchée.

Lorsqu'un mineur envoie cette preuve de travail sur le réseau (dans un nouveau bloc de la *blockchain*), il indique que la transaction est valide. En récompense, il va être en mesure de toucher de nouveaux Bitcoins, ethers ou autre monnaie.

Dans la *blockchain*, qui rappelons-le, pourrait être assimilée à un livre comptable, chaque bloc (enregistrement de la transaction) inclut la preuve de travail correspondante.

Pour mieux comprendre comment fonctionne la preuve de travaux, reportez-vous à la section « Mineurs et minage » du Chapitre 1 ou encore au Chapitre 5 de ce livre.

Replay attack

Une *replay attack* (attaque par rejeu) pourrait se produire lors d'un *hard fork* (scission majeure) d'une monnaie, comme cela a été le cas pour le Bitcoin qui a vu l'apparition d'une variante, le Bitcoin Cash, le 1er août 2017.

Juste avant un *hard fork*, la *blockchain* est unique. Une fois le *hard fork* effectué, il en existe deux copies : la *blockchain* originelle et la nouvelle *blockchain*.

Imaginons qu'une personne ayant des avoirs en Bitcoins les dépense sur une seule des chaînes : en Bitcoins, mais pas en Bitcoins Cash. Si quelqu'un peut alors copier la transaction (et donc la « rejouer »), il pourrait alors la valider sur la chaîne Bitcoin Cash.

La crainte qu'une *replay attack* se produise en août 2017 était forte et donc, le Bitcoin Cash a été conçu de façon à se prémunir contre de telles attaques.

Rig

Un ordinateur de minage particulièrement puissant et donc adéquat pour le minage à grande échelle d'une monnaie.

Satoshi

Un cent millionième de Bitcoin.

À partir de 2017, le cours du Bitcoin est devenu si élevé qu'il rendait difficile d'énumérer le prix d'un objet ou d'un service avec cette monnaie. Imaginez de payer un lecteur MP3 0,00000345 Bitcoin. Pas très pratique n'est-ce pas ?

Le satoshi a donc été défini en vue de résoudre cette situation.

1 satoshi = 0,00000001 Bitcoin.

Inversement, 1 Bitcoin = 100 000 000 satoshis.

Ainsi, dans le cas du baladeur MP3 évoqué ci-dessus, celui-ci vaudrait 345 satoshis.

Security tokens

Littéralement : jeton avec une sécurité.

On désigne sous le nom de *security token*, une cryptomonnaie qui est secondée par un avoir réel, et qui, à ce titre, est couverte par des régulations financières officielles.

Ainsi, en mars 2018, Overstock.com a lancé une ICO autour de la monnaie tZERO mais aussi déposé une demande officielle auprès de la Security and Exchange Commission américaine (l'équivalent de la Commission des opérations de bourse en France).

Les *security tokens* augurent d'une nouvelle vague des ICO qui serait réglementée et permettrait donc d'éviter la déception qui a entouré la majorité des lancements de cryptomonnaies que l'on a pu voir en 2017 et qui pour la plupart n'ont pas abouti.

SegWit

À partir de 2015, la demande pour le Bitcoin ayant connu une très forte croissance, certaines insuffisances du logiciel initial de cette monnaie sont apparues : ralentissement énorme du traitement des transactions, forte augmentation des frais de minage (les opérations nécessaires à la validation d'une transaction)...

Une modification mineure (ou *soft fork*) du Bitcoin a été proposée avec comme nom SegWit. Ce terme est l'abréviation de *Segregated Witness*, ce qui signifie « témoin séparé ». Pourquoi ce nom ? Parce qu'une partie de cette proposition consistait à séparer les données de signature (identifiant les personnes impliquées dans une transaction) de la structure de données servant à coder la *blockchain*.

Conçue par l'équipe responsable du logiciel initial du Bitcoin (Bitcoin Core), la proposition SegWit a consisté en une évolution du format de la *blockchain* afin d'augmenter la capacité des blocs – et renforcer au passage le niveau de sécurité des transactions.

La version SegWit du Bitcoin a été activée le 24 août 2017 à 3 h 57 (heure de Paris) à partir du bloc 481 824. Pour les utilisateurs, cela n'a rien changé – ils ont continué d'utiliser leurs Bitcoins comme à l'accoutumée.

Une minorité d'usagers a refusé l'évolution SegWit et a choisi de suivre une alternative appelée Bitcoin Cash (voir ce terme).

SegWit 2X

Une proposition d'évolution douce (*soft fork*) du Bitcoin intervenue à l'automne 2017 et qui n'a pas été suivie d'effet.

Smart contract

Voir Chapitre 1.

Soft fork

Une modification mineure/évolution douce d'une cryptomonnaie.

Lorsqu'un *soft fork* se produit, la monnaie conserve son nom initial. À partir d'un certain bloc, un nouvel algorithme est appliqué pour sa gestion.

Un exemple de *soft fork* a été l'évolution du Bitcoin baptisée SegWit et intervenue en août 2017.

Voir aussi « Fork ».

Token

Littéralement : jeton.

Un actif numérique qui peut être transféré de manière unique entre deux acteurs sur Internet.

On parle de token plutôt que de coin pour les crypto-actifs lancés par le biais d'ICO (voir ce terme). De fait, les tokens sont au cœur du mécanisme des ICO et sont dans la plupart des cas des *smart contracts* codés dans la *blockchain* Ethereum.

Utility tokens

Littéralement : jeton utilitaire.

Les *utility tokens* sont des tokens virtuels au moment du démarrage d'une ICO (lancement d'une cryptomonnaie). Ce sont les équivalents des précommandes que l'on peut effectuer sur Amazon pour un disque attendu à la fin de l'année. Les *utility tokens* ne sont pas régulés par un quelconque organisme officiel – ils sont avant tout un projet.

Celui qui mise sur un *utility token* mise sur la promesse que la monnaie accomplira ce qui est annoncé. Dans la réalité, rien ne garantit que ce token sera effectivement mis sur le marché.

Un exemple d'*utility token*, est Filecoin. Cette société proposait un service de *cloud* (stockage de fichiers) décentralisé. Ceux qui ont souscrit à l'ICO de Filecoin ont reçu des tokens grâce auxquels ils devaient pouvoir acheter de l'espace disque. Filecoin a été un succès historique : entre son ouverture, le 11 août 2017 et sa clôture, le 13 septembre de la même année, l'ICO a levé 257 millions de dollars. Pourtant, près d'un an plus tard, Filecoin n'avait pas encore démarré.

On différencie les *utility tokens* des *security tokens* qui pour leur part, présentent de meilleures garanties de retour sur investissement.

Wallet

Terme anglais signifiant « portefeuille ».

Une application sécurisée de gestion de cryptomonnaies. Comme dans le cas d'un portefeuille classique, il permet de stocker ses avoirs en Bitcoins, ethers ou autre. Un *wallet* permet également d'effectuer des achats en ligne ou des échanges d'argent.

Un *wallet* intègre en premier lieu une clé privée (voir ce terme), connue du seul propriétaire du *wallet*, et qui lie celui-ci de manière absolument unique. Lors des transactions, le *wallet* calcule, à partir de la clé privée, une clé publique, qui peut être partagée pour effectuer/signer des transactions.

Les places de marché comme Kraken ou Coinbase intègrent des *wallets* qui vont pouvoir servir à effectuer ses achats, ventes ou échanges d'argent – tout en sachant qu'elles vont prendre une commission au passage. De même, chaque nouvelle cryptomonnaie propose son propre *wallet*.

Il existe plusieurs types de *wallets*, avec leurs avantages et inconvénients.

Le *wallet* le plus courant est une application présente sur smartphone ou sur ordinateur. L'avantage est la simplicité d'usage, qu'il s'agisse de procéder à des achats en ligne ou dans le monde réel chez les commerçants acceptant ce type de monnaie. Jaxx, MyCelium, BreadWallet ou Airbitz sont des exemples de tels *wallets*.

On peut aussi installer son propre logiciel de *wallet* sur ordinateur et cette solution est plus sûre – il est arrivé que certaines plates-formes généralistes subissent des attaques. Il suffit de disposer d'un espace disque assez conséquent pour loger le logiciel de gestion d'une cryptomonnaie. Il va de soi que ledit ordinateur doit être hyper protégé face aux virus et autres logiciels nuisibles. Bitcoin Core est un bon exemple d'un tel *wallet* dédié au Bitcoin. De même, Rippex est un *wallet* dédié à la monnaie de Ripple.

Le *hardware wallet* est la solution la plus sécurisée, car la clé privée de l'utilisateur est alors stockée de manière physique sur une puce.

2

La genèse du Bitcoin et des cryptomonnaies

DANS CETTE PARTIE :

» Au début était le Bitcoin

» La déferlante des cryptomonnaies

Quoi de mieux pour comprendre ce que sont le Bitcoin, l'Ethereum, le Ripple et autres crypto-monnaies que de vous raconter leur histoire ? Comme vous allez le voir, ces monnaies, bien que fort jeunes, ont connu des itinéraires hauts en couleur.

Alors, remontons le fil du temps jusqu'en 2009, date à laquelle est apparu le Bitcoin, voire même un peu avant, à l'été 2008, lorsque Satoshi Nakamoto en a exposé les principes…

Chapitre 3

Au début était le Bitcoin

DANS CE CHAPITRE :

- **Le livre blanc du Bitcoin**
- **La *blockchain***
- **Les mineurs valident les transactions en Bitcoins**
- **Une limite fixée à 21 millions de Bitcoins**
- **Mais où est passé Satoshi Nakamoto ?**
- **Sept ans d'une folle histoire en sept dates clés**
- **Les trois aventures qui ont boosté le Bitcoin**
- **Une capitalisation égale à celle de certains pays**

Les débuts du Bitcoin ressemblent au commencement d'un bon gros roman policier. Il y a du mystère, du suspense et au bout du compte, toujours plus de mystère.

Le Bitcoin est né dans un forum sur Internet consacré à la cryptographie. Le 1er novembre 2008 apparaît le premier message signé « Satoshi Nakamoto » sur la *Cryptography Mailing List*. Satoshi y annonce qu'il a commencé à travailler sur un nouveau système d'échange de monnaie entièrement *peer-to-peer* et sans tiers de confiance.

« Peer-to-peer » signifie « égal à égal ». On parle de *peer-to-peer* pour désigner un type de réseau décentralisé à l'intérieur duquel chaque ordinateur dispose de droits équivalents. C'est le système Napster qui a rendu ce système célèbre en favorisant la mise en relation en direct de plusieurs internautes qui s'échangeaient leurs fichiers musicaux.

Sans entrer dans la technique, sachons que Nakamoto a posé les deux principes fondamentaux du Bitcoin :

- cette cryptomonnaie fonctionnera sans recours au système des banques ;
- sa valeur sera authentifiée par le réseau décentralisé de ses utilisateurs.

Le livre blanc du Bitcoin

Début 2009, Satoshi publie sur le site SourceForge.net le « livre blanc » qui détaille la manière dont fonctionne sa nouvelle monnaie (`https://bitcoin.org/bitcoin.pdf`).

Bitcoin: A Peer-to-Peer Electronic Cash System

Satoshi Nakamoto
satoshin@gmx.com
www.bitcoin.org

Abstract. A purely peer-to-peer version of electronic cash would allow online payments to be sent directly from one party to another without going through a financial institution. Digital signatures provide part of the solution, but the main benefits are lost if a trusted third party is still required to prevent double-spending. We propose a solution to the double-spending problem using a peer-to-peer network. The network timestamps transactions by hashing them into an ongoing chain of hash-based proof-of-work, forming a record that cannot be changed without redoing the proof-of-work. The longest chain not only serves as proof of the sequence of events witnessed, but proof that it came from the largest pool of CPU power. As long as a majority of CPU power is controlled by nodes that are not cooperating to attack the network, they'll generate the longest chain and outpace attackers. The network itself requires minimal structure. Messages are broadcast on a best effort basis, and nodes can leave and rejoin the network at will, accepting the longest proof-of-work chain as proof of what happened while they were gone.

FIGURE 3.1 : Le white paper (livre blanc) de Satoshi Nakamoto, la Bible du Bitcoin.

La confiance est apportée par la cryptographie

Avec le recul, il est impressionnant de voir à quel point Nakamoto a pris en compte la plupart des problèmes que pourrait soulever l'usage d'une monnaie numérique, qui s'appuierait sur la cryptographie, pour établir la confiance.

Trois éléments principaux forment le dispositif du Bitcoin.

- Une clé de codage privée qui comporte 51 caractères alphanumériques. Cette suite de chiffres identifie de manière unique l'usager du Bitcoin. Elle est secrète.
- Une clé de codage publique qui comporte 34 caractères alphanumériques. Cette suite de chiffres déduite de la clé privée est la seule qui circule sur le réseau lors d'une transaction.
- Un registre, la *blockchain*, qui permet de vérifier la correspondance entre la clé publique et la clé privée. Lorsque la correspondance est confirmée, la transaction initiée par le porteur du Bitcoin est exécutée.

Simple ? Presque... Révolutionnaire ? Totalement !

La *blockchain*

L'élément fondamental du « système » Bitcoin est le registre qui est désormais devenu célèbre sous le nom de *blockchain*.

Qu'est-ce que la *blockchain* ? (En français : chaîne de blocs, mais qui utilise le terme français ?) C'est le registre où sont répertoriées toutes les clés numériques autorisant la transaction d'un Bitcoin.

Ce registre est géré de manière décentralisée par la communauté des utilisateurs du Bitcoin. Chacun des participants en détient une copie et chaque copie permet ainsi d'authentifier les clés publiques et de valider une transaction sur ce critère comme sur d'autres.

C'est la *blockchain* qui permet l'élimination du recours à un tiers de confiance. Comparons avec ce qui se passe dans le monde réel, dans le cadre des monnaies émises par des États :

- La valeur du dollar est garantie par la signature du secrétaire au Trésor.

» Pour ce qui est de l'euro, sa valeur est certifiée par le président de la Banque centrale européenne : le « MDraghi » qui figure sur le billet qui traîne dans votre poche. Mario Draghi garantit que votre billet de 10 € vaut bien 10 €. Dans la zone euro, n'importe quel commerce acceptera de vous vendre un article ou un service en échange de ce billet de banque. En contrepartie de ce service de tiers de confiance, Mario Draghi décide des taux d'intérêt sur la monnaie européenne, contrôle la masse monétaire, évalue les risques d'inflation et oblige même les banques à déclarer à la police les transactions suspectes.

FIGURE 3.2 : La signature de Mario Draghi donne cours légal à l'euro.

À partir de 2008, le tiers de confiance a du plomb dans l'aile. La faillite de la banque Lehman Brothers entraîne une récession majeure aux États-Unis. Pour y pallier, la Banque centrale américaine déverse des milliards de liquidités sur le marché, faisant craindre le développement d'une inflation galopante.

Les mineurs valident les transactions en Bitcoins

Pour le petit groupe des passionnés de cryptographie qui s'intéressent aux travaux de Satoshi Nakamoto, le concept du Bitcoin tombe à point nommé.

Il faut dire que Satoshi est à la fois un poète et un économiste du genre « père la rigueur ».

Pour récompenser les participants au réseau décentralisé du Bitcoin, Satoshi a mis au point le système du minage :

» Chaque transaction en Bitcoins est produite par un calcul complexe qui peut faire l'objet d'une vérification mathématique grâce à un système de cryptage baptisé SHA256 (voir l'entrée « Hash/hashcash » du Chapitre 2 ou bien le Chapitre 5 pour plus détails).

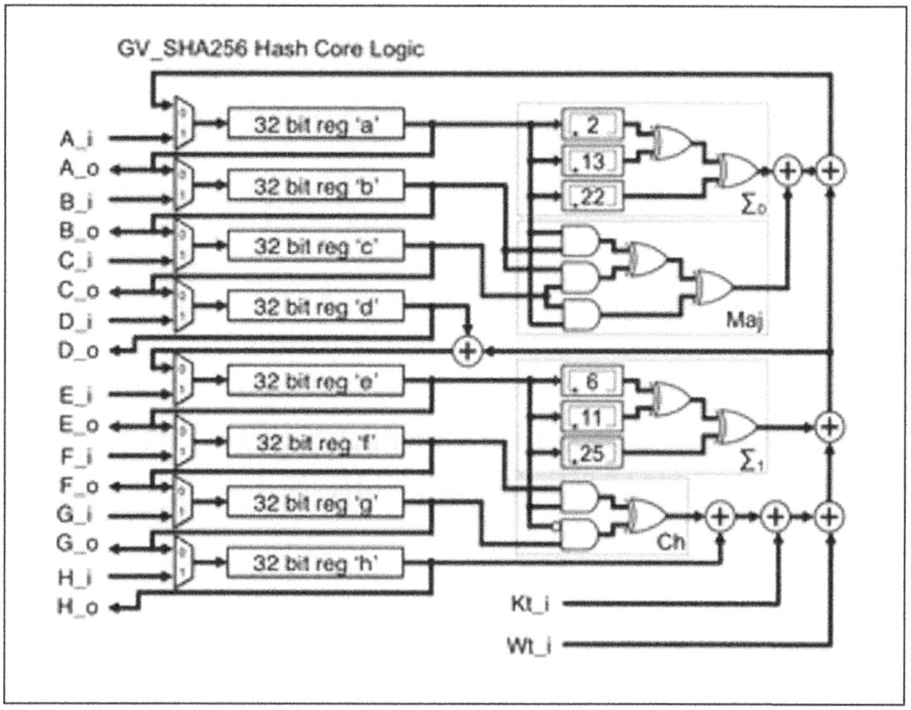

FIGURE 3.3 : Schéma logique du cryptage SHA256.

» Certains des usagers participant au réseau peuvent s'atteler au travail consistant à résoudre ce problème de la vérification. En d'autres termes, ils mettent la puissance de calcul de leur ordinateur au service de cette vérification. Ces usagers sont appelés des « mineurs ».

» Si l'un de ces mineurs parvient à résoudre ce problème mathématique, il se voit attribuer en récompense un nouveau Bitcoin. Dans la pratique, étant donné que plusieurs mineurs sont en mesure de résoudre le problème au même moment, le gagnant est désigné selon des règles établies par Satoshi Nakamoto.

Telle est la beauté du système : la communauté est récompensée pour son travail. Ainsi, non seulement le système est décentralisé, mais il est aussi coopératif, en tout cas lors de ces premiers temps un peu utopiques.

FIGURE 3.4 : Premières machines de minage de Bitcoins.

POURQUOI LES CHINOIS SONT-ILS LES ROIS DU MINAGE DE BITCOINS ?

Pour calculer les clés cryptographiques qui constituent un Bitcoin, il faut établir des fermes d'ordinateurs et les raccorder à une source d'électricité bon marché.

Sur ce terrain, les Chinois ont fait des merveilles et ont contrôlé jusqu'à 95 % des machines de minage de Bitcoins.

Pourquoi ? Parce que la Chine est en état de surcapacité par rapport à sa production d'électricité. De ce fait, plusieurs entreprises de minage, notamment la plus importante, Bitmain, sont parvenues à passer des accords privilégiés avec les centrales dont elles tiraient leur énergie.

Certains mineurs chinois sont allés jusqu'à intéresser directement le directeur de la centrale électrique locale aux bénéfices de la fabrication des Bitcoins.

Bitmain a été fondée par Jihan Wu, un ancien analyste financier, qui a été le premier à traduire le livre blanc de Satoshi Nakamoto en mandarin.

Il est estimé que Bitmain a réalisé un profit de 3 milliards de dollars en 2017 grâce à ses opérations de minage de Bitcoins. Cependant, à la fin de cette même année, les autorités chinoises ont commencé à interdire les activités de minage sur leur territoire.

»

»

Bitmain est en train de se relocaliser, notamment en Suisse où la législation sur les cryptomonnaies est particulièrement souple. Reste à savoir si l'électricité suisse sera aussi bon marché que celle disponible à Beijing ou dans le Sichuan.

Il est bon de savoir aussi que, si un mineur détient plus de 50 % des blocs du registre du Bitcoin, il peut falsifier le registre sans que les autres participants à la blockchain puissent l'en empêcher.

Bitmain s'est brièvement retrouvée dans cette position, mais affecter l'intégrité de la monnaie n'était pas dans son intérêt et elle a volontairement diminué ses capacités de minage pour repasser sous la barre des 50 %.

FIGURE 3.5 : Le dernier cri de la technologie BitMain.

Une limite fixée à 21 millions de Bitcoins

Dès la parution de son livre blanc, Satoshi annonce que le nombre de Bitcoins sera limité à 21 millions. Il considère que les États sont tôt ou tard tentés d'émettre des pièces et monnaies qui ne correspondent à aucune production réelle. Et en agissant ainsi, ils en viennent toujours à dévaloriser leur monnaie et à s'approprier les économies de leurs administrés.

Le processus est bien connu :

» plus l'État dépense, plus il est à même d'engendrer des dettes ; l'une des solutions qui a été trouvée consiste à faire fonctionner la « planche à billets ». Ainsi, de nouveaux dollars, de nouveaux euros sont mis en circulation. L'État peut ainsi rembourser ses dettes. Pourtant, cette production de « monnaie de singe » est illusoire car elle produit une dévaluation de la monnaie. En effet (voir l'introduction de ce livre), à l'origine, une monnaie était censée représenter des biens, des services, une production d'articles. Avec la « monnaie de singe », nous obtenons une monnaie qui, dans le réel, ne correspond plus concrètement à son équivalent en biens et services. C'est ainsi que les monnaies traditionnelles perdent leur valeur.

Rien de tel avec le Bitcoin : la masse monétaire est fixée à l'avance et la valeur de la monnaie ne peut que progresser au fur et à mesure que son nombre d'utilisateurs augmente.

Sur ce point, Satoshi a dû être comblé car la valeur du Bitcoin s'est effectivement envolée.

Voilà le principe posé, la *blockchain* en place, les mineurs au travail et ainsi, bloc après bloc, le Bitcoin a commencé sa carrière en forme de montagnes russes.

FIGURE 3.6 : Comme Malthus, Satoshi préfère que le Bitcoin reste une ressource rare.

LES JUMEAUX WINKLEVOSS, DE FACEBOOK AU BITCOIN

The Social Network, le film de David Fincher consacré aux débuts de Facebook, a rendu célèbres les deux frères jumeaux Winklevoss, issus de la haute société de Philadelphie.

Si dans le film comme dans la réalité, ils ont pu passer pour les dindons de la farce, Zuckerberg étant parvenu à négocier la totalité de la propriété de Facebook pour la modique somme de 60 millions de dollars, dans la réalité, ils se sont engagés dans des paris pour le moins hardis.

Dès 2013, ils décident d'investir 11 millions de leur fortune commune dans le Bitcoin et ouvrent à New York une place de marché, BitInstant, en partenariat avec Charlie Shrem, un autre pionnier emblématique.

Les Winklevoss sont très propres sur eux et considèrent que le Bitcoin ne peut se développer qu'en abandonnant son caractère libertaire pour accepter d'être régulé par les autorités monétaires américaines.

Ils collaborent avec les juristes de l'État de New York pour élaborer les documents légaux qui doivent permettre à BitInstant d'opérer conformément aux règles du droit financier américain.

Hélas, le FBI s'est secrètement intéressé à leurs affaires et Charlie Shrem, le patron de leur start-up, a été arrêté pour blanchiment d'argent. Si les frères Winklevoss eux-mêmes n'ont pas été inquiétés, Shrem a été condamné à une année de prison ferme et BitInstant a dû fermer.

Les Winklevoss sont restés concentrés sur leur investissement qui a fini par payer lorsque les cours se sont envolés en 2017. Ils ont été célébrés par la presse comme les premiers « milliardaires » du Bitcoin.

Toutefois, comme ils se montrent très discrets, il est difficile de savoir combien il leur reste au juste de Bitcoins.

Ce qui est certain, c'est que même après la correction de début 2018 qui a vu les cryptomonnaies entamer un plongeon, leur fortune doit se compter en centaine de millions de dollars.

FIGURE 3.7 : BitInstant n'a pas survécu à l'enquête du FBI.

bitinstant
time is money

Mais où est passé Satoshi Nakamoto ?

Pour bien comprendre le phénomène des cryptomonnaies et celui du Bitcoin en particulier, il faut intégrer la dimension ludique du rapport qu'entretiennent les utilisateurs de cette nouvelle technologie avec elle.

Certes, le Bitcoin permet d'échapper aux banques et véhicule un message libertaire. Certes, c'est une technologie difficile à appréhender, maîtrisée par quelques *happy few* triés sur le volet.

Pourtant, le succès du Bitcoin tient également à son origine quasi mythologique.

Car Satoshi Nakamoto n'existe pas. Fait rarissime à notre époque d'essor des réseaux sociaux et de disparition de la vie privée, Nakamoto a souhaité rester anonyme et à ce jour, personne n'a réussi à démasquer l'homme, la femme ou le groupe de cryptographes qui se cachent derrière ce pseudonyme.

Des journalistes avides de *scoops* juteux se sont mis en chasse pour essayer de l'identifier. Il faut dire que, comme dans le jeu de *Cluedo*, la liste des suspects potentiels n'est pas très longue.

Les « punks » du chiffrement

L'histoire d'origine du Bitcoin remonte à la formation du groupe des Cypherpunks, littéralement les « punks du chiffrement », qui en 1992, ont publié une sorte de manifeste libertaire, proclamant que la cryptographie serait l'outil qui allait préserver la liberté de tous sur l'Internet.

Ce groupe rassemble une petite élite de cryptographes, à peine une dizaine de personnalités dont le mentor est Phil Zimmermann, l'inventeur du système de cryptage PGP. Parmi ces Cypherpunks, on soupçonne généralement deux entre eux d'être à l'origine du Bitcoin, les deux programmeurs californiens, Hal Finney et Nick Szabo.

Nakamoto, milliardaire du Bitcoin ?

Pourquoi une telle motivation à découvrir la véritable identité du créateur du Bitcoin ?

D'abord parce que Satoshi Nakamoto est devenu l'un des hommes les plus riches du monde. En effet, il a produit les 980 000 premiers Bitcoins. Or, depuis 2009, il n'en a jamais vendu un seul.

Ces premiers blocs de la chaîne, dits blocs de la genèse - *Genesis blocks* - n'ont jamais changé de main depuis l'origine. Ils valent au cours d'aujourd'hui près de 8 milliards de dollars.

Qui plus est, Satoshi Nakamoto est le messager de la bonne parole. Alors que les ingénieurs qui développent et entretiennent le Bitcoin se sont regroupés au sein de la Bitcoin foundation, les débats voire les querelles sont nombreux dès lors qu'il s'agit de décider vers où doit se diriger la technologie.

Si Satoshi pouvait participer à ces débats, son poids serait considérable. Imaginez qu'un des auteurs des Évangiles puisse expliquer précisément aux croyants ce qui s'est passé pendant la transsubstantiation du vin en eau et du pain en chair lors de la dernière Pâque du Christ.

Ainsi, en demeurant inconnu, virtuel, Nakamoto a pris une dimension de prophète dans la communauté du Bitcoin.

FIGURE 3.8 : Personne n'est parvenu à identifier le vrai Satoshi Nakamoto.

Alors, Hal Finney ou Nick Szabo ?

> » Hal Finney a été le premier disciple, le premier à échanger des mails avec Satoshi Nakamoto, le premier à s'enthousiasmer pour le livre blanc, le premier aussi à recevoir un Bitcoin. Malheureusement atteint d'une maladie dégénérative, il est décédé en 2014. Il a toujours nié être Satoshi Nakamoto.

» Nick Szabo reste le principal suspect. Comme Hal Finney, il a pareillement nié être Satoshi Nakamato. Toutefois, il est l'inventeur du BitGold, un précurseur du Bitcoin et étrangement, alors qu'il était un des membres les plus actifs des Cypherpunks, il n'a presque jamais échangé de mails avec Satoshi. Ce qui amène certains à en déduire qu'il n'en avait pas besoin...

Une chose est sûre : pour s'assurer un mode de vie tranquille, le dénommé Satoshi Nakamoto a tout intérêt à maintenir le secret sur son identité : son invention a réussi au-delà de ses rêves les plus fous. Qui plus est, on veut croire que l'argent ne faisait pas partie de ses motivations premières.

Le 12 décembre 2010, Satoshi a posté son dernier message sur le forum Bitcointalk. Ce jour-là, le Bitcoin valait 0,21 US Dollar.

COMBIEN DE PERSONNES UTILISENT LE BITCOIN ?

D'après BitInfocharts.com, il existe 28,5 millions de détenteurs d'un Bitcoin wallet. Pour sa part, Coinbase, le leader des places de marché, détient 13 millions de comptes.

Ces chiffres impressionnants doivent être modérés par quelques comparaisons : PayPal a 237 millions d'utilisateurs et la seule carte Visa a plus de 400 millions de clients.

Les partisans du verre à moitié plein y verront le potentiel considérable de progression de la monnaie électronique. Les tenants du verre à moitié vide feront remarquer que PayPal et les cartes de crédit sont communément utilisés pour faire des achats, ce qui est loin d'être le cas pour le Bitcoin.

Il est d'ailleurs légitime de s'interroger sur la véritable nature de la valeur d'usage du Bitcoin. De fait, la manière dont ses propriétaires l'utilisent ressemble plus à la façon dont un grand nombre d'épargnants se servent de l'or : comme d'une valeur refuge. Il est notable que les envolées de la valeur du Bitcoin sont fortement corrélées aux évènements de crise financière.

L'autre facteur préoccupant pour un investisseur lambda est la structure de détention des Bitcoins. 1 000 personnes détiennent 40 % de la masse monétaire en circulation et les 100 premiers détenteurs possèdent plus de 17 % de la totalité des Bitcoins existant, soit 22 milliards de dollars répartis sur une poignée d'individus. Or, ce sont des individus qui se connaissent et qui échangent des informations sans qu'aucun délit d'initiés ne leur soit imputable.

Cela signifie que les fluctuations du marché dépendent d'un tout petit nombre d'opérateurs qui sont arrivés très tôt dans le système et n'ont pris que très peu de risques pour se bâtir des fortunes significatives.

»

FIGURE 3.9 : Un Bitcoin wallet.

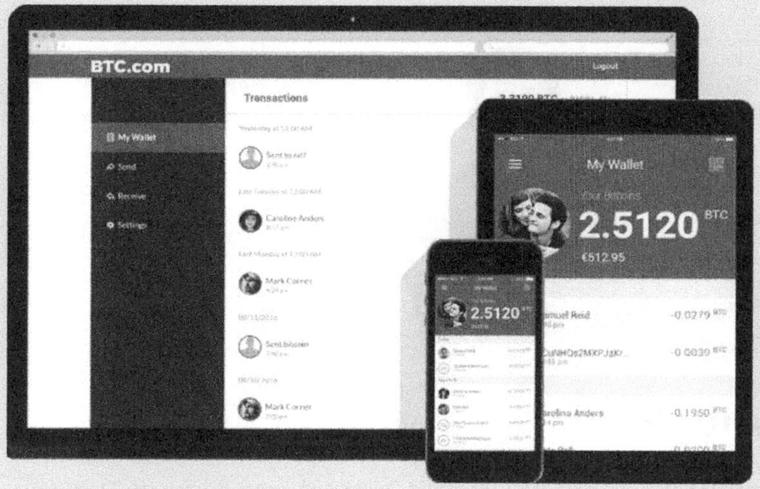

Sept ans d'une folle histoire en sept dates clés

Impossible de plonger dans tous les rebondissements de l'aventure du Bitcoin. Pour vous faire vivre un peu de l'excitation qu'ont connue les personnages entraînés sur cette montagne russe, rappelez-vous qu'un Bitcoin a atteint la valeur maximale de 20 000 dollars US le 18 décembre 2017.

22 mai 2010

Laszlo Hanyecz réalise le premier achat en Bitcoins : deux pizzas livrées à domicile. Il paie 10 000 BTC, soit à l'époque ce qu'il pense être 25 USD. Au passage, il établit la première valeur connue du Bitcoin soit 0,0025 dollar.

18 juillet 2010

Jeb McCaleb ouvre à Tokyo la première place de marché du Bitcoin, Mt.Gox. Chez Mt.Gox, l'argent « officiel » peut être échangé contre de la cryptomonnaie et *vice versa*. McCaleb va rapidement revendre son entreprise au français Mark Karpelès.

Au cours des trois années qui suivent, Mt.Gox va devenir le numéro 1 du secteur. En juillet 2010, le Bitcoin cote 0,07 dollar.

FIGURE 3.10 : Mt.Gox, la première place de marché du Bitcoin.

16 février 2011

Dread Pirate Roberts ouvre The Silk Road, le grand souk illicite du Darknet – un Internet parallèle qui n'est accessible qu'avec un logiciel spécialisé, appelé Tor. Drogues, armes et autres services tarifés y sont en vente libre et payables en Bitcoins afin de garantir l'anonymat du vendeur et de l'acheteur. Le Bitcoin trouve là sa première *killer app* (voir plus loin). Ce jour-là, le cours est à 1,05 dollar US.

Une *killer app* est une application qui à elle seule provoque un engouement pour un système. Ainsi, c'est le logiciel VisiCalc qui a fait le succès de l'Apple II. Plus tard, Excel de Microsoft a été la *killer app* du Macintosh d'Apple. Et Final Fantasy VII a été la *killer app* de la PlayStation de Sony.

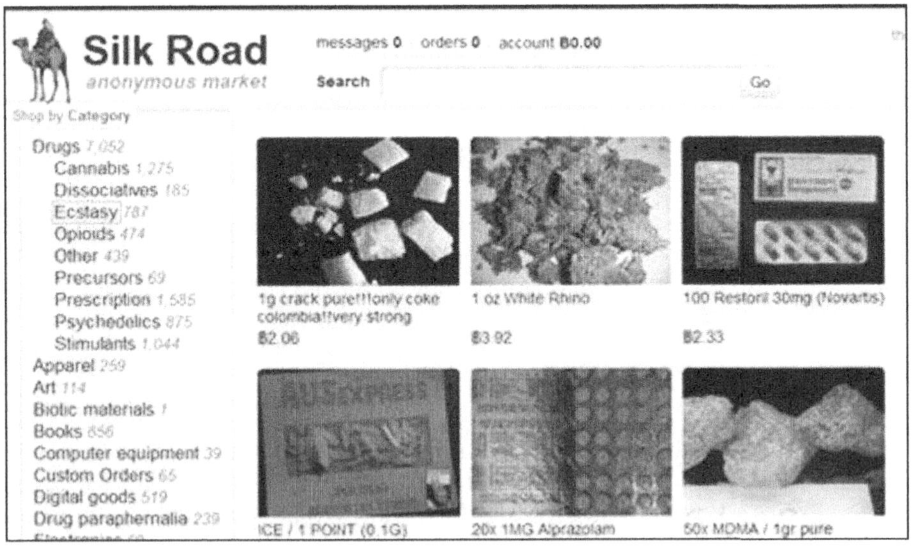

FIGURE 3.11 : Silk Road, anonymat, drogue et Bitcoins.

24 février 2014

Mark Karpelès, qui a racheté Mt.Gox à Jeb McCaleb, annonce la fermeture de la place de marché après qu'elle a subi une attaque informatique d'ampleur aboutissant au vol de 740 000 BTC.

L'enquête n'a toujours pas identifié l'auteur de ce hold-up et on continue même d'ignorer s'il a vraiment eu lieu.

Les spéculateurs du Bitcoin subissent un premier grave revers. Toutefois, grâce à Mt.Gox, le monde entier connaît désormais la cryptomonnaie. Ce jour-là, son cours est de 547,09 dollars US.

26 janvier 2015

Coinbase devient la première place de marché de cryptomonnaie avec l'ensemble des autorisations légales pour opérer aux États-Unis.

Le cours ne s'est pas encore remis complètement de la chute de Mt.Gox. Il est alors de 281,26 dollars.

3 janvier 2017

Face aux incertitudes liées à l'élection de Donald Trump et grâce à sa notoriété grandissante, le Bitcoin passe la barre des 1 000 USD sur les places de marché. Il atteint le niveau des 1 020,67 dollars.

C'est le début d'une vague spéculative sans précédent.

11 décembre 2017

CBOE Global Markets lance le premier contrat d'option future sur la valeur du Bitcoin. Le cours s'envole ce jour-là à 14 594,78 dollars US.

Le cours atteint en décembre un pic juste en dessous de 20 000 dollars avant de redescendre pour la première partie de 2018 sur des zones situées entre 7 et 8 000 dollars.

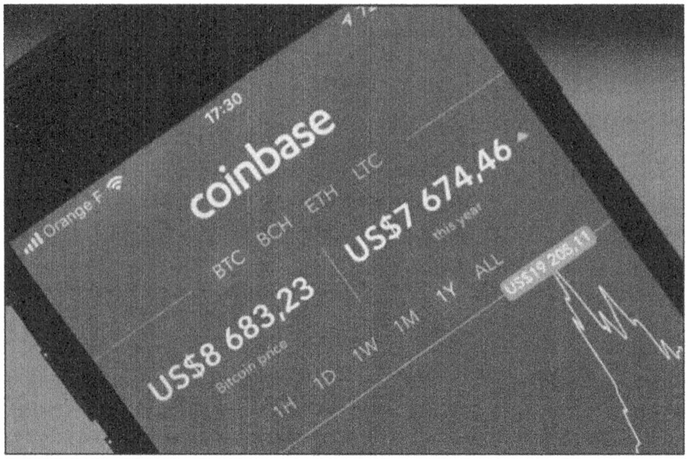

FIGURE 3.12 : La plate-forme d'échange Coinbase, un choix de bon père de famille pour acheter et revendre du Bitcoin.

Les trois aventures qui ont boosté le Bitcoin

Pour qu'une technologie soit adoptée par le plus grand nombre, les sages de la Silicon Valley affirment qu'il faut qu'elle bénéficie de l'effet d'une *killer app*.

La *killer app*, c'est – littéralement – « l'application qui tue » : le produit qui va transformer un morceau de code ou un nouveau gadget en un objet de désir indispensable à tous les consommateurs de la planète.

Des exemples de *killer app* ?

- Le navigateur inventé par Netscape qui en 1994 a rendu le Web accessible à tous. Auparavant, si l'on voulait s'aventurer sur Internet, il fallait recourir à des logiciels réservés à quelques spécialistes.
- Apparu en 1985, le jeu Super Mario Bros a permis à la console NES de Nintendo de dominer durant plusieurs années le marché mondial du jeu vidéo.
- L'écran tactile qui amène à piloter l'iPhone par des mouvements de doigts et l'a rendu si emblématique a été la *killer app* du smartphone. Apple a détrôné et même éliminé du marché son leader d'origine qui était Nokia.

L'irruption de trois *killer apps* utilisant le Bitcoin a pareillement permis le décollage de la création de Satoshi Nakamoto.

QUI CONTRÔLE LE BITCOIN ?

Le Bitcoin est un logiciel libre, son développement est open source, ce qui signifie que n'importe qui peut s'en emparer pour en développer des variations et des améliorations.

En 2011, une fondation de droit américain, la Bitcoin Foundation, a été créée pour tenter de mettre de l'ordre, et établir une institution au sein de laquelle les programmeurs pouvaient trouver un accord sur la direction donnée au projet.

Roger Ver, Mark Karpelès et Charlie Shrem (voir la section « WikiLeaks, Mt.Gox et Silk Road, les trois aventures qui ont boosté le Bitcoin ») faisaient partie du premier conseil d'administration de la fondation. Leurs aventures respectives n'ont pas forcément contribué à instaurer la confiance.

Les débats au sein de la fondation se sont envenimés au cours de l'année 2017, débats qui ont conduit le Bitcoin à se scinder en deux branches, le Bitcoin « original » et le Bitcoin Cash.

Les changements importants apportés au logiciel du Bitcoin s'appellent une *fork* (en français « fourchette »). Ils représentent le moment où le code a suffisamment évolué pour justifier la sortie d'une nouvelle version.

La fondation a perdu de son influence et pour décider de la direction future des développements, des réunions informelles régulières amènent certains membres historiques de la communauté, des investisseurs mais aussi des opérateurs importants comme les mineurs chinois, à se mettre d'accord sur l'avenir de la cryptomonnaie.

FIGURE 3.13 : Certains assimilent *The Bitcoin foundation* à une version de *Petits meurtres entre amis* dans le monde réel.

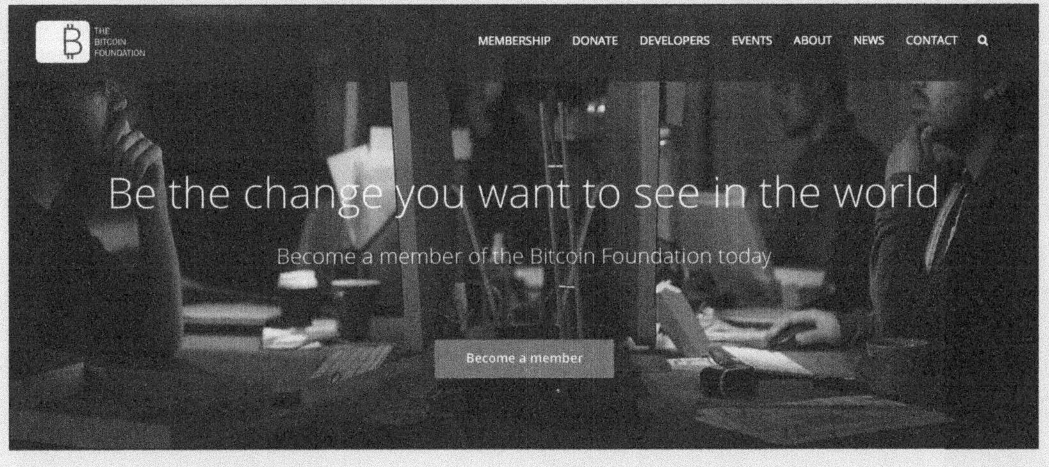

WikiLeaks

Le site d'informations fondé par Julian Assange en 2006 repose sur un principe simple : si vous détenez des secrets, WikiLeaks vous permet de les communiquer de manière anonyme et s'engage à les publier.

En juillet 2010, WikiLeaks diffuse des milliers de documents sur la guerre en Irak et en Afghanistan, provoquant la consternation des autorités américaines. Ce n'est qu'un avant-goût des exploits du site.

Quelques mois plus tard, en novembre, c'est un pan entier des archives du Département d'État, le ministère des Affaires étrangères des États-Unis, qui est rendu public. WikiLeaks a réussi à se procurer les « câbles » diplomatiques, ces notes confidentielles échangées par les ambassades américaines à travers le monde. Certaines révélations font de graves dégâts et amènent des populations entières à la révolte en Tunisie ou en Égypte.

À titre de représailles, les États-Unis interdisent aux organismes de cartes de crédit et à PayPal de continuer à travailler avec WikiLeaks. L'objectif est simple : assécher la manne des dons que reçoivent Julian Assange et son équipe.

Assange lance alors un appel aux donateurs utilisant le Bitcoin qui a alors deux années d'existence pour continuer à alimenter les caisses de WikiLeaks. La monnaie électronique profite de ce coup de projecteur lancé par un « rebelle numérique » qui est devenu une célébrité mondiale grâce à ses coups d'éclat.

Satoshi Nakamoto, qui n'a pas encore officiellement quitté le devant de la scène, n'apprécie guère de se retrouver mêlé à l'affaire WikiLeaks. Il répond ainsi à Assange :

« Je demande à WikiLeaks de ne pas utiliser le Bitcoin. Nous sommes une petite communauté qui est encore dans un état embryonnaire. Vous n'allez récupérer que quelques centimes et l'attention qui va se porter sur nous risque de nous détruire, à l'étape où nous sommes. »

Assange suit la recommandation de Nakamoto, mais à sa façon : il n'ouvre WikiLeaks au Bitcoin que six mois plus tard !

Toujours prompt à collecter de la publicité, fin 2017, Assange reviendra sur le sujet en affirmant que WikiLeaks s'est constitué un véritable trésor avec la cryptomonnaie et que les Bitcoins collectés suite à son appel valent désormais 25 millions de dollars. Comme souvent avec Julian Assange, un peu de discrétion n'aurait pas nui. En effet, en avril 2018, la principale place de marché du secteur, Coinbase, a annoncé avoir clôturé le compte de WikiLeaks.

Sept ans se sont écoulés et désormais le Bitcoin n'est plus vraiment le mode de paiement « libre » des activistes politiques. Dans le désir de s'offrir une respectabilité, la communauté qui préside à son évolution laisse entendre qu'elle veut se conformer aux lois des États. Il est vrai que les entrepreneurs du secteur entendent bien faire fortune.

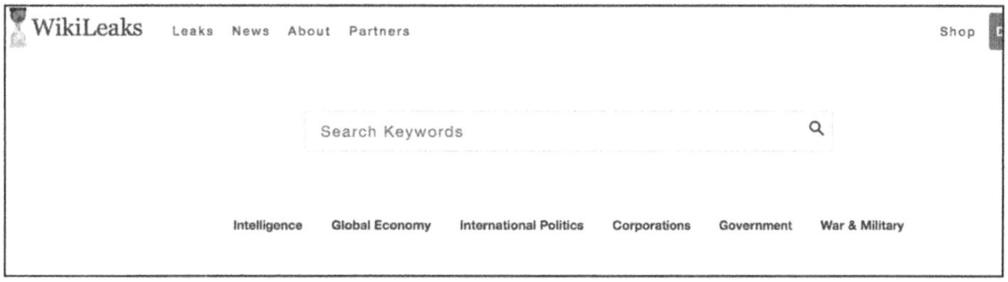

FIGURE 3.14 : WikiLeaks, la première killer app du Bitcoin.

« Mt.Gox, rends-nous notre argent ! »

Que vaut le Bitcoin s'il n'est pas possible de l'échanger contre de l'argent véritable ?

C'est pour fournir ce service que sont apparues une myriade de places de marché/plates-formes d'échange qui permettent à l'offre et à la demande de Bitcoins de se rencontrer.

Mt.Gox, une entreprise basée à Tokyo au Japon, a été la première place de marché significative. À ce titre, elle a joué un rôle clé dans le développement de l'usage de la cryptomonnaie.

Pourtant, son développement ressemble davantage à un épisode d'*Ocean 11* qu'à la fondation d'un nouveau Goldman Sachs.

À l'origine, Mt.Gox est un site d'échange de cartes Magic Gathering, ce jeu du genre *Donjons et Dragons* qui fait fureur dans les cours de récréation au début des années 2000. Son propriétaire, Jeb McCaleb, commence à y pratiquer l'échange de Bitcoins et le *business* prend plutôt bien.

Pourtant, quelques mois plus tard, McCaleb se met à affirmer que les transactions en Bitcoins présageraient des soucis juridiques. Or, comme il est citoyen américain, il ne tient pas à se retrouver avec le FBI sur le dos.

McCaleb revend donc son site à un français, Mark Karpelès, qui s'est installé au Japon pour assouvir sa passion du jeu vidéo et des mangas.

Karpelès jouit d'une personnalité bien adaptée à ces temps primitifs du Bitcoin où l'inconscience, le bricolage et la foi en sa bonne étoile sont autant de gages de réussite au sein de ce nouveau Far West.

Son attitude de Bouddha imperturbable va lui permettre de traverser les soubresauts d'une histoire rocambolesque sans laisser paraître le moindre émoi.

Mt.Gox est la pièce manquante pour faire décoller l'écosystème du Bitcoin. Le commun des mortels ne souhaite pas avoir à « miner » la monnaie électronique. Ce qu'il souhaite avant tout, c'est pouvoir s'en procurer contre espèces sonnantes et trébuchantes et pouvoir récupérer son argent garanti par une plate-forme intermédiaire, dès lors qu'il s'agit d'acheter de vrais biens.

Karpelès va leur fournir la plate-forme. Le succès est foudroyant. Mt.Gox est aspiré dans une spirale ascensionnelle : Mark Karpelès garantit les échanges de Bitcoins contre des devises telles que le dollar, et en conséquence la valeur du Bitcoin augmente. De fait, plus un actif est liquide (convertible), plus il prend de valeur. Ainsi donc, plus les clients consignent des Bitcoins à la valeur ascendante dans les coffres de Mt.Gox, plus Mark peut faire l'avance de devises à ceux qui souhaitent échanger leurs cryptomonnaie.

Tout va pour le mieux dans le meilleur des mondes ? Pas réellement. Quelques alertes surviennent ici et là comme en juin 2011, lorsque des hackeurs réussissent à s'emparer des serveurs de Mt.Gox et organisent à une échelle importante des transactions fictives de ventes de Bitcoins. Le cours s'écroule car l'offre est très supérieure à la demande. Karpelès ferme les serveurs pendant sept jours et rétablit le registre des transactions (la *blockchain*) dans sa forme originale. Ouf, l'orage est passé.

En avril 2013, rebelote, et cette fois, c'est l'afflux de demandes qui fait crasher la place de marché. Il faut dire que cinq jours plus tôt, les autorités chypriotes ont annoncé que tous les dépôts logés dans les banques de l'île seraient prélevés de 30 % pour faire face à l'état de banqueroute de la plupart des établissements. Une masse d'argent, russe en particulier, s'est déplacée vers le Bitcoin dont le cours a gagné 88 % en quelques jours.

Les investisseurs doivent attacher leurs ceintures car le crash des serveurs de Mt.Gox provoque une chute du Bitcoin d'à peu près la même proportion. Il se reprend quand le site est remis en ligne.

La fièvre est lancée pourtant. Quoi de plus excitant que de parier sur cette nouvelle monnaie et de voir en une journée s'accomplir des fluctuations de 5 à 20 % ? Les joueurs affluent pour y connaître leur dose d'adrénaline quotidienne.

Autre détail ludique : les différentes bourses d'échanges du Bitcoin ne sont pas reliées entre elles par un système électronique commun comme les bourses d'actions ou de matières premières. De ce fait, les différences de cours entre les différentes places peuvent varier de manière importante. Cette différence s'appelle en terme de *trading*, le « spread » – en français, l'écart. Spéculer sur l'écart est assez rémunérateur si vous trouvez votre plaisir à passer votre journée le nez collé contre un écran à observer les variations de cours d'une place de marché à l'autre.

Ainsi le premier bénéfice du Bitcoin, c'est le *fun*, un phénomène qui continue d'expliquer le succès du secteur et très largement celui des cryptomonnaies.

Le réveil va pourtant être brutal dans le cas de Mt.Gox.

Fin février 2014, le site annonce sa fermeture et dépose son bilan. D'abord mutique, Mark Karpelès explique que des hackeurs ont volé 740 000 BTC des serveurs de la société.

Les spéculateurs ne rigolent plus. Certains prennent même l'avion depuis l'Australie pour aller demander des comptes au français à Tokyo. Ils forment un piquet devant les locaux de la société avec des panneaux où ils ont griffonné : « Mt.Gox rends-nous notre argent ! »

La justice japonaise lance une enquête laborieuse : où est passé l'argent ? D'aucuns soupçonnent Mark Karpelès d'avoir emporté les Bitcoins. D'autant que la mère de son fils et son enfant ont quitté le pays quelques semaines plus tôt. Il est assigné à résidence pendant qu'experts et brigade financière essayent de s'y retrouver dans des milliers de pages détaillant les transactions.

En août 2015, la police de Tokyo invite la presse du monde entier à assister à l'arrestation de Karpelès. Menotté, il est traîné devant la foule et emmené en prison. Il y restera dix mois. La justice japonaise a pour pratique de rechercher les aveux à tout prix. La « zenitude » de Karpelès lui est d'un appui précieux pendant son séjour sous les barreaux. Malgré les pressions, il n'avoue rien du tout et quand son procès s'ouvre en juillet 2017, il plaide non coupable. La justice japonaise avance à son pas et elle convoque Karpelès tous les mois afin de poursuivre les débats. L'acquitter serait sans doute perdre la face, mais le condamner nécessiterait de prouver qu'il a commis un crime ou un délit.

Après la faillite, Mark Karpelès a remis au liquidateur de son entreprise 200 000 BTC préservés du vol. 24 000 créanciers ont officiellement déclaré l'argent qu'ils avaient perdu. De manière amusante, au moment de sa disparition, Mt.Gox avait 130 000 clients. Donc, apparemment, près de 110 000 ont préféré ne pas se faire connaître, de peur probablement, de ne pouvoir justifier de l'origine des fonds placés en Bitcoins.

Las, les créances ont été comptabilisées en yens au cours du Bitcoin à la date de la faillite, soit 400 millions de dollars. Et à la date où s'écrivent ces lignes, le patrimoine de Mt.Gox est de 1 400 millions de dollars. Le liquidateur a donc pu rembourser toutes les créances de la société. Mt.Gox n'est plus en faillite, selon la loi japonaise, et Mark Karpelès a pu récupérer son bébé et 140 000 BTC.

Tout est bien qui finit bien ?

Oui, car Mark a retrouvé un travail et a annoncé qu'il refusait de s'enrichir en recouvrant la propriété de Mt.Gox : il demande à ce que le liquidateur distribue les Bitcoins aux clients de Mt.Gox et reçoivent les fonds restants.

The Silk Road

Comme l'aventure de Mt.Gox, la folle épopée The Silk Road commence sous les meilleurs auspices. Hélas, la conclusion sera moins heureuse.

Sous l'Internet officiel, celui de Google et Facebook, prospère un Internet clandestin, anonyme, le DarkNet. Dans cet environnement dangereux, l'anonymat des utilisateurs est garanti et toutes les dérives se déroulent à l'abri des grandes oreilles des autorités nationales.

Si le DarkNet a été conçu à l'origine pour aider les activistes à communiquer de manière confidentielle dans les dictatures, son potentiel commercial n'a pas tardé à attirer d'intrépides entrepreneurs.

L'un de ces explorateurs des limites de la loi se fait appeler Dread Pirate Roberts et opère *via* un site dénommé *The Silk Road* – littéralement, la route de la soie – à partir de 2011. The Silk Road, c'est l'Amazon des paradis artificiels. Vendeurs et acheteurs s'y retrouvent pour échanger marijuana, ecstasy, nouvelles drogues de synthèse et autres productions prohibées des laboratoires des chimistes employés par les cartels.

Le modèle d'affaires est solide : Dread Pirate Roberts met en relation l'offre et la demande, un système d'étoiles à la eBay permet de confirmer la fiabilité des vendeurs. La drogue circule par la Poste ou par courrier express. Pièce majeure du dispositif, les paiements s'effectuent en Bitcoins, la monnaie anonyme par excellence. The Silk Road prend une modeste commission de 10 % sur les transactions.

Le business de Silk Road se développe à grande vitesse : 100 000 clients réguliers se bousculent dans ce souk du DarkNet. Soit 100 000 clients contraints de se procurer du Bitcoin, 100 000 clients à rapprocher des 130 000 clients de Mt.Gox, ce qui donne une idée de cette communauté primaire, du noyau initial rassemblé autour de l'invention de Satoshi Nakamoto.

Le « Pirate » décide d'ajouter les ventes d'armes à la liste des produits qu'il diffuse, puis les retire. Doté d'un solide ego, il défend son entreprise dans une fameuse interview au magazine *Fortune* où il déclare :

« Nous parlons d'un changement monumental dans la structure de pouvoir du monde. Le public peut désormais contrôler le flux et la distribution de l'information et de l'argent. Secteur par secteur, l'État est éliminé de l'équation et le pouvoir est rendu aux individus ».

Ce manifeste libertaire n'impressionne guère les agents du FBI lancés à sa poursuite.

Le succès criminel de Dread Pirate Roberts attire les convoitises de ses confrères et de ses collaborateurs. Or, il va commettre plusieurs erreurs qui vont mettre en péril son aventure. L'un des webmasters de The Silk Road est arrêté puis placé en garde à vue par les agents du FBI. Remis en liberté quelques jours plus tard, il éveille les soupçons du Pirate qui pense que son employé a accepté de collaborer avec l'enquête. Il a raison sur ce point. Il se met alors en quête d'un tueur à gages qui puisse éliminer le « rat ». Un tueur avec un nom à consonance italienne répond à l'annonce postée par le Pirate. Ils commencent à échanger quelques messages sur cette mission et se mettent d'accord sur les modalités comme sur le prix.

Quelques jours après avoir payé le tueur, le Pirate reçoit une photo du cadavre de son employé éliminé à coup de battes de base-ball. Seul problème, le tueur fait partie du Bureau fédéral d'enquête et l'employé a accepté de se livrer à une mise en scène où il a été maquillé et barbouillé de faux sang pour figurer l'exécution.

Malgré ces efforts pittoresques, le FBI ne parvient toujours pas à identifier le Pirate et l'endroit où il se cache. Comme il leur est arrivé d'échanger des mails, les autorités américaines vont même jusqu'à penser, durant un moment, que Mark Karpelès et le Pirate ne seraient qu'une seule et même personne. Cette théorie sera développée par le Pirate lui-même pendant son procès.

Car le FBI finit bel et bien par l'arrêter. Son erreur fatale ? Avoir mal utilisé le protocole d'accès au DarkNet et avoir laissé apparaître son adresse IP en clair.

Après quelques jours de filature, des agents déguisés en employés sautent sur le jeune Ross Ulbricht qui travaille dans les locaux de la bibliothèque municipale de San Francisco. Ils parviennent à le maîtriser avant qu'il ne referme son *laptop*, une manœuvre qui aurait crypté ses disques durs. Ross William Ulbricht a alors 28 ans et sa fortune est alors estimée à 30 000 Bitcoins ou 45 millions de dollars.

La mère de Ross va mener une bataille désespérée pour la défense de son fils. Pourtant, celui-ci est finalement condamné à la prison à vie sans possibilité de sortie anticipée. Le tribunal le déclare coupable des sept chefs d'accusation dont il est inculpé, dont trafic de drogues, blanchiment d'argent et direction d'une organisation criminelle.

Les retombées sur le Bitcoin

À l'issue des trois affaires évoquées plus haut, le Bitcoin a gagné une notoriété mondiale même si sa réputation restait encore mitigée.

La grande envolée des cours qui a démarré en mai 2017 lui a fait franchir une nouvelle étape poussant sa valeur vers le pic des 20 000 USD avant de retomber vers 7 000 USD au début de 2018.

Les origines de la formation de cette bulle ne sont toujours pas expliquées dans le détail. Toutefois, il est apparu qu'après les États-Unis, les deux principaux territoires de développement du Bitcoin ont été la Chine et la Corée du Sud. Or, le tempérament joueur des Asiatiques est bien connu. En Chine en particulier, la Bourse est considérée comme un grand casino dans lequel l'avis des astrologues est au moins aussi important que celui des analystes financiers. C'est d'ailleurs fin 2017 lorsque les autorités chinoises et coréennes ont imposé des conditions drastiques de contrôle que le cours du Bitcoin est retombé brutalement de ses sommets.

Une capitalisation égale à celle de certains pays

Le Bitcoin est lancé sur une trajectoire assez imprédictible avec une capitalisation d'environ 130 milliards de dollars. C'est une somme impressionnante mais qui le classe au niveau du Kazakhstan s'il fallait le comparer au PIB d'un pays. Par rapport au géant Apple, c'est à peine 13 % de la valeur de la firme de Cupertino et même un peu moins que les 180 milliards de capitalisation du leader du luxe, LVMH.

Pourtant, la technologie sous-jacente établie par Satoshi Nakamoto et ses suivants a mis en germe une révolution de bien plus grande ampleur que nous allons explorer : celle des cryptomonnaies...

QUI EST ROGER VER, LE BITCOIN JESUS ?

Libertaires et joueurs sont les premiers clients attirés par le Bitcoin. Roger Ver, qui se fait appeler le Bitcoin Jesus depuis quelques années, répond parfaitement à cette définition.

Né non pas à Bethléem comme son illustre prédécesseur, mais à San José au cœur de la Silicon Valley, Roger Ver cherche sa voie dans l'e-commerce, mais connaît de graves démêlés avec la justice américaine quand il vend sans autorisation des explosifs destinés à l'agriculture sur eBay.

Accusé de trafic, il est condamné à dix mois de prison, qu'il purge. Rancunier, il décide de renoncer à sa nationalité américaine et devient citoyen des îles Saint-Christophe-et-Niévès aux Antilles.

En prison, il apprend le Japonais et part s'installer à Tokyo. De là, il investit dans différentes start-ups liées au Bitcoin.

Il est l'un de ceux que l'on appelle les *Bitcoin Whales*, les baleines du Bitcoin, ce qui signifie qu'il figure parmi les plus gros détenteurs de la monnaie électronique au monde. Roger Ver est également membre du conseil d'administration de la Bitcoin Foundation.

Ses opinions politiques sont solidement ancrées dans le mouvement dit « libertarien » qui défend l'abolition du contrôle des États sur les individus. Il a déclaré au magazine français *Usbek & Rica* qu'il avait engagé des discussions avec plusieurs pays pour leur racheter un morceau de leur territoire et fonder un nouvel état souverain libertarien. Roger Ver est parfois adepte du paradoxe.

FIGURE 3.15 : Roger Ver et son passeport exotique.

Chapitre 4

La déferlante des cryptomonnaies

DANS CE CHAPITRE :

- » **Ethereum : la deuxième génération de cryptomonnaies**
- » **The DAO révèle le talon d'Achille de l'Ethereum**
- » **La ruée vers les cryptomonnaies**
- » **Ripple : la cryptomonnaie favorite des banques**
- » **Les cryptomonnaies de troisième génération**
- » **Les avatars de la cryptomonnaie**

Très vite, le succès du Bitcoin a fait des envieux. Nombreux sont les petits groupes de programmeurs qui ont mis au point des variantes de la technologie proposée par Satoshi Nakamoto. Les résultats ont longtemps été peu convaincants. Jusqu'à l'arrivée de l'Ethereum...

Ethereum : la deuxième génération de cryptomonnaies

Comme pour le Bitcoin, l'histoire de l'Ethereum commence par la publication du livre blanc d'un dénommé Vitalik Buterin. Ce dernier y détaillait la nécessité de mettre en place une *blockchain* reposant sur les mêmes principes que le Bitcoin, mais avec des capacités beaucoup plus versatiles.

Vitalik Buterin faisait partie de certains groupes d'étudiants enthousiasmés par l'invention de la *blockchain*, qui proposaient sans relâche des améliorations à la Bitcoin Foundation.

Buterin est né en 1994 près de Moscou puis a immigré au Canada avec ses parents. Ce petit génie des mathématiques n'avait que 19 ans quand il a proposé en 2013 d'introduire un langage scripté dans la *blockchain* du Bitcoin afin qu'il soit possible d'y développer des applications diversifiées, au-delà de la simple fonction de produire de la monnaie.

Les gardiens du temple de Nakamoto ont refusé cette évolution.

Qu'à cela ne tienne : Vitalik Buterin a créé sa propre *blockchain*, complètement indépendante du Bitcoin, qu'il a baptisée Ethereum, avec l'Ether comme crypto-monnaie y ayant cours.

Ethereum n'est pas juste une monnaie. C'est davantage un environnement de développement à part entière.

C'est l'arrivée d'Ethereum qui a donné le feu vert au phénomène des cryptomonnaies et prouvé que leur technologie sous-jacente disposait d'un potentiel bien plus large que celui du simple Bitcoin.

FIGURE 4.1 : La fondation Ethereum, avec sa profession de foi.

Comment fonctionne Ethereum

Le fonctionnement de l'Ethereum se rapproche fortement de celui du Bitcoin :

- » La base du réseau est un registre authentifié par les échanges *peer-to-peer* des participants à l'écosystème.
- » Les ethers sont minés en résolvant des calculs de clés cryptographiques.

Toutefois, il existe des différences majeures entre Ethereum et Bitcoin :

- » Le nombre d'ethers susceptibles d'être minés n'est pas limité contrairement au nombre de 21 millions de Bitcoins fixé par Satoshi Nakamoto.
- » Les commissions à débourser sur une transaction de la *blockchain* Ethereum sont dix fois moins coûteuses que sur la *blockchain* Bitcoin.
- » Le temps de traitement des transactions sur la *blockchain* Ethereum est beaucoup plus rapide que sur la *blockchain* Bitcoin.
- » La *blockchain* Ethereum ne stocke pas que de la cryptomonnaie. Elle permet aussi le stockage de ce que l'on appelle des contrats intelligents (de l'anglais *smart contracts*), soit une application particulière de la *blockchain*. Un exemple ? Imaginons un casino qui fonctionne selon cette règle : le pari sur un numéro juste est tiré par hasard avec l'attribution de 95 % des paris au gagnant et 5 % à l'organisateur de la loterie. Avec un *smart contract*, le gagnant du pari verrait immédiatement son compte crédité de la somme en question. Les *smart contracts* sont publiés en open source sur la *blockchain* Ethereum, ce qui signifie que n'importe qui peut en vérifier la sincérité, mais aussi en tester la sécurité.

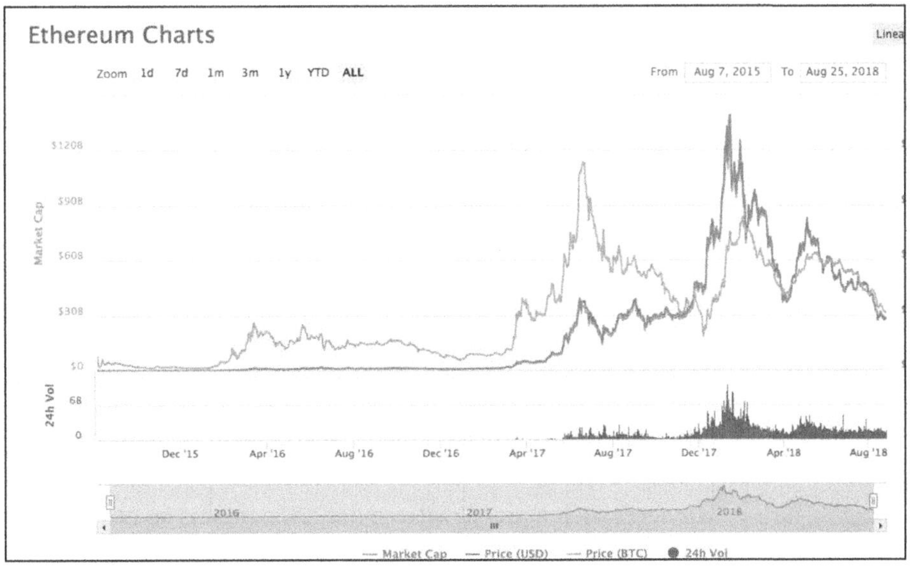

FIGURE 4.2 : Évolution du cours de l'Ethereum par rapport au dollar et par rapport au Bitcoin.

Début 2014, Vitalik Buterin et une poignée de proches ont fondé l'entreprise Ethereum Switzerland Gmbh en Suisse et y ont associé une fondation. Celle-ci a lancé un appel afin d'inciter à l'achat des premiers ethers, payables en Bitcoins.

Le cours de l'Ether émis initialement était de 0,31 USD. Au moment où s'écrivent ces lignes (début juillet 2018), le cours était de 524 USD. La fondation Ethereum a ainsi levé soixante millions de dollars pour poursuivre son développement.

Ethereum a permis l'émergence des cryptomonnaies

Bien que l'on parle de cryptomonnaies dans le cas du Bitcoin comme de l'Ether, le sort de ces deux créations a divergé de manière fondamentale.

Entre 2014 – date du grand départ de l'Ethereum – et 2018, le Bitcoin a servi d'unité de réserve, un peu comme l'or dans le monde réel. Son cours augmente au fur et à mesure des crises économiques, qu'elles soient réelles ou perçues comme imminentes, comme lors de la faillite de Chypre ou lors de l'élection de Donald Trump. Le Bitcoin connaît une bulle spéculative qui correspond à l'entrée massive sur ce marché d'un grand nombre d'amateurs de profits rapides.

Parallèlement, la *blockchain* Ethereum s'est développée grâce à l'arrivée de nombreuses start-ups qui ont cherché à exploiter cette technologie de *smart contracts* pour créer soit de nouveaux services, soit des services préexistants mais rendus plus efficaces. C'est ainsi que l'on a vu apparaître des centaines de nouvelles cryptomonnaies. Chacune de celle-ci s'est fait connaître au public par le biais d'une « ICO ».

Qu'est-ce qu'une ICO ?

Une ICO (*Initial Coin Offering*) est le lancement d'une nouvelle « valeur » de cryptomonnaie. L'ICO permet à des particuliers ou des investisseurs d'acheter des tokens qui seront spécifiques à une application particulière. Cela ressemble à l'achat d'une action de société en Bourse, mais nous verrons que les caractéristiques en sont, en réalité, fondamentalement différentes.

La succession à grande vitesse des ICO a permis au cours de l'Ether de décoller.

L'écosystème des start-ups Ethereum se nourrit cependant du développement du Bitcoin, car lorsqu'elles lèvent des fonds par le biais d'une ICO, elles proposent l'acquisition de leurs propres cryptomonnaies contre des Bitcoins. De plus, une part importante des profits spéculatifs réalisés sur le Bitcoin sont réinvestis dans des projets basés sur la technologie Ethereum.

Il existe deux classes de cryptomonnaies. La première est celle des « altcoins » (ou « coins »). Il s'agit des monnaies qui ont créé leur propre *blockchain* en dehors du Bitcoin. La plus populaire est l'Ether créé sur la base de la *blockchain* Ethereum. Ripple, Dash or Litecoin sont d'autres altcoins. La seconde est celle des « tokens » (en français : jetons). Les tokens sont des unités de cryptomonnaies qui sont produites à partir d'une *blockchain* préexistante. La majeure partie des tokens sont produits sur la *blockchain* Ethereum. Parmi elles figurent l'EOS, l'Augur ou le Gnosis.

FIGURE 4.3 : EOS.io a émis le token le plus populaire.

COMMENT EST ÉTABLIE LA VALEUR D'UNE CRYPTOMONNAIE ?

Lorsqu'une nouvelle cryptomonnaie est émise, elle démarre un parcours du combattant. Car pour être cotée de manière effective, elle doit être échangeable sur une place de marché.

Il existe une quarantaine de places de marché avec un volume d'échanges significatifs. Mais le nombre de cryptomonnaies qu'elles traitent est limité. Binance, l'un des leaders du marché, une entreprise basée à Taiwan, ne traite que 200 cryptomonnaies sur les 1 600 existantes.

Auparavant, la seule cryptomonnaie qui s'échangeait contre du dollar sur les différentes places, c'était le Bitcoin. Au fil du temps, l'Ether a fini par être considéré comme viable à son tour et on le rencontre assez largement.

»

»

Pour les autres cryptomonnaies, il n'existe pas de transactions directes vers de l'argent véritable. Vous pouvez échanger vos EOS, Augur ou Status contre des Bitcoins, éventuellement des ethers mais cela s'arrête là.

Cela signifie que les cryptomonnaies de second rang sont largement surévaluées car lorsque l'on annonce un cours en dollars, il s'agit en réalité d'une extrapolation de leur cours en Bitcoins ou en ethers. Si ces monnaies de second rang étaient traitées directement avec des devises ayant cours légal, leurs cours auraient tendance à s'aplatir, car la moindre transaction ferait baisser leur valeur de manière très rapide.

Toutefois, l'accumulation d'échanges entre les monnaies de second rang et le Bitcoin tend à faire monter la valeur du Bitcoin et donc par conséquent, la valeur de ces monnaies de second rang qui sont en réalité cotées en... Bitcoins.

FIGURE 4.4 : Binance : tout s'achète et tout se vend.

★ Favorites | BNB Markets | BTC Markets | ETH Markets | USDT Markets | Recherche

Paire	Coin	Dernier prix	Variation sur 24h	24h Haut	24h Bas	24h Volume
★ ETH/BTC	Ethereum	0.041494 / $277.35	-1.64%	0.042450	0.041357	6,986.08884222
★ NANO/BTC	NANO	0.0003640 / $2.43	11.88%	0.0003976	0.0003247	4,654.42827716
★ XRP/BTC	Ripple	0.00004858 / $0.324709	-2.21%	0.00004984	0.00004814	2,400.75955045
★ BCC/BTC	Bitcoin Cash	0.079360 / $530.44	-2.39%	0.082071	0.079224	2,329.25481475
★ EOS/BTC	EOS	0.0007397 / $4.94	-1.81%	0.0007700	0.0007360	1,925.05288873
★ ETC/BTC	Ethereum Classic	0.001862 / $12.45	-2.05%	0.001919	0.001852	1,792.36691357
★ XLM/BTC	Stellar Lumens	0.00003237 / $0.216361	-1.52%	0.00003324	0.00003208	1,595.14873424
★ TRX/BTC	TRON	0.00000317 / $0.021188	-1.86%	0.00000325	0.00000315	1,561.47385177
★ ADA/BTC	Cardano	0.00001380 / $0.092239	-2.47%	0.00001419	0.00001364	1,421.07799507
★ BNB/BTC	Binance Coin	0.0014947 / $9.99	1.31%	0.0015476	0.0014624	1,369.54295896
★ LTC/BTC	Litecoin	0.008589 / $57.41	-1.55%	0.008830	0.008530	1,361.39951591
★ ONT/BTC	Ontology	0.0003195 / $2.14	-2.41%	0.0003305	0.0003162	1,324.32405027
★ VET/BTC	VeChainThor	0.00000216 / $0.014437	-3.14%	0.00000224	0.00000211	1,317.91976939
★ NEO/BTC	NEO	0.002624 / $17.54	-3.10%	0.002716	0.002597	1,288.51636777
★ IOTA/BTC	MIOTA	0.00007782 / $0.520150	-0.56%	0.00008000	0.00007600	792.51456729
★ CMT/BTC	CyberMiles	0.00001583 / $0.105808	-12.35%	0.00001889	0.00001550	726.34280719
★ ICX/BTC	ICON	0.0001012 / $0.676422	-0.98%	0.0001050	0.0000976	685.64201961
★ QKC/BTC	QuarkChain	0.00000416 / $0.027805	4.79%	0.00000439	0.00000389	654.63094917

The DAO révèle le talon d'Achille de l'Ethereum

Dans la foulée du succès de l'Ethereum, début 2016, une nouvelle entité baptisée la DAO (*The DAO - Decentralized Autonomous Organization* – Organisation Autonome Décentralisée) a été lancée afin de collecter des ethers, avec pour objectif d'aider à la création de projets.

L'objectif de The DAO était de lever des fonds afin de former une sorte de fonds d'investissement autonome. Des projets seraient soumis à The DAO et les actionnaires voteraient alors pour décider de les financer ou non. Cette organisation se considérait comme extraterritoriale et totalement démocratique. De fait, The DAO était gérée par un *smart contract* dont tout un chacun pouvait prendre connaissance sur la *blockchain* Ethereum.

Le financement participatif consacré à The DAO en mai 2016 fit grand bruit – en quelques semaines l'entité autonome reçut plus de 150 millions de dollars de financement de la part du public, soit le record en matière de *crowdfunding*. Pourtant, au même moment, un certain nombre d'experts en informatique commencèrent à s'alarmer de risques de sécurité dans la programmation du *smart contract* établissant The DAO.

Apparemment, ces propos tenus sur les forums consacrés aux cryptomonnaies ne tombèrent pas dans l'oreille d'un sourd. Le 17 juin 2016, un hackeur réalisa une des attaques décrites par les experts. Il parvint ainsi à prendre le contrôle de l'équivalent de 50 millions de dollars en ethers.

Bien évidemment, cet épisode et d'autres qui ont suivi ont jeté un certain discrédit sur les cryptomonnaies puisque celles-ci étaient réputées inviolables, imperméables au piratage, de par la nature même de la *blockchain*. Cette sécurité qu'apportent les *blockchains* est tout à fait véridique. Seulement voilà, le *smart contract* s'apparente à une couche logicielle supplémentaire. S'il est programmé de manière imparfaite, il est alors ouvert à une manipulation de la part d'un hackeur zélé.

Ce hold-up a déclenché un débat typique de la communauté des utilisateurs de cryptomonnaies, débat qui paraîtra un peu lunaire pour le commun des mortels.

En voici les termes : si le hackeur a utilisé une faille dans le système de The DAO, sa démarche est légitime même si elle n'est pas éthique. De grandes discussions se sont donc déroulées sur le fait de savoir si les détenteurs de tokens (l'équivalent de pièces en Ethereum) devaient laisser au hackeur le bénéfice des fonds dérobés ou chercher à les récupérer.

Vitalik Buterin et ses proches collaborateurs ont tranché et ils ont produit une mise à jour dans le programme Ethereum afin de permettre de combler la faille et de récupérer les ethers volés.

Les tenants les plus libertaires qui défendaient l'idée de laisser le hackeur bénéficier de son butin sont restés sur la *blockchain* originale qui a pris le nom d'Ethereum Classic.

The DAO ne s'est pas remise de cet épisode. Les fonds ont été restitués aux souscripteurs et l'expérience s'est arrêtée là.

Il n'en demeure pas moins qu'après The DAO, la grande vague de la multiplication des cryptomonnaies a connu un essor décisif.

Dans cet univers mouvant et foisonnant, nous allons tenter de vous fournir une sorte de géographie du secteur.

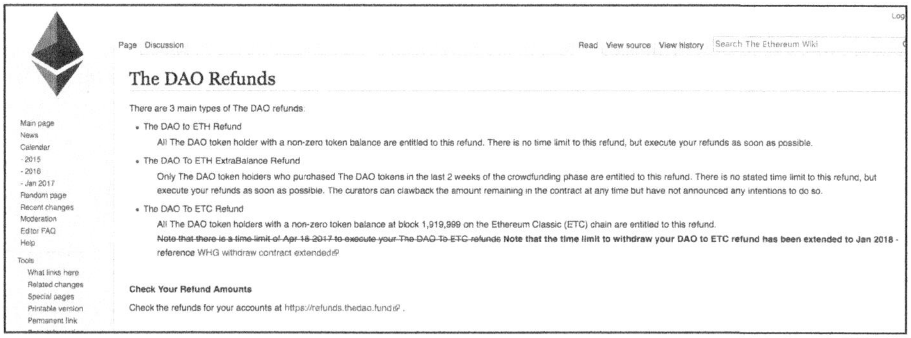

FIGURE 4.5 : Procédure de remboursement des fonds de la DAO pour les victimes du hack.

Hard fork ou scission majeure d'une monnaie

Les conflits relatifs à une *blockchain* n'ont pas été limités à l'Ethereum Classic. Ils ont également touché la communauté Bitcoin.

À partir de 2016, le succès du Bitcoin a commencé à poser de sérieux soucis, notamment au niveau du temps de traitement d'une transaction sur la *blockchain*. En cause, la taille des blocs limitée à 1 mégaoctet. Une telle taille ne permettait de ne comptabiliser que trois transactions par seconde.

Les barons de la communauté se sont réunis à plusieurs reprises pour décider de la manière de procéder pour améliorer les performances du Bitcoin. Deux camps se sont affrontés. D'un coté les partisans d'une extension de la taille des blocs à 8 puis 32 Mo, de l'autre une solution dite *SegWit*, soit une nouvelle méthode de programmer les blocs.

La question n'était pas triviale car pour les tenants de l'extension de la taille des blocs, l'enjeu était d'augmenter le nombre d'utilisateurs de la cryptomonnaie afin d'alimenter la croissance du cours du Bitcoin. Roger Ver, le Bitcoin Jesus (voir Chapitre 3), et l'une des personnes ayant amassé le plus de Bitcoins, défendait cette solution bec et ongles.

Finalement, la solution SegWit a été adoptée par la majorité des gardiens du temple. Les partisans de l'extension du bloc ont pour leur part opté pour un *hard fork*, littéralement « fourchette dure », soit une scission majeure. Cet épisode intervenu au début de l'été 2017 a signé la rupture entre deux classes de Bitcoin :

- l'original agrémenté de la mise à jour SegWit ;
- un *hard fork* baptisé Bitcoin Cash, opérant sur une nouvelle *blockchain*.

Faut-il préférer le Bitcoin ou le Bitcoin Cash ? Les frais de transactions sont plus faibles sur le Bitcoin Cash mais cela ne compense guère le différentiel de capitalisation et le volume relativement faible de transactions quotidiennes.

La valeur du Bitcoin Cash représente 10 % de la valeur du Bitcoin original et sa circulation plus restreinte entraînera durablement des fluctuations de cours plus prononcées. À réserver donc aux amateurs d'émotion forte.

L'Ethereum Classic, qui était lui-même un *hard fork* de l'Ethereum, plafonne pour sa part à 8 % des volumes de l'Ethereum originel.

La ruée vers les cryptomonnaies

Il ne faut pas s'en cacher, la *blockchain* fait rêver. Pourquoi ? Parce que la première règle de l'innovation, c'est la disruption, la rupture qu'une start-up réussit à organiser au sein d'une industrie ou d'un service et qui lui permet de s'imposer.

En ce sens, la *blockchain* est considérée comme un vecteur de rupture. Pour ses admirateurs, cette structure décentralisée va permettre de réinventer toutes les applications déjà existantes sous forme centralisée et de les reproduire de manière décentralisée et à moindre coût.

Les applications potentielles semblent ouvrir une infinité d'opportunités...

Parmi elles :

- » Et si demain les banques utilisaient une *blockchain* pour les transferts d'argent plutôt que le système Swift ?
- » Et si demain le cadastre, les notaires, transféraient leurs bases de données authentifiées sur la *blockchain* ?
- » Le prochain grand réseau social, le successeur de Facebook, pourrait-il résider sur une *blockchain* ?

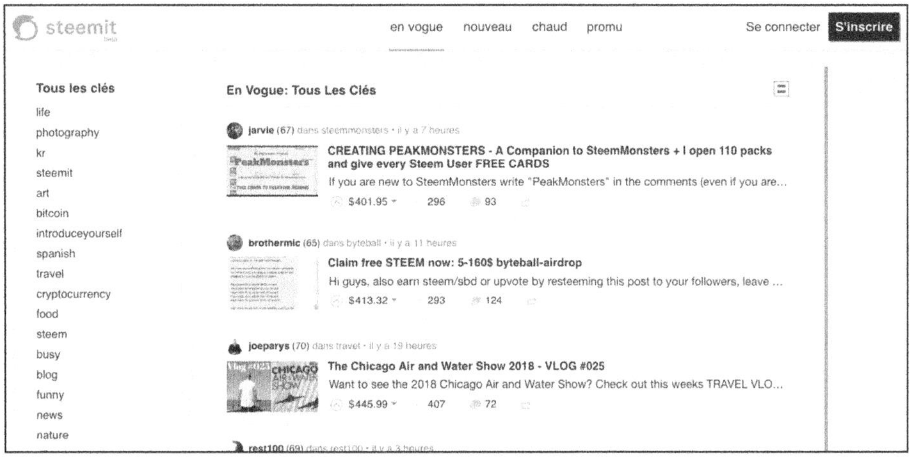

FIGURE 4.6 : Steemit, un réseau social reposant sur une *blockchain*.

- » L'Internet des objets si complexe, s'il fait rêver, n'est pas à l'abri, sous sa forme actuelle, de hackeurs qui pourraient s'amuser à piloter vos éclairages à distance. Cela ne se passerait plus s'il était entièrement contrôlé par une *blockchain* dont votre frigo, vos ampoules électriques, votre voiture et votre anorak seraient les maillons solidaires ?

Bref, il suffit de prononcer le mot « *blockchain* » pour que les financiers affluent dans l'espoir de signer un chèque.

Seul problème un peu préoccupant, les financiers, les banques, les notaires et tous ces gens sérieux n'ont pas envie de se retrouver à la merci d'une querelle de *geeks* pour savoir quelle sera la suite d'un projet open source que tout le monde trouve génial mais que personne ne contrôle réellement.

Un certain nombre de start-ups ont donc décidé de créer leur propre *blockchain* sur une infrastructure propriétaire ou en tout cas dotée d'une stabilité qui garantirait aux utilisateurs et aux investisseurs un profit prévisible.

Chacun de ces créateurs d'infrastructure s'est financé en émettant une nouvelle cryptomonnaie, échangée contre du Bitcoin ou de l'Ethereum.

Ces monnaies nouvelles sont cotées et ont un cours qui est fixé en temps réel, un peu comme un cours de Bourse.

PETIT GUIDE EXPRESS DE L'INVESTISSEUR SUR UNE CRYPTOMONNAIE

Les ICO se multiplient et chacune de ces propositions de lancement de nouveaux tokens cherche à séduire les investisseurs en s'attribuant des vertus qui la distinguent de toutes les autres.

Pour ceux qui souhaitent investir sur ces valeurs, il est important de vérifier deux éléments fondamentaux avant d'acheter :

» Le token ou l'altcoin a-t-il une capitalisation importante ou pas ? A-t-il un niveau de transaction quotidienne important ou pas ? Plus faible sont la capitalisation ou les transactions quotidiennes, plus grandes risquent d'être les variations de cours. Il est même probable qu'il sera difficile de revendre une monnaie trop peu connue ou utilisée par des spéculateurs.

» Le token ou l'altcoin est-il proposé sur des places de marché jouissant d'une bonne réputation ? Ainsi Coinbase, le leader du secteur, ne propose que quatre altcoins à l'achat ou à la vente. Quant à Kraken, un autre acteur ayant pignon sur rue aux États-Unis, il n'offre des échanges que sur 18 altcoins et tokens alors qu'il en existe près de 1 600 différentes. (Ressource utile : `https://coinmarketcap.com/`)

Ripple, la cryptomonnaie favorite des banques

C'est à partir de 2012 qu'une petite équipe de développement s'est rassemblée autour de Jeb McCaleb, le citoyen américain qui avait vendu Mt.Gox, la première place de marché du Bitcoin au français Mark Karpelès (voir Chapitre 3).

Cette équipe a mis au point son propre protocole de *blockchain*, le Ripple.

Le principe est le même que celui du Bitcoin avec un réseau décentralisé qui tient le registre des transactions en organisant une validation *peer-to-peer* des mouvements sur la *blockchain*.

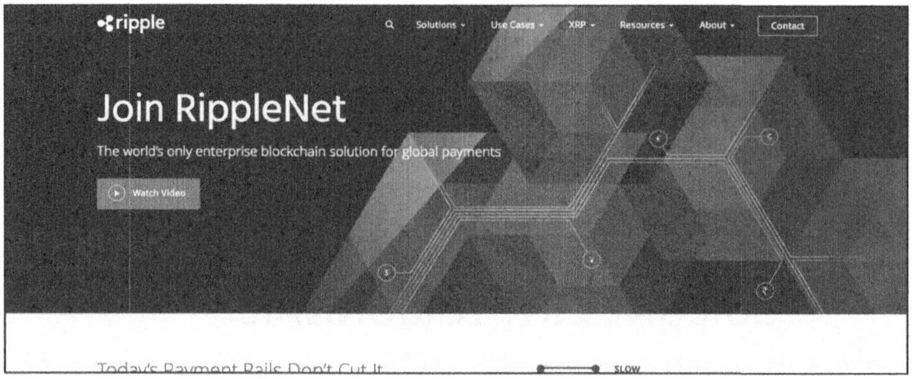

FIGURE 4.7 : Ripple, une des seules cryptomonnaies utilisée de manière opérationnelle.

Le XRP est la monnaie du réseau Ripple, mais contrairement au Bitcoin, nul besoin de la miner : elle est mise en circulation d'office par Ripple Labs.

Seule restriction, les fondateurs de Ripple/XRP se sont réservé 20 % de la masse monétaire afin de faire face aux besoins de financement du projet – et éventuellement se payer de très belles vacances.

Ripple/XRP s'est positionné prioritairement sur le règlement des transactions interbancaires. Le protocole est très agile : il peut traiter autant de transactions que le réseau des cartes Visa et avec la même rapidité.

Attirées par Ripple, un certain nombre de banques ont décidé de l'expérimenter puis de l'adopter. Aujourd'hui, des institutions aussi prestigieuses que Bank of America, Santander ou UBS utilisent Ripple pour gérer une partie de leurs compensations interbancaires.

De fait, Ripple est une des seules *blockchains* à avoir réussi à développer un usage professionnel au-delà de la simple spéculation ou de la réserve de valeur pour geeks méfiants des banques centrales.

La valeur du XRP reflète ce succès et cette cryptomonnaie est désormais solidement installée dans le trio de tête derrière le Bitcoin et l'Ethereum. Cela dit, sa valeur reste corrélée à celle du Bitcoin et le XRP connaît les mêmes variations sauvages que celles de la cryptomonnaie principale. Il ne constitue donc pas encore un investissement de père de famille.

À noter qu'avec une capitalisation de 20 milliards de dollars, la poignée de fondateurs du Ripple Labs se partagent 4 milliards de dollars de plus-value potentielle, ce qui permet d'envisager l'avenir avec une certaine sérénité.

Sous la pression des États-Unis, la Suisse a finalement dû renoncer à son précieux secret bancaire. Toutefois, l'industrie de l'argent demeure un secteur stratégique pour la Confédération. L'innovation en matière de gestion des fortunes du monde entier est donc une priorité absolue. C'est la raison pour laquelle le ministère des Finances de la Suisse a très rapidement adopté des règlements particulièrement souples pour l'émission de cryptomonnaies. Le canton de Zug a adopté le surnom de Crypto Valley et accueille un grand nombre de start-ups du secteur. La Suisse offre aussi des avantages fiscaux aux acheteurs de nouvelles cryptomonnaies : 1 % sur la valeur initiale de la souscription soit en réalité un paradis fiscal pour tous les spéculateurs qui espèrent faire des profits de 300 à 1 000 % sur ce genre d'investissement.

FIGURE 4.8 : La Crypto Valley de Zug, en Suisse.

Les cryptomonnaies de troisième génération

Nous l'avons compris. Le Bitcoin comme l'Ethereum sont des révolutions majeures dont on peine à mesurer les effets sur le long terme. Pourtant, ils sont loin d'être parfaits. Le temps nécessaire au traitement d'une transaction est l'un des reproches courants qui leur est adressé. La commission que l'on doit verser pour faire valider une transaction par un mineur en est une autre.

Alors, certains se sont mis à réfléchir à d'autres formes de cryptomonnaies et le moins que l'on puisse dire, c'est que l'imagination est au rendez-vous...

EOS, plus puissante *blockchain* au monde ?

La société Block.one est à l'origine de la *blockchain* EOS.IO. Il s'agit d'un développement fondé par un livre blanc diffusé en 2017. Ses objectifs sont pour le moins ambitieux :

- une *blockchain* ultrarapide ;
- pas de frais de transaction ;
- la capacité à supporter des millions d'échanges par seconde.

Incroyablement souple, cette *blockchain* devrait permettre de gérer n'importe quel *smart contract* et de développer des *decentralized corporations* (organisations décentralisées) gérées de manière virtuelle et démocratique par les participants d'un réseau *peer-to-peer.*

Son concepteur, Daniel Larimer, a baptisé EOS, la plus puissante *blockchain* au monde. Cela fait rêver et ils ont été nombreux à se laisser convaincre. Un examen attentif de la technologie permet cependant de pointer qu'EOS appuie son système de validation des transactions sur un protocole de « Delegated Proof of Stake » (preuve d'enjeu déléguée) en lieu et place de la preuve de travail du Bitcoin. La preuve d'enjeu déléguée consiste à donner à un nombre limité de participants au réseau le pouvoir de valider une transaction.

L'accélération radicale promise par EOS repose donc sur l'intervention d'une procédure validée par des humains désignés comme « témoins de la *Blockchain* » par un vote des détenteurs de tokens EOS.

Certains ont argué qu'ils percevaient mal où est le bond technologique dans une organisation qui consiste essentiellement à réintroduire de la centralisation autour d'une poignée de « témoins ». Dès lors que ces « témoins » sont en nombre restreint, la vitesse de transaction sur la *Blockchain* s'accélère. Pourtant, si l'on prend ce raisonnement à la lettre, l'optimisation ultime ne consisterait-elle pas à désigner un unique « témoin », une banque centrale, par exemple, qui valide les transactions sans délai ?

Pour se financer, Block.One a émis un milliard de tokens (jetons) sur la *blockchain* Ethereum. Grâce à cette ICO (mise sur le marché), sans autre véritable référence que son livre blanc, cette start-up a levé 4 milliards de dollars, un record absolu dans le domaine de la cryptomonnaie. C'est en tout cas une masse financière suffisante pour commencer à rémunérer deux cents ingénieurs volontaires qui tentent de transformer le rêve en réalité.

Le 1er juin 2018, la première version de la plateforme EOS devait être diffusée au public. Cette première sortie du logiciel a donné lieu à une joyeuse foire d'empoigne entre les différents participants au développement. Une querelle a éclaté entre les différents informaticiens qui ont convenu de décider à la majorité sur la manière dont le projet serait géré. Comme ils ne sont pas parvenus à un accord, le lancement a été retardé de quelques jours.

La polémique a coûté cher, provoquant la chute du cours de l'EOS de plus de 20 %, soit une perte pour sa communauté de 2 milliards de dollars de capitalisation.

Quid de l'avenir d'EOS ? Il semble trop tôt pour le dire. En juillet 2018, cette cryptomonnaie très prometteuse figurait encore dans le Top 5 du lot. Il demeure qu'il est nécessaire que l'équipe puisse rapidement concrétiser la promesse initiale, ce qui demeure incertain au moment où sont écrites ces lignes.

IOTA, monnaie de l'Internet des objets

IOTA est sans doute l'une des initiatives les plus innovantes dans le domaine des cryptomonnaies. Cette start-up s'appuie sur l'idée de la *blockchain* et sur la validation d'un registre authentifié par un réseau *peer-to-peer*. Toutefois, elle s'en débarrasse pour la dépasser.

Avec IOTA, la *blockchain* s'efface pour être remplacée par des enchevêtrements de transactions (*tangles*) qui peuvent être stockés dans très peu d'espace.

FIGURE 4.9 : IOTA, élégance et originalité.

De fait, le nom IOTA est dérivé de IOT (*Internet Of Things*, l'Internet des Objets), qui vise à relier entre elles toutes les machines connectées ou connectables, du réfrigérateur à la voiture en passant par le drone ou les vêtements intelligents. À partir de cette ressource d'une très large ubiquité, IOTA organise un enchevêtrement de transactions qui peut vérifier à tout moment et partout l'authenticité de chacune d'elles.

La nouveauté majeure du système de *tangles* par rapport à la *blockchain* est la suivante :

- Pour qu'une transaction soit valide, elle doit elle-même valider deux transactions qui ont précédé.
- Cette validation de deux transactions précédentes peut se faire de manière asynchrone – et non pas de façon séquentielle comme pour la *blockchain*.
- À ce titre, lorsqu'on décide de participer à l'expérience IOTA, l'un des prérequis est de se choisir des « voisins », puisque chacun pourra se porter garant pour d'autres.

Telle est la beauté du système. Chaque transaction étant garante de deux autres, il en résulte un enchevêtrement de transactions dont il est possible à tout moment de contrôler l'authenticité globale.

Avec IOTA, le traitement d'une transaction est ultrarapide puisqu'il est ainsi restreint à deux autres transactions et donc sans frais !

Comme Ripple, IOTA commence à être adopté par des mastodontes industriels tels que l'Allemand Bosch ou le Japonais Mitsubishi.

En tant que cryptomonnaie, IOTA dispose d'une respectable capitalisation de trois milliards de dollars et ses variations sont moins tributaires des fluctuations du Bitcoin que les autres valeurs cotées du secteur.

Ultime atout, IOTA se renchérit quand de nouveaux utilisateurs de ses applications rejoignent le réseau.

Les avatars de la cryptomonnaie

La grande ruée vers l'or des cryptomonnaies provoque l'avènement d'un grand nombre de projets qui sont des « MeToo », autrement dit des entreprises qui se proposent de faire la même chose qu'un géant du Net qui existe déjà, mais en le faisant mieux grâce à la *blockchain*.

Les cryptomonnaies qui redéfinissent l'existant

Status, nouveau Facebook ?

C'est l'histoire de trois camarades qui passent des vacances un peu ennuyeuses en Espagne. Carl, Jarrad et Andy décident d'écrire un livre blanc et de lancer leur cryptomonnaie. Ils se posent alors quelques questions :

> » Quelle serait la proposition la plus attractive pour mobiliser les investisseurs ?
>
> » Quel est le site qui a le plus grand succès sur l'Internet ? Facebook.

Conclusion : Status sera le Facebook de la *blockchain*.

Fondé sur la technologie Ethereum, Status a levé près de 100 millions de dollars en échange de son token qui doit permettre de rémunérer la participation des utilisateurs à ce nouveau réseau social.

Aux dernières nouvelles, Status entend produire un système d'exploitation Ethereum pour smartphones. Il y aurait 14 000 utilisateurs de par le monde d'une version Alpha de la technologie.

L'avenir de la valeur n'est pas très clair. Il faut dire que depuis son lancement, la monnaie Status a à peine doublé son cours, ce qui semble assez décevant au regard des risques pris par ceux qui ont investi dans la levée de fonds.

Gnosis, marché de prédiction

Gnosis a été lancé au meilleur moment possible, en mai 2017, au plein cœur de la nouvelle folie des cryptomonnaies. En quoi consiste le projet ? À établir un marché de prédiction, c'est-à-dire une plate-forme où se forment des contrats entre des gens qui souhaitent parier sur l'avenir. Le pari peut aussi bien porter sur le vainqueur de la prochaine coupe du monde de Football, que sur la perspective de voir Angela Merkel réélue ou sur la valeur d'un tableau retrouvé dans le grenier de votre grand-mère.

Il existe des myriades de ces marchés de prédiction sur le Web traditionnel. Pourtant, Gnosis excite la foule des « cryptomaniaques » et la valeur de sa monnaie au moment de son émission a atteint 180 millions de dollars.

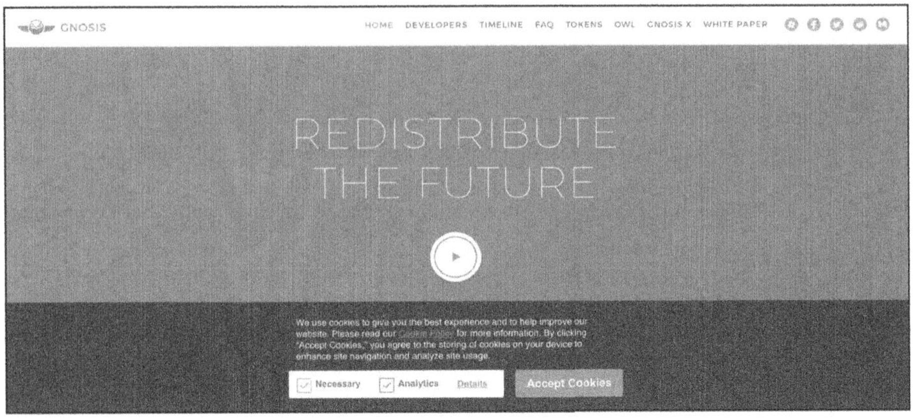

FIGURE 4.10 : Gnosis, place de marché de prédiction.

Certains experts se sont toutefois penchés sur la *blockchain* Ethereum où Gnosis est logée et ils ont découvert que seuls 620 investisseurs ont souscrit à l'introduction de la monnaie. C'est faible et cela tend à indiquer que le cours de la valeur serait trop beau pour être vrai.

Après un parcours en montagnes russes, le Status se négocie à deux fois son cours de création. La société annonce être passée en test d'une première version de son logiciel, mais il pourrait s'écouler un certain temps avant que le produit ne soit effectivement accessible au public.

Funfair, casino de l'Ethereum

L'Anglais Jez San est une figure historique du jeu vidéo. Sa société Argonauts – disparue en 2007 – a été à l'origine de nombreux succès du secteur, dont le fameux *Starfox* (sur Super Nintendo). FunFair, sa nouvelle création, est une plate-forme de jeux en ligne de type casino installée sur la *blockchain* Ethereum.

En juin 2017, FunFair a levé 25 millions de dollars en émettant sa nouvelle monnaie. Le cours se maintient assez bien dans la mesure où les tokens permettent de jouer sur la plate-forme qui est toujours en cours d'élaboration. Début juin 2018, les développeurs ont annoncé que leur logiciel était entré en version bêta privée, réservée donc à un petit groupe de testeurs sélectionnés.

Les cryptomonnaies à vocation libertaire

Vous l'aurez noté, ce livre ne parle pratiquement que d'argent. S'agissant de cryptomonnaie, cela peut sembler légitime. Pourtant, il peut aussi sembler légitime de déplorer que le rêve libertaire de Satoshi Nakamoto ait dégénéré dans une sorte de course frénétique à la spéculation.

Certains émetteurs de cryptomonnaies souhaitent porter la flamme d'un certain humanisme, ce mot étant bien évidemment à géométrie variable, selon le point de vue où on se place. Toujours est-il qu'ils ont créé des valeurs destinées à étendre la vision initiale de Nakamoto. En voici quelques-unes.

Dash

Nous avons évoqué plus haut The DAO, une organisation fondée autour de l'Ethereum avec pour but d'aider au financement de projets. Dans la mesure où le logiciel The DAO comportait des failles, il a entraîné un vol d'Ethereum et cette aventure a donc pris fin prématurément.

Même si sa notoriété est plus faible que celle de l'Ethereum, Dash semble être parvenue à établir ce que The DAO n'a pas réussi. Sa *blockchain* est organisée sur les mêmes bases que la *blockchain* du Bitcoin. Où se situe la différence ? La responsabilité du maintien des serveurs décentralisés du registre est partagée entre des mineurs et des « masternodes ». Autre point significatif, l'utilisateur de Dash peut rendre anonyme ses transactions quand il le souhaite.

FIGURE 4.11 : Dash, cryptomonnaie libertaire.

Les membres de la chaîne Dash peuvent soumettre des projets aux autres participants et un vote décide d'allouer ou non des fonds au projet présenté.

L'équivalent de 10 % de chaque Dash miné revient à l'organisation, ce que les participants à Dash dénomment « Le Trésor ». Parmi les projets financés par Le Trésor figure un système de paiement digital au Zimbabwe ou au Venezuela.

Les motivations libertaires de la DAO sont patentes dans la sélection de certains de ses soutiens financiers. L'un des derniers en date ? Financer le séquençage du génome du cannabis pour le publier en ligne sur la *blockchain* de Dash. L'intérêt annoncé de la chose ? Préserver l'intégrité de ce génome afin que l'industrie agroalimentaire ne puisse pas le modifier et déposer une patente pour s'en réserver la propriété intellectuelle.

Avec une capitalisation de 2 milliards de dollars, le Dash suit de près les fluctuations du Bitcoin, mais la communauté qui l'entoure semble sensiblement plus transparente sur ses objectifs et les valeurs sur lesquelles elle appuie sa démarche.

Aragon : reprendre son indépendance

Le projet d'Aragon est d'éliminer les frontières et les lois nationales. Pour remplacer ce système qu'ils jugent obsolète, les participants à la *blockchain* Aragon, elle-même basée sur Ethereum, acceptent de voir leurs conflits résolus par le truchement d'un vote des membres de la communauté.

La plate-forme Aragon permet à tout un chacun de produire des contrats jugés utiles à sa vie sociale, de former des sociétés, de conclure des accords commerciaux, d'enregistrer des droits de propriété. Si un différend se produit entre les différents participants aux contrats, le conflit se résout par consultation des membres de la communauté.

Contrairement à beaucoup de projets sur la *blockchain*, Aragon propose une version bêta de son logiciel.

Aragon a émis une cryptomonnaie dénommée ANT. Son volume est plutôt faible, mais cela reste un projet de qualité à suivre.

Telegram, l'avenir des cryptomonnaies ?

La saga des frères Durov ne semble pas devoir s'arrêter avant longtemps. Ces deux natifs de Saint-Pétersbourg ont d'abord créé VKontakte, l'équivalent russe de Facebook.

La plate-forme a connu un énorme succès. Trop énorme sans doute pour les autorités du Kremlin qui ont contraint Pavel Durov, le patron de la start-up, à lâcher le contrôle du premier réseau social de la Fédération de Russie. Après une courte lutte entre les nouveaux actionnaires amis du pouvoir et les frères, ces derniers ont conclu qu'il valait mieux vendre le reste du capital de VKontakte et déguerpir.

Forts de cette expérience douce-amère, ils ont décidé de créer la messagerie directe anonyme Telegram. De quelle nationalité est Telegram ? Difficile à dire. Aux dernières nouvelles, ses bureaux étaient à Dubaï après avoir été à Berlin et à Singapour. Ce qui amène certains à dire que les Durov seraient des fantômes qui circulent de par le monde comme les bits circulent sur les autoroutes de l'information.

FIGURE 4.12 : La cryptomonnaie de la messagerie Telegram.

Début 2018, Pavel a annoncé qu'il souhaitait lancer une nouvelle cryptomonnaie, basée sur une *blockchain* accessible par la messagerie directe. Il a publié à cette occasion un livre blanc et annoncé que Telegram allait émettre sa propre monnaie. Il a pointé le peu de liquidité de l'Ethereum et du Bitcoin et le fait que le grand public ne s'était pas encore vraiment emparé des cryptomonnaies.

Il est vrai qu'avec 200 millions d'utilisateurs, Telegram a un levier considérable pour imposer sa monnaie comme un standard mondial.

En mai 2018, Pavel Durov a annoncé que Telegram avait levé 1,7 milliard de dollars pour financer son projet auprès de 200 investisseurs triés sur le volet qui se sont vu remettre les premières pièces de cette nouvelle monnaie.

La monnaie n'est pas encore disponible à l'achat sur les places de marché mais il paraît probable que les heureux détenteurs du Telegram réaliseront une belle plus-value quand la monnaie deviendra utilisable par le public.

Cryptomonnaies inutiles ou déviantes

La bulle des cryptomonnaies a également vu se créer un certain nombre de monnaies plus improbables, soit par la volonté ironique de leurs promoteurs soit par les fiascos qui s'en sont suivis.

Useless Ethereum Token

Useless Ethereum Token a annoncé la couleur dès le départ, en se déclarant d'emblée inutile.

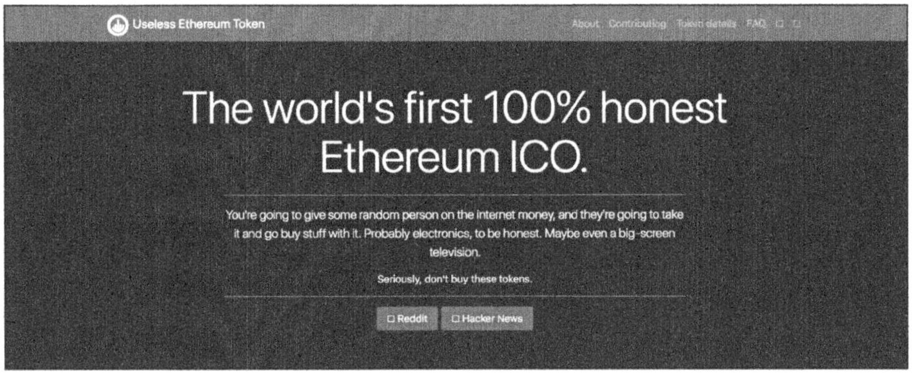

FIGURE 4.13 : Useless Ethereum Token, la cryptomonnaie délibérément annoncée comme inutile.

Lors de son introduction sur le marché, son créateur a annoncé sans ambages : « Est-ce une blague ou une arnaque ? Ni l'un ni l'autre ! C'est bien vrai et c'est complètement transparent. Vous donnez littéralement votre argent à quelqu'un sur l'Internet et vous recevez en échange des tokens complètement inutiles. »

Le prix de la sincérité, teintée d'un soupçon de cynisme, a payé : le Useless Ethereum Token a reçu 300 000 dollars. Sans doute l'une des blagues les mieux rémunérées au monde !

Venezuelan Petro

Le Venezuela est soumis à de lourdes sanctions financières américaines, et le régime autoritaire qui tente de poursuivre l'œuvre d'Hugo Chavez est aux abois.

Fin 2017, le président Maduro a annoncé le lancement d'une cryptomonnaie garantie par les réserves de pétrole du pays, le Petro.

En théorie, un Petro doit représenter la valeur d'un baril de pétrole extrait au Venezuela. L'opposition au président Maduro a dénoncé la manœuvre comme l'émission d'un nouvel emprunt d'État sans l'autorisation du parlement. Le Trésor américain a déclaré pour sa part que quiconque souscrirait au Petro le ferait en violation des sanctions financières imposées au pays.

La confusion règne sur les détails de l'opération et l'État vénézuélien s'est révélé incapable de fournir les détails de la *blockchain* sur laquelle résidera le Petro.

COMBIEN DE BITCOINS Y A-T-IL À PYONGYANG ?

Les nations touchées par les sanctions financières américaines comme l'Iran ou le Venezuela manifestent un grand intérêt pour les cryptomonnaies. Il semblerait également selon divers experts, que la Corée du Nord joue un rôle important sur le marché du Bitcoin. On le sait : ce pays a été condamné à l'isolation hors du système bancaire international par les décisions prises notamment par les Nations unies pour tenter de circonscrire son programme d'armement nucléaire.

Pyongyang a contre-attaqué à sa manière : elle semble avoir été derrière certains des vols de Bitcoins les plus importants sur des plates-formes d'échange de la Corée du Sud. Ainsi, 4 000 BTC auraient quitté Séoul pour aller grossir le trésor de guerre de Kim Jong Un. Et il se dit que l'état communiste aurait aussi mis en place des fermes de serveurs afin de miner la monnaie virtuelle.

Il est vrai que l'anonymat que rend possible la blockchain permet de rendre une certaine marge de manœuvre au dictateur lorsqu'il souhaite mener des transactions internationales.

Verge

L'industrie pornographique a développé une poignée de cryptomonnaies. Ainsi, le token Verge permettrait, d'après ses créateurs, de s'offrir le contenu du célèbre site spécialisé Pornhub. Ses équipes de *porn-stars* d'élite ont débarqué à Wall Street en avril 2018 pour faire la promotion du Verge au cri de : « Libérez l'argent ! »

Le résultat ne s'est pas fait attendre, puisque le Verge a levé... plus de cinq millions de dollars ! Aux dernières nouvelles, la capitalisation s'élève à plus de 400 millions de dollars.

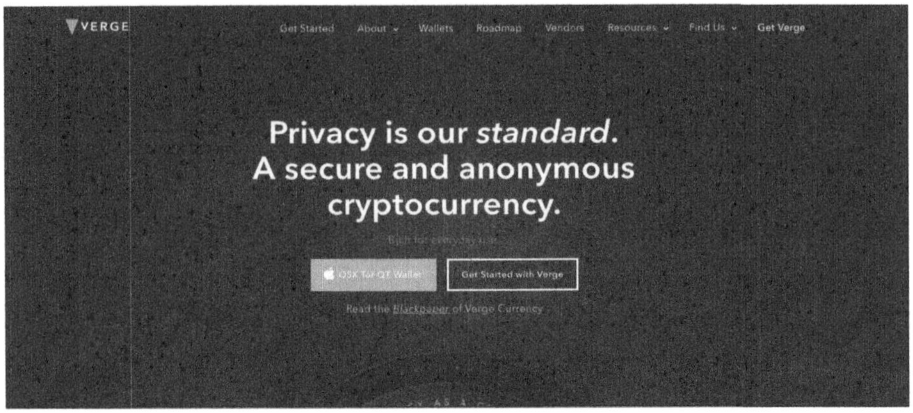

FIGURE 4.14 : Verge, la discrétion avant tout.

Kodakcoin

En janvier 2018, quand Kodak annonce son nouveau service KodakOne, la planète crypto s'enflamme. De quoi s'agit-il ? D'un nouveau service reposant sur la *blockchain* Ethereum destiné aux photographes qui souhaitent mettre en ligne leurs œuvres et être payés pour leurs droits d'exploitation.

Le Kodakcoin est destiné à être le token de KodakOne et doit permettre à ceux qui en détiennent de poster des photos et d'en obtenir une rémunération.

Certains boursicoteurs ont trouvé l'idée formidable et le cours de Bourse de Kodak a triplé en une journée. Hélas, il y a loin de la coupe aux lèvres et l'introduction du Kodakcoin a dégénéré en une polémique embarrassante car la compagnie s'est associée pour cette affaire avec une entreprise dont les compétences techniques n'ont pas paru très solides. Finalement, Kodak a dû renoncer à lancer le service KodakOne.

Le Tether, une cryptomonnaie qui ne sent pas bon

Apparu en 2014, le Tether a connu un certain succès du fait de son modèle d'affaire. En effet, ses fondateurs affirmaient que pour chaque Theter émis, ils conservaient en réserve un dollar US pour garantir le taux de change et sa liquidité. En effet, en anglais *Tether* signifie « attaché » : un Tether est donc égal à un dollar. Un rapide calcul permet cependant de douter de cette affirmation. En effet, il y a eu 2,5 milliards de tethers en circulation.

Alerté par des *traders* vigilants, le ministère de la Justice américain a demandé aux animateurs de Tether de fournir la preuve qu'ils détenaient bien 2,5 milliards de dollars US. La firme, dont le siège social est basé à Hong Kong, n'a pas répondu à ces sollicitations.

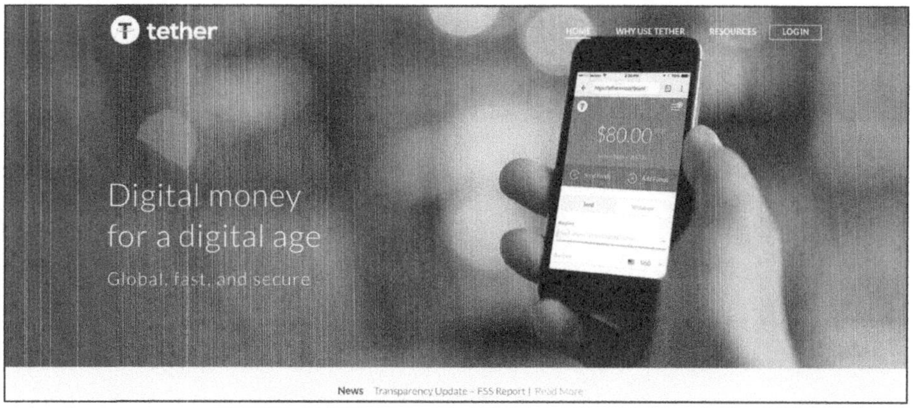

FIGURE 4.15 : Tether, assis sur une montagne de dollars ou sur du vent ?

Pire, lors de la publication des Paradise Papers qui révélaient au monde entier les noms des bénéficiaires des sociétés *offshore* installées dans des paradis fiscaux comme les îles Cayman, il a été révélé que les bénéficiaires de Tether, Inc. et les propriétaires de Bitfinex étaient les mêmes personnes.

Pour rappel, Bitfinex est la principale place de marché pour l'échange du Bitcoin, dont le siège social est situé aux Îles Vierges.

Deux professeurs de l'université du Texas, experts en manipulation boursière, ont analysé les transactions réalisées portant sur les échanges de conversion du Bitcoin et du tether. Ils ont identifié 87 transactions suspectes dans lesquelles le tether était utilisé pour acheter massivement du Bitcoin et produire une ascension des cours de la cryptomonnaie. Cela signifie probablement que la bulle spéculative de la fin 2017 a été alimentée, du moins en partie, de manière frauduleuse.

3

Cryptomonnaies : fonctionnement et applications

DANS CETTE PARTIE :

- Une cryptomonnaie, c'est quoi au juste ?
- Principales applications de la *blockchain* et des cryptomonnaies

Qui dit « crypto » dit « cryptographie ». Qu'en est-il au juste ? Le Bitcoin et un grand nombre des monnaies qui s'en sont inspirées s'appuient sur une fonction appelée SHA-256. Celle-ci est à la base des *blockchains*, mais aussi du travail des mineurs, car ceux-ci doivent s'acharner à produire une certaine séquence de chiffres à partir d'une transaction donnée. Dans le Chapitre 5, nous expliquons ce que doit contenir chaque bloc d'une *blockchain* et pourquoi ce système ne peut être falsifié.

Le Chapitre 6, pour sa part, passe en revue les applications potentielles de la *blockchain*, car ce modèle de codage des informations peut être mis à profit dans des domaines très divers. Mieux encore, il est en mesure de révolutionner un grand nombre d'activités existantes en leur apportant notamment une fiabilité hors pair.

Chapitre 5

Une cryptomonnaie, c'est quoi au juste ?

DANS CE CHAPITRE :

» **Pas de banque centrale**

» **Un système de signatures numériques**

» **Un système cryptographique, SHA-256**

» **Un registre des transactions : la *blockchain***

» **Le réseau *peer-to-peer***

» **Les mineurs**

» **Les *wallets***

» **Les éléments d'une cryptomonnaie**

L'histoire des cryptomonnaies pourrait sembler récente. En réalité, elle remonte au début des années 80. En effet, si le Bitcoin et ses avatars ont pu voir le jour, c'est parce qu'ils ont représenté la synthèse d'un certain nombre de technologies parvenues à maturité.

Eh oui, le Bitcoin n'est pas sorti de nulle part. C'est un amalgame de plusieurs solutions éprouvées. Une partie de la prouesse de Satoshi Nakamoto est d'avoir assemblé de façon adéquate plusieurs briques, dont la plupart sont essentielles à une cryptomonnaie.

Quelles sont ces briques ?

- l'absence d'une banque centrale ;
- un système de signatures numériques ;
- un système cryptographique, SHA-256 ;
- un registre partagé, la *blockchain* ;
- un réseau *peer-to-peer* ;
- le minage ;
- un portefeuille ou *wallet*.

C'est l'assemblage de ces éléments qui constitue l'écosystème d'une cryptomonnaie.

Pour simplifier la lecture, dans l'essentiel de ce chapitre, nous prenons le Bitcoin comme exemple, mais les informations s'appliquent à la plupart des cryptomonnaies qui ont suivi.

Pas de banque centrale

Originellement, la confiance a été apportée par les banques centrales, sur des monnaies dépendant de gouvernements. Encore aujourd'hui, nous nous appuyons avant tout sur ce système. Lorsque vous transférez 300 euros à votre amie Alice *via* votre banque :

1. La banque vérifie que vous disposez de cet argent sur votre compte, ou bien, le cas échéant, que vous êtes autorisé à pratiquer une telle dépense.
2. Elle vérifie qu'Alice dispose d'un compte bancaire valide.
3. Elle effectue le transfert de ces 300 euros – ce qui soit dit en passant, de nos jours, se résume à une écriture informatique.

Certains détracteurs du Bitcoin et des cryptomonnaies avancent pour argument qu'il serait risqué de dépendre d'une monnaie numérique. Pourtant, dans un pays comme la Suède, l'argent liquide a quasiment disparu depuis des années déjà. Aux États-Unis, il ne représente pas plus de 7 % des transactions. Donc, l'argent est devenu numérique depuis déjà longtemps.

Vous avez relativement confiance dans le système bancaire et il est vrai qu'il fonctionne généralement bien. Pourtant, il est loin d'être parfait.

En premier lieu, il établit une dépendance de votre argent envers un système externe. Imaginons que vous ayez un trou de mémoire et oubliez quel est votre code de retrait sur les distributeurs. En attendant de le recouvrer, vous seriez dans l'impossibilité de retirer des billets de banque – or, encore aujourd'hui, dans des pays comme l'Allemagne ou l'Italie, certaines boutiques n'acceptent que les paiements en argent liquide. Une carte de crédit peut également se retrouver démagnétisée et empêcher de payer à un restaurant.

Cette dépendance envers les banques a d'autres conséquences. Ainsi, en novembre 2016, du jour au lendemain, l'Inde a rendu inopérante 86 % de la monnaie en circulation. Officiellement, l'objectif était de lutter contre la corruption, mais on imagine tout de même quelle a pu être la gêne ressentie par une partie de la population.

Là n'est pas tout. Dans certaines situations, votre compte peut se retrouver bloqué. C'est ce qui est arrivé en décembre 2010 à Julian Assange, fondateur du site WikiLeaks. Suite à la révélation par ce site de documents militaires confidentiels, MasterCard et la banque postale suisse ont bloqué les versements à destination de WikiLeaks, mais aussi les avoirs déjà déposés. Le site PayPal avait auparavant fait de même. On peut estimer qu'Assange avait dépassé les bornes en révélant certaines informations susceptibles de mettre en danger des personnes, mais le fait demeure : lorsque nous sommes dépendants d'une institution financière, la possibilité de bloquer l'accès à un compte bancaire existe. D'ailleurs, cela peut arriver à une personne qui n'aurait pas payé tous ses impôts : à partir d'une certaine date, l'État peut bloquer l'accès à son compte, le temps de récupérer son dû. Une personne peut alors se retrouver dans l'impossibilité d'utiliser l'argent qu'il a déposé en banque durant une certaine période.

Les désagréments que nous venons d'évoquer sont relativement rares. La dépendance envers les banques a parfois eu des conséquences plus graves. Ainsi, la crise de 2008 a montré, si besoin était, que cette confiance n'était pas méritée. Un grand nombre de banques étaient censées détenir des fonds propres correspondant à un certain volume de leurs encours de prêts. Il s'est avéré que, suite à des opérations spéculatives sur de l'argent qu'elles ne possédaient pas réellement, les avoirs détenus par l'une des plus grandes banques mondiales, Lehman Brothers, étaient largement insuffisants pour couvrir sa dette.

En 2008, pour éviter une faillite complète du système bancaire, les gouvernements ont dû venir en aide aux banques et leur accorder des prêts ! Le constat : cette institution qui était censée protéger les avoirs de ses clients avait failli à sa mission. Aux États-Unis, des centaines de milliers de gens qui avaient contracté des emprunts bancaires et avaient l'impression de posséder certains biens, comme une maison, se sont retrouvés délestés de ces possessions.

Là n'est pas tout. Pendant les périodes de crise comme à la suite de la faillite des *subprimes* (prêt hypothécaire à haut risque) en 2008, l'État émet de grandes masses monétaires qui ont pour effet de provoquer de l'inflation ou la formation de bulles financières. Dans les deux cas, la valeur de l'argent ayant cours légal a tendance à baisser.

C'est également vrai dans les périodes de croissance comme celle que connaissent les États-Unis depuis l'arrivée de Donald Trump. Ayant baissé drastiquement les impôts des sociétés, le gouvernement américain est contraint de s'endetter massivement et le déficit budgétaire va atteindre plus de 1 000 milliards de dollars. Comment va-t-il les rembourser ? En faisant fonctionner la planche à billets, ce qui signifie que la valeur du dollar va baisser.

En résumé, l'argent émis par les banques centrales est tributaire du bon vouloir des politiques et le résultat n'est pas toujours favorable pour les citoyens qui veulent protéger leurs avoirs.

Comment, à partir de là, conserver une confiance envers une institution bancaire ?

Le Bitcoin a été la première monnaie conçue de façon à ce que la confiance puisse résider dans un modèle informatique de gestion de l'argent plutôt que dans une banque centrale.

La confiance est assurée par un système mathématique qui inclut en premier lieu des signatures numériques et un algorithme de cryptographie, SHA-256.

Un système de signatures numériques

Une signature numérique totalement unique

Revenons aux fondamentaux. Dans le monde réel, lorsque vous signez un chèque ou un contrat, cette opération est authentifiée par votre signature, qui est unique à vous et qui est censée être infalsifiable. Elle est également authentifiée par votre numéro de compte, l'indicatif de votre banque, *etc.*

Dans le monde des ordinateurs, nous avons un équivalent avec la signature numérique. Une signature numérique est associée à votre compte et une autre signature numérique est associée à chaque transaction.

Lorsque 300 euros sont transférés depuis mon compte vers celui d'Alice, ma signature numérique et celle d'Alice vont constituer les preuves que nous sommes tous deux d'accord pour que ce transfert ait lieu, et que les 300 euros iront vers son compte et non pas sur un autre.

Plus précisément, en matière de cryptographie, l'astuce repose sur un couple : clé privée - clé publique.

Une clé privée absolument unique

La **clé privée** est une signature numérique secrète, soit un chiffre de 256 bits auquel personne d'autre que vous n'est censé avoir accès. Il est impossible de la falsifier.

Cette clé vous est fournie de manière aléatoire au moment où vous acquérez un portefeuille Bitcoin. Cette clé privée n'intervient pas dans les transactions. Elle est le sésame qui vous donne accès à votre *wallet* (portefeuille) en Bitcoins.

La question que certains vont poser est : 256 bits, est-ce un cryptage suffisamment sûr ? En réalité, le nombre de combinaisons possibles, soit $2^{256,}$ est un nombre si énorme qu'il est quasi impossible de se le représenter mentalement.

Pour rendre l'opération plus simple, prenons une fraction de ce nombre, soit 2^{32}.

2^{256} est égal à 2^{32} x 2^{32} x 2^{32} x 2^{32} x 2^{32} x2^{32} x 2^{32} x 2^{32} – ou encore la multiplication de 2^{32} par lui-même huit fois de suite.

2^{32} est égal à 4 294 967 296 soit 4,2 milliards. Nous avons là un nombre que nous pouvons plus aisément nous représenter mentalement, à même de correspondre à une réalité tangible. Ainsi, David Filo, le cofondateur de Yahoo!, est crédité d'une fortune de 4,7 milliards de dollars. Nous savons aussi que la fortune de Jeff Bezos, l'homme le plus riche du monde en 2018 est 143,1 milliards de dollars. Bref, le milliard de dollars est une quantité avec laquelle nous arrivons à penser. Nous savons aussi que la Voie lactée accueille entre 100 et 400 milliards d'étoiles.

Pourtant, dès que nous nous aventurons au-delà d'un certain nombre de milliards, il devient difficile de se représenter mentalement une telle quantité.

Ainsi, dès lors que nous effectuons l'opération 2^{32} x 2^{32} et que donc nous multiplions 4 294 967 296 par lui-même, nous entrons déjà dans une sphère peu aisée à appréhender. D'ailleurs, le chiffre que renvoie Excel est une approximation :

```
18 446 744 073 709 600 000
```

Soit 18 milliards de milliards. Il n'existe pas beaucoup de quantités de ce type dans notre sphère de connaissances. Même le nombre de cellules de notre corps n'est pas d'une telle grandeur – il est de 100 000 milliards environ.

À présent, imaginez d'opérer huit fois la multiplication par lui-même de 2^{32}. Nous arrivons à un type de calcul qui dépasse largement les capacités de nos ordinateurs habituels. Il se dit que si nous avions une armada de superordinateurs disséminés dans les 4 milliards de galaxies de l'univers qui sont de la taille de la Voie lactée, il faudrait 507 milliards d'années pour retrouver une suite particulière de 256 bits !

Autant le dire, il y a fort peu de chances que votre clé privée puisse être retrouvée. Cette signature numérique qui vous identifie est donc infalsifiable.

Une clé publique dérivée de la clé privée

La force de ce système, c'est que, à partir de la clé privée, une deuxième signature est déduite, une suite de 0 et de 1 elle-même unique, appelée la clé **publique**.

La clé publique peut être déduite de la clé privée. Toutefois, l'inverse est impossible.

Ainsi, dans le cas d'un échange de message sur une messagerie cryptée, c'est votre clé publique et celle de votre destinataire qui va favoriser un échange sûr.

Retenons bien la différence :

- Pour accéder à vos messages, vous ferez usage de votre clé privée.
- Pour échanger des messages, vous ferez intervenir votre clé publique et celle de votre destinataire.
- Votre destinataire ne pourra lui-même accéder à ses messages que grâce à sa clé privée.

FIGURE 5.1 : Un exemple de clé publique utilisable pour des transactions en Bitcoins.

En faisant intervenir les deux clés publiques sur une transaction en Bitcoins, il va être possible à certains ordinateurs puissants de vérifier que cette clé publique associée au message est correcte. Tel va être le travail des mineurs – voir la section « Les mineurs » de ce chapitre.

Un système cryptographique : SHA-256

Le Bitcoin est un protocole

Le Bitcoin repose sur un protocole. Qu'est-ce à dire ? Rappelons qu'un protocole est un modèle précis qui facilite la communication.

Des exemples de protocoles :

- » Que vous soyez Belge, Hongrois ou Espagnol, si vous voyez certains panneaux du code de la route sur une départementale, vous allez tous comprendre qu'il y a là un sens interdit, une interdiction de stationner, *etc.* En d'autres termes, bien que nous ne parlions pas la même langue, nous reconnaissons tous qu'un certain panneau signifie « sens interdit ».
- » Que nous soyons Américain, Mexicain ou Suisse, nous utilisons les mêmes lettres d'un protocole appelé l'alphabet. Si nous apercevons le mot « piano » dans une boutique, nous savons qu'il fait référence à cet instrument – qui a l'avantage d'avoir la même appellation dans plusieurs langues.
- » Internet repose sur un protocole, le TCP/IP qui a une conséquence : que nous utilisions un Mac ou un PC, une station de travail de Sun Microsystems, un iPhone ou un Android, nous pourrons tous accéder au Web, quand bien même les systèmes qui animent ces machines sont différents.
- » Il en va de même pour l'e-mail. Si nous utilisons un protocole tel que POP3, nous pouvons recevoir nos e-mails sur toutes sortes d'appareils différents.

SHA-256

Bitcoin et les cryptomonnaies qui ont suivi fonctionnent sur le même principe d'un protocole, soit un ensemble de règles précises. À partir du moment où un logiciel respecte ces règles, il est en mesure de participer à l'écosystème du Bitcoin, de l'Ethereum et autres monnaies.

Dans le cas du Bitcoin, le protocole est basé sur un algorithme de *hashing* (une fonction mathématique) qui s'appelle SHA-256 ,sur lequel nous allons nous pencher davantage.

SHA-256 est une fonction qui, à partir d'un nombre donné (ou d'une suite de caractères) renvoie un *hash*, soit une très longue séquence de chiffres de 256 bits.

Si vous voulez en avoir le cœur net, vous pouvez tester la fonction SHA-256 sur cette page : `https://cryptage.online-convert.com/fr/generateur-sha256`.

Par exemple, la fonction SHA-256 appliquée au mot CHAT renverrait le *hash* suivant :

`d8f65e96e482a37e047634e3a087f6fd6a88a636587d7d3b622bb2e123b546fb`

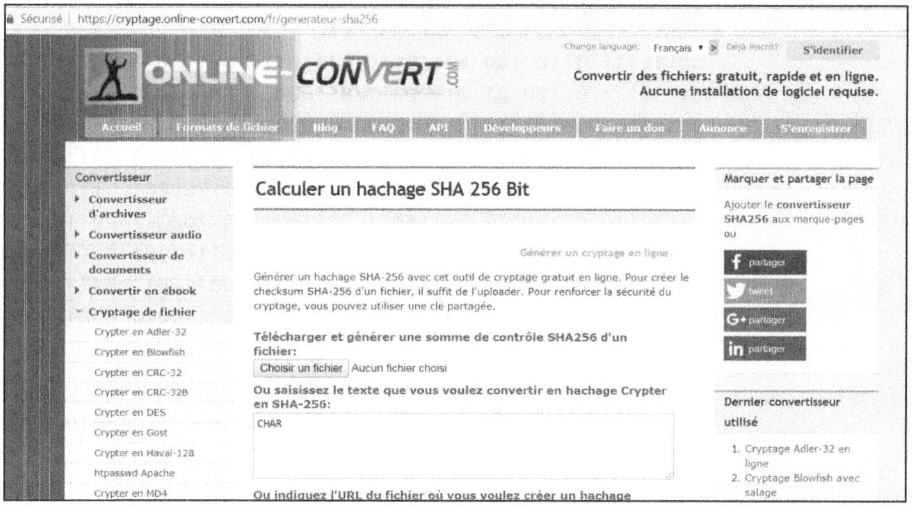

FIGURE 5.2 : Le site crypta.online-convert.com permet de tester la fonction SHA-256.

Rappelons que les lettres A à F et les chiffres 0 à 9 sont une représentation alphanumérique d'une suite de 0 et 1.

En fait, la séquence ci-dessus correspond à cette suite de 0 et 1 :

```
01100100 00111000 01100110 00110110 00110101 01100101 00111001
00110110 01100101 00110100 00111000 00110010 01100001 00110011
00110111 01100101 00110000 00110100 00110111 00110110 00110011
00110100 01100101 00110011 01100001 00110000 00111000 00110111
01100110 00110110 01100110 01100100 00110110 01100001 00111000
00111000 01100001 00110110 00110011 00110110 00110101 00111000
00110111 01100100 00110111 01100100 00110011 01100010 00110110
00110010 00110010 01100010 01100010 00110010 01100101 00110001
00110010 00110011 01100010 00110101 00110100 00110110 01100110
01100010
```

Si l'on change une seule lettre au message d'origine, on obtient un hash qui n'a absolument rien à voir. Ainsi SHA-256 appliqué au mot CHAR renvoie ce hash :

```
7d6734e7eca17f57fcdeafee486bd035aa1f410c06cca1e721d8228a2e0f20de
```

Soit en binaire :

```
00110111 01100100 00110110 00110111 00110011 00110100 01100101
00110111 01100101 01100011 01100001 00110001 00110111 01100110
00110101 00110111 01100110 01100011 01100100 01100101 01100001
01100110 01100101 01100101 00110100 00111000 00110110 01100010
01100100 00110000 00110011 00110101 01100001 01100001 00110001
01100110 00110100 00110001 00110000 01100011 00110000 00110110
01100011 01100011 01100001 00110001 01100101 00110111 00110010
00110001 01100100 00111000 00110010 00110010 00111000 01100001
00110010 01100101 00110000 01100110 00110010 00110000 01100100
01100101
```

Comme vous pouvez le voir, ce nouveau hash n'a absolument rien à voir avec le précédent !

Le message « donne à manger au chat » soumis à SHA-256 va produire une autre suite de 256 bits totalement unique.

Notons que SHA-256 pourrait aussi bien être appliqué à un fichier entier, par exemple un document d'une centaine de pages. Là encore, il va renvoyer une suite unique de 256 bits. Ainsi, nous avons soumis le document correspond au présent chapitre à la fonction SHA-256 et il a retourné le hash qui suit :

```
ff965b5bc09e8de343318767d8bd9e113b64af6f5b1bfca96960ecf7648d6f31
```

Là encore, ce grand document renvoie juste une séquence précise de 256 bits.

```
01100110 01100110 00111001 00110110 00110101 01100010 00110101
01100010 01100011 00110000 00111001 01100101 00111000 01100100
01100101 00110011 00110100 00110011 00110011 00110001 00111000
00110111 00110110 00110111 01100100 00111000 01100010 01100100
00111001 01100101 00110001 00110001 00110011 01100010 00110110
00110100 01100001 01100110 00110110 01100110 00110101 01100010
00110001 01100010 01100110 01100011 01100001 00111001 00110110
00111001 00110110 00110000 01100101 01100011 01100110 00110111
00110110 00110100 00111000 01100100 00110110 01100110 00110011
00110001
```

Nous l'avons vu plus haut, 256 bits représente un chiffre qui dépasse l'entendement et donc, nous pouvons aisément nous reposer sur SHA-256 pour le cryptage d'une information.

Question : y aurait-il un risque qu'un jour, deux séquences différentes produisent le même hash ? Par exemple, en appliquant SHA-256 à « donne à manger au chat » puis à « téléphone à alice ». Dans l'absolu, on pourrait supposer que cela puisse arriver, mais la probabilité est si faible que cela semble illusoire. En tout cas, à ce jour, personne n'est jamais arrivé à trouver deux cas de figure tels que ceux précités. Il faudrait sans doute des milliards d'années de tests avant d'y arriver...

Pour information, SHA-256 est probablement l'algorithme qu'utilise votre banque à l'heure actuelle pour sécuriser votre compte. Toutefois, si le Bitcoin et autres monnaies utilisant une *blockchain* ont un niveau de sécurité bien plus élevé que les transactions bancaires, c'est grâce à d'autres mécanismes exposés plus bas.

Alors, comment le Bitcoin utilise-t-il SHA-256 pour valider une transaction donnée ? L'astuce est la suivante. Il est impossible de prédire quel sera un hash particulier au moment où nous soumettons un message particulier à SHA-256.

En revanche, si nous nous basons sur un nombre de bits plus faible, par exemple 20 bits d'une telle chaîne, la probabilité de pouvoir la trouver est alors relativement raisonnable. Tel va être le travail des mineurs, comme nous le verrons plus loin.

Ainsi, dans la mesure où SHA-256 produit une suite de 0 et de 1, il devrait être possible de parvenir, en effectuant certains essais, à produire dans un temps raisonnable, un hash qui va démarrer par un certain nombre de zéros. Par exemple, s'il s'agissait de douze zéros, nous voudrions obtenir une séquence telle que celle-ci :

```
00000000 000010110110 010000111101
```

Le calcul des mineurs (nous y reviendrons plus bas) va donc consister à produire une telle séquence.

Un registre des transactions : la *blockchain*

L'autre problème qu'a voulu résoudre Nakamoto en créant le Bitcoin était d'éviter qu'une même transaction puisse avoir lieu deux fois de suite.

Rappelons en effet que l'univers numérique fonctionne ainsi. Si Claudia envoie une photo à Alice, cette dernière va recevoir une copie de la photo. Claudia conserve en effet la version originelle. Cela signifie qu'il y a désormais 2 exemplaires de la photo : une sur l'ordinateur de Claudia et une sur l'ordinateur d'Alice. Si Claudia adresse cette photo à 10 personnes, nous avons désormais 11 exemplaires de ce cliché en circulation.

Clairement, il n'était pas possible de procéder ainsi avec une monnaie et Satoshi Nakamoto a donc imaginé un système qui puisse faire en sorte qu'une somme d'argent ne puisse se trouver qu'à un seul endroit à un moment donné.

Pour mieux comprendre où se situe le problème potentiel, imaginons un échange de Bitcoins entre deux personnes :

Martial envoie 1 Bitcoin à Hackernick. Cette transaction a été effectuée grâce aux clés publiques de ces deux individus. L'ordinateur d'un mineur a pu vérifier qu'elle était correcte – nous verrons plus bas comment.

Imaginons à présent qu'Hackernick, pour une raison qui le regarde, souhaite que cette transaction ait lieu plusieurs fois de suite. Si tel est le cas, là où Martial souhaitait envoyer 1 Bitcoin, il va en réalité en envoyer 3 à Hackernick car la transaction est reproduite deux fois. Dans la pratique, comment éviter que l'opération initiale puisse être répétée ainsi, ce qui priverait Martial de 2 Bitcoins ?

La solution trouvée par Nakamoto est multiple. Elle a consisté en premier lieu à établir l'équivalent d'un livre de comptes géré de manière chronologique.

Il fonctionne de la manière suivante :

1. Julie paye 0,03 Bitcoin sur un site d'achat d'automobile			
1. Julie paye 0,03 Bitcoin sur un site d'achat d'automobile	2. Martial paye 0,0001 Bitcoin dans le restaurant La Geekade		
1. Julie paye 0,03 Bitcoin sur un site d'achat d'automobile	2. Martial paye 0,0001 Bitcoin dans le restaurant La Geekade	3. Vincent envoie 2 Bitcoins à Danic	

1. Julie paye 0,03 Bitcoin sur un site d'achat d'automobile	2. Martial paye 0,0001 Bitcoin dans le restaurant La Geekade	3. Vincent envoie 2 Bitcoins à Danic	4. Danic envoie 1 Bitcoin à Clarisse	
1. Julie paye 0,03 Bitcoin sur un site d'achat d'automobile	2. Martial paye 0,0001 Bitcoin dans le restaurant La Geekade	3. Vincent envoie 2 Bitcoins à Danic	4. Danic envoie 1 Bitcoin à Clarisse	5. Clarisse achète une robe sur Ventes Privées pour 0,0005 Bitcoin

Chaque opération est consignée dans un registre et comme on peut le voir, le nombre indiquant le numéro chronologique de chaque transaction figure dans ce registre. Comme nous le voyons ci-dessous, chaque transaction correspond à un bloc. D'où le nom de *blockchain* ou « chaîne de blocs ».

Une sécurité supplémentaire est apportée par le fait que chaque bloc intègre le hash du bloc précédent. Ainsi, la transaction n° 3 comporte son propre hash, mais aussi le hash du bloc n° 2 :

Transaction 1 : Hash de la transaction 1			
	Transaction 2 : Hash de la transaction 2 mais aussi hash de la transaction 1		
		Transaction 3 : Hash de la transaction 3 mais aussi hash de la transaction 2	
			Transaction 4 : Hash de la transaction 4 mais aussi Hash de la transaction 3

Voilà pourquoi il serait impossible de rejouer l'opération n° 2 :

2. Martial paye 0,0001 Bitcoin dans le restaurant La Geekade

Elle deviendrait alors l'opération n° 6 et intégrerait le hash de l'opération 1 alors qu'elle est censée en tant qu'opération n° 6 avoir le hash de l'opération n° 5 !

Ainsi donc, chaque transaction opérée à un moment donné est unique. Elle est unique par :

- le numéro de séquence de la transaction dans la *blockchain* ;
- les clés publiques (signatures numériques) impliquées dans la transaction ;
- le hash de la transaction actuelle ;
- le hash de la transaction précédente.

Telle est la *blockchain*, un livre de comptes qui contient à tout moment l'historique complet de toutes les transactions depuis la toute première jamais effectuée (en réalité une pizza commandée en Bitcoins pour ce qui est de cette monnaie).

Le réseau *peer-to-peer*

Nous avons là un point essentiel de ce système. Il est tellement essentiel que cette expression *peer-to-peer* figure dans la définition originelle donnée par Nakamoto du Bitcoin.

C'est le réseau *peer-to-peer* qui rend la *blockchain* infalsifiable. Le registre des transactions n'est pas stocké dans un seul ordinateur – celui d'une banque centrale – mais sur plusieurs ordinateurs connectés entre eux.

Qu'est-ce que le *peer-to-peer* ?

Le *peer-to-peer* (P2P) désigne un type de réseau à l'intérieur duquel chaque ordinateur dispose de droits équivalents. Si cette expression est devenue célèbre, c'est parce qu'elle a longtemps été assimilée au téléchargement de fichiers musicaux.

Les systèmes d'échange de fichiers musicaux tels que BitTorrent, Kazaa ou eDonkey, reposent sur des architectures *peer-to-peer* et non sur un serveur central, ce qui rend difficile leur démantèlement.

FIGURE 5.3 : La version actuelle de Napster. Sous sa forme originelle, ce logiciel favorisait l'échange de chansons entre internautes.

C'est en 1998 qu'un étudiant du nom de Shawn Fawning a eu l'idée d'une application communautaire, Napster, qui favoriserait la mise en relation de plusieurs internautes. Son idée forte, c'était d'amener les internautes connectés entre eux à s'échanger leurs propres fichiers musicaux.

À peine placé sur le Web en janvier 1999, le service Napster a attiré des milliers d'utilisateurs. Le bouche-à-oreille s'est rapidement étendu : le message a circulé comme quoi il devenait possible à tous les participants du réseau *peer-to-peer* d'échanger entre eux les fichiers musicaux présents sur leurs disques durs respectifs. Très vite, les réseaux à haute vitesse des universités américaines ont servi à l'échange à grande échelle de chansons de Soundgarden ou de Pearl Jam. Pourtant, dès le mois de novembre de la même année, la RIAA (*Recording Industry Association of America*), organisme qui défend les droits de l'industrie musicale, a montré les dents et tenté de faire interdire Napster, pour cause de violation du droit d'auteur. Il s'en est suivi un procès que Napster a perdu en 2001.

Pourtant, d'autres sites fondés sur la même logique ont pris le relais, notamment Kazaa, eDonkey ou BitTorrent. Le *peer-to-peer* en est venu à permettre l'échange de tous types de fichiers, pas seulement des chansons.

Le *peer-to-peer* appliqué à la *blockchain*

Pourquoi le *peer-to-peer* est-il essentiel pour une monnaie telle que le Bitcoin ?

Lorsque votre argent est géré par une banque centrale, un hackeur zélé pourrait parvenir à pirater et modifier le livre de comptes de cet établissement financier.

Or, dans la mesure où la *blockchain* est présente non pas sur un seul ordinateur mais sur un grand nombre d'entre eux, il lui faudrait parvenir à altérer toutes les copies de la *blockchain* disséminées un peu partout dans le monde à partir d'une certaine transaction. Or, dès qu'on sait qu'une version de la *blockchain* est différente des autres, on sait qu'elle est invalide et elle donc rejetée.

Nakamoto a en effet eu l'idée suivante : *la blockchain la plus longue, à un moment donné, est celle qui est valide.*

En effet, si un hackeur a tenté d'altérer la *blockchain*, il ne peut conserver la main sur elle que s'il parvient à produire de nouveaux blocs plus rapidement que tous les autres mineurs impliqués.

Eh oui... un ordinateur unique ne peut pas créer plus de blocs que ceux d'une communauté. Cela s'est toutefois produit durant une courte période, lors de rares occasions pour certaines cryptomonnaies (voir « Attaque des 51 % » dans le Chapitre 2).

À terme, il est impossible de gagner à ce jeu... Nous allons y revenir.

Les mineurs

Quelle est donc la tâche d'un mineur ? Elle est double :

- vérifier qu'une transaction est valide ;
- générer une preuve de travaux à partir de la fonction SHA-256.

Vérifier qu'une transaction est valide

Le mineur commence par vérifier, en vertu de l'historique de la *blockchain*, qu'une transaction est valide selon divers critères :

Vérification des clés publiques

Le mineur vérifie d'abord que les clés publiques correspondant à l'émetteur et au récepteur d'une transaction existent bel et bien. Rappelons que nous avons là les signatures numériques des intéressés.

Vérification de la validité de la transaction

Un autre point clé de ce système est le suivant : personne ne peut dépenser un seul Bitcoin qu'il n'en possède pas !

Les mineurs chargés de valider une transaction vont donc vérifier ce point-là. Il sera impossible à John d'envoyer 300 satoshis à Alice s'il n'en a que 200 sur son compte !

La preuve de travail

Nous vous avons dit au début de ce livre qu'il est impressionnant, avec le recul, de constater à quel point Satoshi Nakamoto, l'inventeur présumé du Bitcoin, avait pensé à tout.

Le système de la preuve de travail est sans doute l'un des facteurs les plus géniaux de ce système. Voici pourquoi.

Le travail du mineur, en fonction de paramètres divers liés à la transaction et notamment sa propre signature, va consister à générer, grâce la fonction SHA-256 entrevue plus haut, un hash commençant par un certain nombre de zéros.

Un exemple : le mineur produit une séquence de chiffres puis la soumet à SHA-256. Imaginons que, au moment où il soumet cette séquence à SHA-256, il faille obtenir un nombre commençant par 32 zéros. Il va donc recommencer l'opération un certain nombre de fois jusqu'à obtenir le hash démarrant par 32 zéros.

La probabilité de trouver un tel hash commençant par 32 zéros représente quelques milliards de combinaisons, ce qui est accessible à un grand nombre d'ordinateurs. Au fil du temps, ou selon les époques, le problème se corse, il devient nécessaire de trouver un hash démarrant par 36 zéros, 42 zéros, 54 zéros… Il faut entre plusieurs heures ou plusieurs jours pour trouver une solution correcte. Cette solution est la preuve de travail.

Une fois qu'il a trouvé un tel hash, le mineur peut soumettre sa preuve de travail. Et n'importe qui pourra vérifier qu'elle est correcte puisque, en appliquant SHA-256 aux données de la transaction, il va retrouver les 32 zéros en question (ou autre nombre de zéros recherché).

Le mineur diffuse donc son bloc aux autres membres de la communauté. S'il a été plus rapide que les autres mineurs, la nouvelle version de la *blockchain* qu'il vient de créer devient l'officielle et au passage, il récolte de nouveaux Bitcoins. Il reçoit aussi une commission, soit un pourcentage minime de la transaction qu'il a validée.

Lors des rares cas où plusieurs mineurs trouveraient la solution au même moment, des règles définies par Nakamoto sont appliquées.

Ainsi, nous l'avons vu, en cas de conflit entre deux *blockchains*, c'est la plus longue qui est jugée comme la bonne car, par la force des choses, c'est celle qui a fait l'objet du plus grand nombre de validations. C'est l'une des règles qui peut être appliquée, mais ce n'est pas la seule.

Il est à noter que, si vous avez un portefeuille en Bitcoins, celui-ci reçoit automatiquement la nouvelle *blockchain*.

Aucune falsification n'est possible car si quelqu'un voulait changer la preuve de travail, il obtiendrait un hash différent, tout en sachant qu'il lui faudrait réitérer les opérations allant jusqu'à la production d'un hash commençant par 32 zéros.

Validation du bloc

Si le mineur a détecté la suite de chiffres qui une fois soumise à SHA-256 produit un hash commençant par le nombre de zéros recherchés, il valide la transaction. Il l'ajoute alors à la *blockchain* tout en indiquant son numéro, le hash de la transaction et le hash de la transaction précédente.

Voici à quoi ressemble la *blockchain* au sortir de telles opérations :

n° transaction	43	44	45
Transaction	**SHA-256 de la transaction 42**	**SHA-256 de la transaction 43**	**SHA-256 de la transaction 44**
	Alice achète une console de jeu sur overstock	Luke envoie 3 satoshis à Samantha	Samantha envoie 2 satoshis à Alice
	Signature du mineur Jean	Signature du mineur Ray	Signature du mineur Sam
	Preuve de travail du mineur Jean	Preuve de travail du mineur Ray	Preuve de travail du mineur Sam
	SHA-256 de la transaction 43	**SHA-256 de la transaction 44**	**SHA-256 de la transaction 45**

Il faudrait ajouter à chacun de ces blocs les frais de transaction prélevés par le mineur.

Ordinateurs dédiés au calcul de SHA-256

Pour réaliser ce travail, la plupart des mineurs sont équipés d'ordinateurs de haute capacité équipés de processeurs optimisés pour le calcul des hashs.

En fait, certains ordinateurs utilisés pour le minage sont intégralement dédiés à la validation du calcul issu de SHA-256.

En réalité, la fonction SHA-256 est produite par des circuits qui constituent la base même des unités de calcul informatique et ils opèrent à la vitesse maximale du microprocesseur. Si l'on crée donc un processeur constitué d'une suite de circuits correspondant à SHA-256, on va obtenir une machine ultrarapide car intégralement dédiée à la vérification de transactions.

Pourquoi la validation de la *blockchain* est lente

Nous avons vu que, avant qu'une page ne puisse être ajoutée à la *blockchain*, l'un des mineurs doit générer une séquence de chiffres qui, suite à l'application de la fonction SHA-256, va produire un nombre de 256 bits commençant par un certain nombre de 0.

Or, à un moment donné, un mineur va se retrouver face à plusieurs transactions qu'il est en mesure de traiter. Par la force des choses, il va choisir de gérer en priorité celles pour lesquelles il touche la plus grande commission. Les autres transactions vont être placées sur une file d'attente. Le délai d'attente peut ainsi s'étendre sur plusieurs minutes, heures, ou parfois plusieurs jours.

Par ailleurs, plus le temps passe, plus la taille de la *blockchain* augmente. Elle dépassait déjà les 100 Go en 2017. Diverses solutions ont donc dû être trouvées pour qu'il soit possible de la réduire et ainsi, d'accélérer la validation des blocs. Elles sont notamment décrites dans le Chapitre 4.

Les *wallets*

Nous en arrivons à l'usager d'une cryptomonnaie, c'est-à-dire vous-même. Comment pouvez-vous au final utiliser le Bitcoin, l'Ethereum ou l'EOS pour faire vos emplettes, échanger de l'argent avec un proche ?

FIGURE 5.4 : Copay.io, un exemple de portefeuille Bitcoin accessible sur le Web.

Grâce à un *wallet*. *Wallet* signifie « portefeuille », mais on pourrait davantage le comparer à un compte bancaire, car il s'agit d'un portefeuille personnalisé.

La comparaison avec un compte bancaire va nous aider à mieux comprendre certains concepts évoqués plus haut. Imaginons que vous gériez un portefeuille en Bitcoins. Au moment où vous avez utilisé pour la toute première fois ce *wallet*, l'application a créé comme prévu :

» Une clé privée et donc secrète qui vous identifie comme le propriétaire du *wallet*. Votre clé privée vous permet de vous connecter à votre *wallet* et personne d'autre ne pourra le faire. On pourrait donc la comparer à un mot de passe d'une complexité telle qu'il serait inviolable.

» Une clé publique qui va vous identifier lors de vos transactions. On pourrait donc la comparer à l'IBAN qui indique votre banque, votre agence, votre numéro de compte. C'est bel et bien l'équivalent de votre identifiant bancaire. Et tout comme vous devez indiquer votre IBAN et celui du destinataire lorsque vous effectuez un virement, vous utiliserez votre clé publique et celle de votre destinataire dans le cas d'un échange de Bitcoins.

Dès lors que vous disposez d'un *wallet*, vous pouvez procéder à des échanges d'argent.

Les places de marché

La plupart des *wallets* sont dédiés à une cryptomonnaie spécifique. Il est toutefois possible de procéder à des échanges entre monnaies (par exemple entre l'euro et le Bitcoin ou bien entre l'etheret le Bitcoin) en passant par une place de marché ou bourse d'échange telle que Kraken, Poloniex, Coinbase, Binance, *etc.*

FIGURE 5.5 : Coinbase, une des plus célèbres places de marché permet notamment d'échanger quatre cryptomonnaies avec des euros. Elle donne en permanence le cours de ces monnaies.

Si vous utilisez l'une de ces places de marché sur votre smartphone, l'application correspondante va pouvoir vous servir de *wallet*, ce qui fait que l'on confond parfois les deux.

Pratiquement, les *wallets* proposés par les places de marché devraient plutôt être appelés des « comptes », car l'application ne contient pas de cryptomonnaie directement. Cette application permet d'accéder à votre registre dans les ordinateurs de la place de marché et de réaliser les transactions que vous souhaitez.

Deux types de *wallets*

Hot wallet

Le *hot wallet* est le plus répandu du lot. Il s'agit d'une application en ligne. On peut l'utiliser sous forme d'app pour *smartphone* ou de site Web. Dans la Figure 5.4, nous en avons un exemple.

Cold/hard wallet

L'alternative consiste en un *wallet* qui n'est pas en ligne et certains estiment que cette approche est plus sécurisée. On peut fort bien détenir ses Bitcoins sur une clé USB, sur un disque dur externe ou même sous forme d'un flash code imprimé sur du papier. Toutefois, dès lors que l'on désirera effectuer des transactions avec sa cryptomonnaie, il sera nécessaire de repasser par une application en ligne.

Les éléments d'une cryptomonnaie

Nous avons vu là les éléments clés d'une cryptomonnaie. Il est à noter que de nouvelles approches sont régulièrement testées afin d'améliorer ou d'accélérer certains des aspects abordés ici. Ainsi, la monnaie IOTA abordée au Chapitre 4 est un bon exemple d'une nouvelle forme de cryptomonnaie qui accélère notablement le système de la *blockchain*. Et un système tel que Byteball tente de s'affranchir de l'intervention des mineurs. Il est encore trop tôt pour savoir si l'une de ces alternatives pourrait demain devenir le nouveau modèle à suivre.

Pour l'heure, les cryptomonnaies dominantes comme le Bitcoin ou l'Ethereum sont fondées sur ce modèle. La présence de ces sept éléments produit un système de monnaie qui jusqu'à présent a fait ses preuves.

Chapitre 6

Principales applications de la *blockchain* et des cryptomonnaies

DANS CE CHAPITRE :

- **La décentralisation est-elle l'avenir de l'Internet ?**
- **Le *smart contract* : un contrat authentique et transparent**
- **L'ICO (*Initial Coin Offering*), la nouvelle ruée vers l'or pour les start-ups**
- **Les industries que la *blockchain* va révolutionner**
- **L'avenir est à la *blockchain***

L'introduction de l'Ethereum au début de l'année 2016 a changé fondamentalement le regard porté sur les cryptomonnaies.

Avant tout, ce qu'a apporté Vitalik Buterin avec l'Ethereum, c'est la notion de *smart contract* : un code informatique est associé à une monnaie. Or, cette innovation a eu pour effet de mettre en avant un aspect jusqu'alors demeuré au second plan du Bitcoin et des cryptomonnaies en général : la *blockchain*. Et il est apparu qu'un grand nombre d'applications pouvaient être développées avec cette nouvelle technologie, bien au-delà du seul domaine de la monnaie virtuelle.

La décentralisation est-elle l'avenir de l'Internet ?

Toute l'histoire de l'Internet s'est construite autour de la lutte entre les tenants de la décentralisation et ceux qui cherchent à concentrer le pouvoir du réseau entre les mains d'un petit nombre d'opérateurs.

Initialement, le Net a été conçu comme un système de communication qui pourrait continuer à fonctionner en cas d'attaque nucléaire. Ainsi, chaque ordinateur de part et d'autre du réseau était à la fois un émetteur et un récepteur.

Cette structure a été formalisée avec l'avènement de l'Internet Protocol, le langage que parlent les machines qui s'échangent des données sur Internet.

L'Internet Protocol permet de faire circuler des paquets d'information sur le réseau de manière rapide et avec peu de contraintes.

Les fournisseurs d'accès Internet ont d'abord émergé comme les premiers « centralisateurs » du Web en proposant à tout un chacun un accès normalisé au réseau. Or, dès que nous remettons notre identité entre les mains d'un tel point central, nous perdons l'anonymat et le point central est en mesure de contrôler tous nos échanges.

L'idée de se passer du point central a amené un certain nombre de programmeurs à élaborer des systèmes *peer-to-peer* (littéralement : égal à égal) dans lesquels on se passe d'un serveur central. C'est un réseau d'ordinateurs autonomes qui accomplit la tâche désirée.

La première application *peer-to-peer* à connaître le succès a été Napster qui permettait à ses utilisateurs de se partager les fichiers musicaux présents sur leurs disques durs respectifs. Et comme ce logiciel contournait les systèmes de protection des droits d'auteur, les maisons de disques ont élevé la voix afin de le faire interdire. Ils ont eu gain de cause à la fin 2001 : Napster a été déclarée hors la loi – les juges ont considéré que son créateur, Shaw Fanning, avait volontairement organisé son réseau en vue de violer la loi sur le copyright. Après le bannissement de Napster, BitTorrent est devenu l'application de *peer-to-peer* la plus utilisée, mais chacun a désormais bien compris que les téléchargements illégaux étaient... illégaux. En parallèle, des géants comme Google, Amazon ou Facebook, se sont peu à peu imposés comme les nouveaux centralisateurs du trafic. Pour sa part, Netflix, le diffuseur de films en *streaming*, est allé plus loin encore : il lui est arrivé de monopoliser à lui seul près de 40 % du trafic sur le Web.

FIGURE 6.1 : Napster, le premier succès peer-to-peer.

Face aux géants du Net dont l'oligopole ne cesse de se renforcer, la *blockchain* qui n'est rien d'autre qu'un registre, une base de données, décentralisée et gérée par un réseau *peer-to-peer*, la *blockchain* donc apparaît comme un nouvel espoir pour les tenants de la liberté sur le Net.

Un grand nombre des applications conçues aujourd'hui sur la base de la technologie *blockchain* reflètent cet état d'esprit. Les projets se multiplient avec l'objectif de supprimer le tiers de confiance traditionnel qui authentifie habituellement une transaction et de remplacer ce tiers de confiance par un réseau décentralisé et son registre, inscrit sur une *blockchain*.

La banque centrale est le premier tiers de confiance écarté dans le système Bitcoin. Toutefois, ce n'est qu'un début. Demain, l'obsolescence pourrait toucher les services du cadastre, les notaires qui reçoivent les contrats authentiques, les sociétés d'auteurs qui gèrent les droits collectifs des musiciens ou des cinéastes… À plus long terme, la *blockchain* pourrait devenir le protocole par défaut de l'Internet, un système devenu inviolable pour les hackeurs et incontrôlable pour les gouvernements.

Le *smart contract* : un contrat authentique et transparent

Un *smart contract* est un contrat dit auto-exécutant. Il implique deux points fondamentaux.

- Grâce à la *blockchain* et à son réseau de participants, le contrat pourra s'exécuter de manière automatique.
- En cas de litige, les participants à la *blockchain* serviront d'arbitres pour la résolution du conflit.

Le concept de *smart contract* est né avec l'environnement Ethereum, qui intègre dans sa boîte à outils un langage de programmation, *Solidity*, dédié à l'écriture de ces contrats intelligents et à leur inscription sur la *blockchain*.

Le contrat le plus simple est celui par lequel peut s'accomplir une prestation de service. Prenons l'exemple d'un musicien qui poste sur la *blockchain* les droits d'une de ses compositions. Posons que si quelqu'un souhaite écouter ce morceau de musique ou l'utiliser comme bande sonore d'un film, il lui faut verser une certaine rémunération au musicien. Avec un *smart contract*, le musicien peut établir un prix pour sa prestation et l'utilisateur le payera dans la monnaie de la *blockchain*, le plus souvent en ethers. Le *smart contract* est programmé de façon à pouvoir vérifier que le musicien et l'utilisateur ont bien rempli leurs obligations réciproques. Si tel est le cas, l'utilisateur reçoit le morceau de musique et le musicien la rémunération convenue.

FIGURE 6.2 : Fragment d'un smart contract écrit en langage Solidity.

Un *smart contract* peut aussi aller vérifier que les conditions d'exécution du contrat sont remplies en allant consulter des bases de données extérieures à la *blockchain*. Par exemple, dans un système de pari sur un résultat sportif, le *smart contract* va pouvoir vérifier l'issue d'un match de football en allant consulter une base de données spécialisée dans ce domaine.

Gestion des conflits

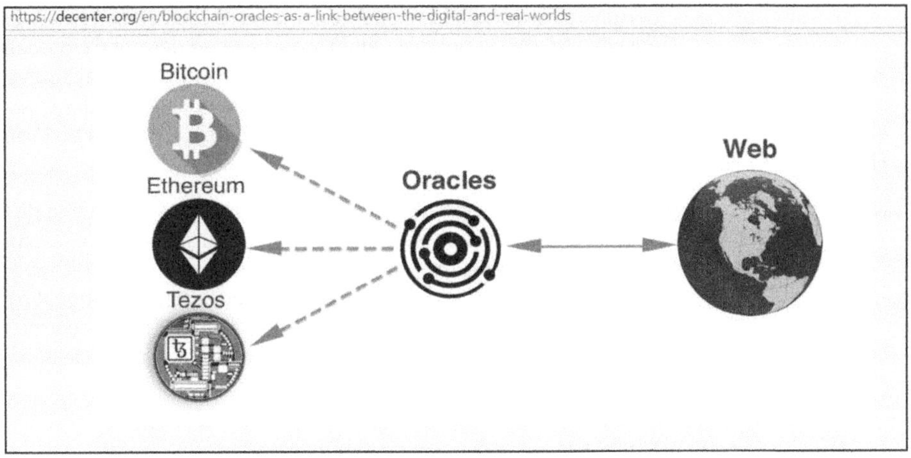

FIGURE 6.3 : L'oracle est le lien entre la *blockchain* et le monde réel.

Que se passe-t-il en cas de conflit entre les deux parties du contrat ?

Le contrat peut intégrer le recours à un tiers de confiance pour arbitrer un litige. En langage Ethereum, ce tiers de confiance est appelé « oracle ».

Cet oracle peut n'être qu'une seule personne morale ou physique. Toutefois, dans l'esprit du réseau décentralisé, le tiers de confiance sera probablement une communauté de participants désignés à l'avance. Ils auront pour tâche de voter chaque fois qu'ils sont sollicités dans le cadre d'un contrat à problème.

Le *smart contract* peut ainsi faire appel aux oracles pour voter sur l'issue du débat et conclure qui l'emporte au bout du compte dans le cadre de ce « procès » virtuel.

Avantage des *smart contracts*

Les avantages d'un *smart contract* sont nombreux :

» Il est transparent en ce sens qu'il est publié sur la *blockchain* en code source. Chacun peut donc en vérifier les tenants et les aboutissants. Cette présence sur une *blockchain* joue le même rôle qu'un encart publié dans un journal d'annonces légales pour déclarer la création d'une société. Cela signifie que la publication du contrat le rend opposable aux tiers. Il est possible d'imaginer ainsi que des brevets soient publiés et que leur antériorité puisse être prouvée par un *smart contract* intégré à la *blockchain*.

- Une fois publié, le contrat devient immuable car l'intégrité de la *blockchain* ne peut pas être remise en cause dans la mesure où personne ne peut contrôler simultanément tous les fragments du registre – ils sont dispersés dans les ordinateurs des différents participants au réseau. En ce sens, le contrat intelligent est infalsifiable et unique. Cette caractéristique permet d'envisager que les dispositions d'un testament soient efficacement conservées sur une *blockchain*. Un tiers de confiance doté d'une clé cryptée pourra prendre connaissance des dispositions du testament dès lors que le *smart contract* a pu s'assurer du décès de son auteur.
- La sécurité de la *blockchain* est théoriquement absolue du fait de la décentralisation du registre. Seule la majorité des participants au réseau peut authentifier le document qui s'y trouve inscrit. Cela étant dit, un certain nombre de précédents fâcheux obligent de nuancer cette affirmation. En effet, si la *blockchain* est inviolable, des erreurs d'écriture des *smart contracts* peuvent survenir. Elles ouvrent alors la porte à des piratages comme dans le cas de The DAO (voir Chapitre 4).

Il n'existe pas de processus établi de relecture et de vérification des *smart contracts* avant publication. Il est souhaitable de poster les projets de contrats sur GitHub ou Reddit pour que d'autres programmeurs les relisent. Mais à ce stade, la rédaction du code en langage Solidity est loin d'être une science exacte.

L'ICO (*Initial Coin Offering*), la nouvelle ruée vers l'or pour les start-ups

Une ICO n'est jamais qu'un *smart contract* particulier. C'est un processus par lequel une start-up décide de lever de l'argent en faisant appel à des investisseurs ou des particuliers. Ceux-ci vont acheter une nouvelle monnaie virtuelle ou un token/jeton qui va leur donner droit à une contrepartie particulière.

L'acronyme ICO fait référence à un autre acronyme, IPO, soit *Initial Public Offering*, l'opération consistant pour une entreprise à aller se coter en Bourse.

Seulement voilà... Les entreprises qui envisagent d'être cotées en Bourse ont en général atteint un certain degré de maturité. Elles sont capables de démontrer que leur produit fonctionne, attire plusieurs millions d'utilisateurs et que leur modèle d'affaires peut générer des profits pour leurs futurs actionnaires.

Dans le cas d'une ICO, il est rare que les sociétés qui lèvent des fonds aient une activité déjà établie. La plupart des ICO se déroulent selon le processus suivant :

- » Un groupe de programmeurs publie sur le Net un document de présentation de leur projet dit « livre blanc » (en anglais : *white paper*).

FIGURE 6.4 : Le livre blanc de Paypite, une cryptomonnaie qui a pour vocation de desservir les pays francophones. Il s'agit d'un document détaillé de 40 pages.

- » Si le livre blanc suscite de l'intérêt, il commence à faire l'objet de débats sur les forums s'intéressant aux cryptomonnaies.
- » Si la « sauce prend », les créateurs du projet commencent à diffuser des communiqués réguliers et à développer une communication publicitaire autour de leur opération.
- » Une prévente de tokens (jetons) de la monnaie virtuelle est réservée à des opérateurs professionnels.
- » La vente des tokens démarre. Les souscripteurs offrent des Bitcoins ou des ethers en échange de tokens qu'ils recevront à la fin de l'ICO.
- » À la conclusion de l'ICO, le token est officiellement émis et les souscripteurs reçoivent ce qui leur est dû.
- » Si le token a suffisamment de succès, il est alors côté sur les places de marché des cryptomonnaies.

Depuis janvier 2017, les ICO ont permis aux start-ups de faire rentrer près de 9 milliards de dollars dans leurs caisses. Et malgré la baisse du Bitcoin, la fièvre ne retombe pas. Sur la première moitié de 2018, 800 millions de dollars ont été levés.

POUR LE *WALL STREET JOURNAL*, 20 % DES ICO SERAIENT FRAUDULEUSES

Dans une enquête publiée en mai 2018, le *Wall Street Journal*, la bible des boursicoteurs américains, a procédé à l'analyse de 1 450 nouvelles émissions de cryptomonnaies. Les résultats sont préoccupants : 270 ICO ont été identifiées comme étant frauduleuses. Le montant de ces fraudes ? 1 milliard de dollars que les investisseurs ont confié à des projets qui n'avaient apparemment aucune existence concrète.

Comment le *Wall Street Journal* a-t-il repéré lesdites fraudes ? La première méthode a consisté à comparer les textes des livres blancs publiés par les start-ups au moment de présenter leur projet. Surprise : 111 livres blancs étaient des copiés-collés directs de projets préexistants. Il faut dire que désormais pour 100 USD, il est facile de dénicher un *free lance* qui va vous rédiger un livre blanc en moins d'une semaine.

La deuxième méthode a consisté à identifier de vraies personnes derrière les start-ups aux noms exotiques. Le résultat ? 121 projets ne citaient même pas le nom d'un seul membre de leur équipe. Et sur certains de ceux qui détaillent les identités des fondateurs ou des salariés, le *Wall Street Journal* a constaté l'utilisation de fausses photos ou la publication de C.V. sans rapport avec la réalité du parcours des soi-disant dirigeants de start-ups.

Un des exemples cités par le *Wall Street Journal* est celui de Premium Trade. Sur le site de présentation de cette ICO, les photos des membres de l'équipe ont toutes été récupérées sur des sites de photos libres de droits. Dans le même registre, la société LoopX a levé 4,5 millions de dollars avant de disparaître complétement de la circulation.

La start-up Denaro proposait de mettre en place un nouveau système de paiement basé sur la blockchain et qui a disparu après l'émission de sa cryptomonnaie pour reparaître sous le nom de Pluto Coin et récupérer 10 nouveaux millions de dollars avant de redisparaître à nouveau.

Plusieurs sites qui proposent de vérifier pour les investisseurs la qualité du dossier des ICO ont émergé. `www.icorating.com` est l'un des plus connus. À qui appartient-il ? Ses analyses sont-elles fiables ou achetées par les émetteurs comme un simple outil marketing ? Mystère. Circuler dans le monde opaque des ICO relève plus de la chasse au trésor que de la souscription d'une assurance vie à la banque du coin de la rue.

FIGURE 6.5 : Cet article du Wall Street Journal a fait grand bruit en affirmant que plus de 200 cryptomonnaies lancées par le biais d'ICO seraient douteuses.

Pour les créateurs de cryptomonnaies, cette manière de procéder est bien plus simple que celle de la levée de fonds auprès d'investisseurs traditionnels tels que des fonds de capital risque. En effet, les ICO ne sont pas régulées par les autorités de marché alors qu'une entrée en Bourse est scrutée avec beaucoup d'attention par les gendarmes financiers des différents pays – comme la COB ou Commission des opérations boursières en France.

Par ailleurs, lorsqu'une entreprise vend des actions à un fonds de capital risque ou à des particuliers dans le cadre d'une entrée en Bourse, elle vend effectivement une part de son capital avec le droit de propriété qui s'y attache et les dividendes qu'il convient de verser si l'entreprise devient bénéficiaire.

Dans le cas des ICO, les tokens ne donnent souvent droit à aucune obligation pour les souscripteurs. Car les tokens ne sont pas des actions, qui donneraient une fraction de la propriété de la société. Ils ne constituent pas davantage un droit aux recettes en cas de succès. Certains tokens permettent de participer au réseau comme dans le cas du réseau social Status ou du cloud décentralisé Storj. Parfois, les tokens permettent d'utiliser une application comme le jeu de casino virtuel

FunFair. Le token a alors une valeur d'usage. Le pari que font les investisseurs est que l'application va avoir suffisamment de succès pour que le cours du token monte fortement. Cela peut être effectivement le cas sous réserve que le nombre de tokens émis ne soit pas illimité.

Reste le problème de la cotation du token. Quand une entreprise entre en Bourse, son action est valorisée tous les jours par l'offre et la demande dont elle fait l'objet sur le marché. Or, rien n'oblige les places de marché de cryptomonnaies à coter un token ou un autre. Et surtout, aucun token n'est échangeable en monnaie d'État comme l'euro ou le dollar. Contre un token, vous ne pouvez obtenir que du Bitcoin ou de l'ether.

Or, les commissions de transaction s'accumulent et les fluctuations sont telles sur le cours du Bitcoin ou de l'ether qu'il devient facile de perdre de vue combien vaut effectivement un token. Alors, déterminer si l'on a réalisé une plus-value entre son achat et sa vente n'est pas évident.

En bref, l'ICO n'est pas un investissement de bon père de famille.

Il faut ajouter à cela un certain nombre de questions juridiques qui restent irrésolues. Dans un grand nombre des pays occidentaux, les ICO sont probablement illicites car l'appel public à l'épargne est réglementé. Les émetteurs des ICO se montrent prudents et tentent d'échapper à la loi en argumentant qu'ils n'émettent pas d'actions correspondant à des titres de propriété, mais simplement des tokens qui par nature ne sont… rien. Cela permet de belles levées de fonds, mais c'est loin d'être rassurant pour les investisseurs.

En Asie, en Chine et en Corée du Sud en particulier, la souscription aux ICO est désormais interdite.

Il est difficile de dire combien de temps va durer la vogue des ICO, car bien que le Bitcoin ait vu son cours baisser fort rapidement depuis le début 2018, les fonds levés par les ICO sont en croissance.

LES DAPPS : LES NOUVELLES APPLICATIONS SUR LA BLOCKCHAIN ETHEREUM

Aux côtés des ICO et des cryptomonnaies, la technologie blockchain commence à produire des apps dans l'environnement Ethereum. Ces applications particulières sont nommées Dapps.

Un bon point d'exploration de l'univers des Dapps est le site State of the Dapps (`www.stateofthedapps.com`) qui cherche à recenser les programmes existants en n'attendant qu'un Ethereum store soit mis en place sur le modèle de l'iTunes store ou de Google Play.

FIGURE 6.6 : State of the Dapps, une ressource précieuse pour suivre l'actualité Ethereum.

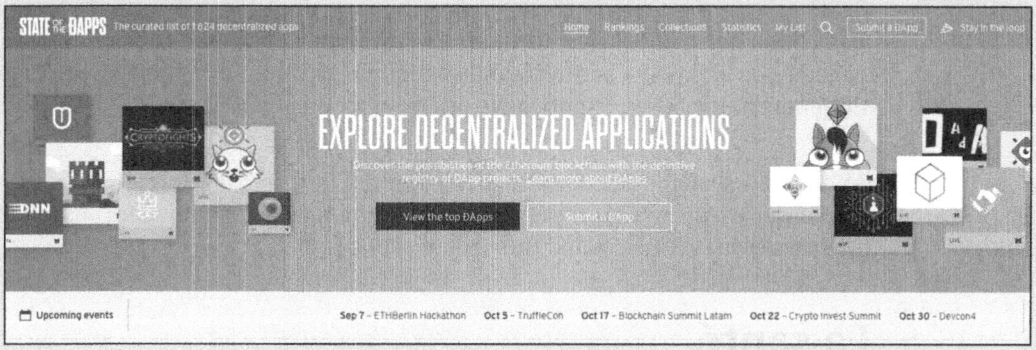

Que trouve-t-on dans ce grand bazar ? Près de 1 700 logiciels différents y étaient répertoriés en juillet 2018. Ce nombre relativement faible atteste du balbutiement de la technologie. Sur l'iTunes store, ce sont 2,1 millions d'apps qui sont proposées.

La Dapp la plus utilisée est IDEX, un système de trading de valeurs boursières en temps réel avec de très faibles commissions.

En quatrième place des Dapps les plus actives, la start-up Bancor produit un logiciel qui permet à tout un chacun de créer sa propre cryptomonnaie. Bancor a créé un effet de folie lors de l'émission de son ICO mi-2017 et a levé 130 millions de dollars en trois heures.

Les industries que la *blockchain* va révolutionner

Même si la technologie semble encore balbutiante, entreprises établies et start-ups préparent la révolution *blockchain* dans de nombreux secteurs. Quels sont les métiers où l'impact risque d'être le plus profond ?

Le secteur bancaire

La *blockchain* est la technologie sous-jacente d'un système de monnaie virtuelle. Il est donc logique que les financiers soient les premiers à s'y intéresser. La première application pertinente serait de mettre en place une *blockchain* pour remplacer les systèmes de virements bancaires internationaux tels que le système Swift. On peut s'attendre à une baisse significative des transactions bancaires.

Ce nouveau système Swift sur la *blockchain* est déjà mis en œuvre par la société Ripple qui a eu un succès certain pour convaincre de nombreuses institutions financières de premier plan d'utiliser ses services.

La santé

La conservation des dossiers médicaux dans le temps et dans l'espace est une des préoccupations majeures des systèmes de santé. Placer ses dossiers sur une *blockchain* garantirait leur accessibilité dans le temps tout en y associant des permissions de consultation qui pourraient évoluer avec l'âge du patient ou la nature des soins qu'il doit recevoir.

Dokchain, une entreprise basée en Californie, ambitionne de créer un registre unique de dossiers médicaux sur la *blockchain*.

Les institutions démocratiques

Comme on l'a vu lors des élections présidentielles aux États-Unis ou lors du référendum sur le Brexit, le comptage des votes exprimés par les citoyens n'est pas à l'abri des pirates informatiques. Une *blockchain* dédiée à la gestion et à l'authentification des listes électorales devrait permettre de sécuriser le processus démocratique. De plus, un tel système simplifierait de manière radicale les opérations de vote et conduirait à une participation citoyenne plus ample et plus active.

Follow my vote travaille sur ce terrain en proposant un système générique d'organisation d'élections. Son mantra ? Curieusement, une citation de Josef Staline qui figure en bonne place sur son site Internet : « Si les gens savent qu'il y a eu une élection, cela suffit à leur bonheur. Les gens qui votent ne décident de rien, les gens qui comptent les votes décident de tout ».

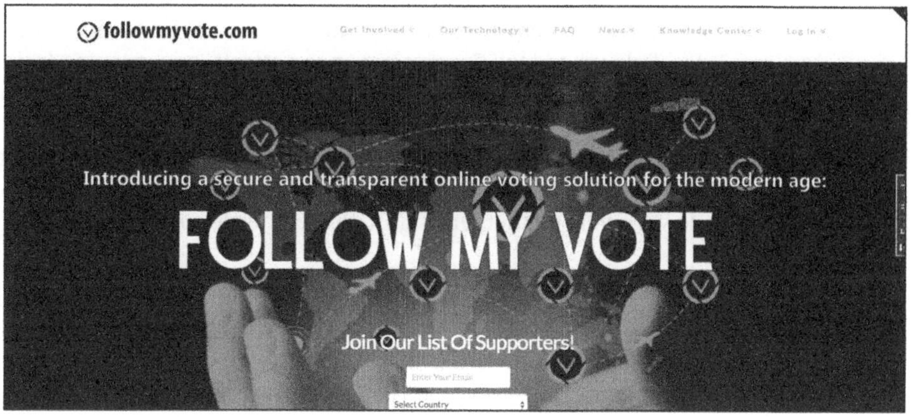

FIGURE 6.7 : Follow my vote, un projet de vote démocratique sur la *blockchain*.

L'immobilier

Avec la *blockchain*, les notaires pourraient avoir du souci à se faire. En effet, il est envisageable qu'à terme, il ne soit plus nécessaire de faire enregistrer ses transactions immobilières par ces officiers ministériels.

Lorsqu'un compromis de vente est signé, les dépôts de garantie pourraient être intégrés à un *smart contract* et le solde de la transaction payé une fois toutes les conditions de la vente remplies. Le paiement des taxes pourrait être intégré au *smart contract*, il serait alors effectué au profit du Trésor public à la date de finalisation de la vente.

Activités annexes des notaires, l'enregistrement des contrats de mariage ou la consignation des testaments pourraient aussi être transférés sur une *blockchain*.

À titre de pilote, le cadastre de la ville de Chicago a demandé à Velox.re de transférer ses registres sur une *blockchain* basée sur le Bitcoin Core, le logiciel de base de Bitcoin. Les éléments enregistrant les droits de propriété deviendraient ainsi infalsifiables.

Distribution de contenu vidéo

Si BitTorrent continue d'être utilisé largement pour diffuser des films pirates, la *blockchain* pourrait permettre de diffuser des films ou des séries légalement à partir d'un système *peer-to-peer*.

L'intérêt ? Chaque ordinateur du réseau devient une unité de stockage pour les fichiers vidéo. Ce système permettrait aux ayants droit d'économiser les 30 milliards de dollars qui sont actuellement payés par les grands studios ou Netflix pour diffuser leurs programmes sur le Net. Ce serait un manque à gagner important pour des services de *cloud* comme celui d'Amazon, mais un tel développement pourrait permettre de faire baisser le prix d'un abonnement à un système de *streaming* de manière significative pour le consommateur.

Slate a décidé de s'attaquer directement à Netflix avec sa plate-forme, Binge. Le principe ? Tout un chacun peut devenir un relais de diffusion des films et des séries distribués par Binge dès lors qu'il se procure le token Binge. Vous payez donc de l'espace mémoire et de la bande passante en contrepartie du droit de regarder des programmes.

La logistique

La *blockchain* pourrait remplacer les systèmes de code à barres pour le suivi des colis. Dans le même ordre d'idée, pour la traçabilité et la sécurité alimentaire, il est facile d'imaginer comment une *blockchain* pourrait répertorier tout le cheptel d'animaux consommables et ainsi garantir l'origine des viandes dans une zone géographique donnée.

FIGURE 6.8 : BiTA, les routiers aiment la *blockchain* !

Le potentiel de la *blockchain* dans ce secteur est jugé tellement important qu'une association professionnelle dédiée regroupe déjà 85 % des transporteurs américains : *Blockchain* in Trucking Action (BiTA).

Le Trésor public

Le transfert sur une *blockchain* des activités de collecte d'impôts peut entraîner de sérieuses économies pour le budget de l'État. L'établissement de *smart contracts* pour chaque contribuable simplifierait le processus de déclaration tout en assurant une perception plus efficace et plus égalitaire.

Au Luxembourg, le gouvernement a investi dans une société dénommée LuxTrust dont l'objet est d'enregistrer tous les citoyens sur une *blockchain* en vue d'organiser la collecte de leurs impôts.

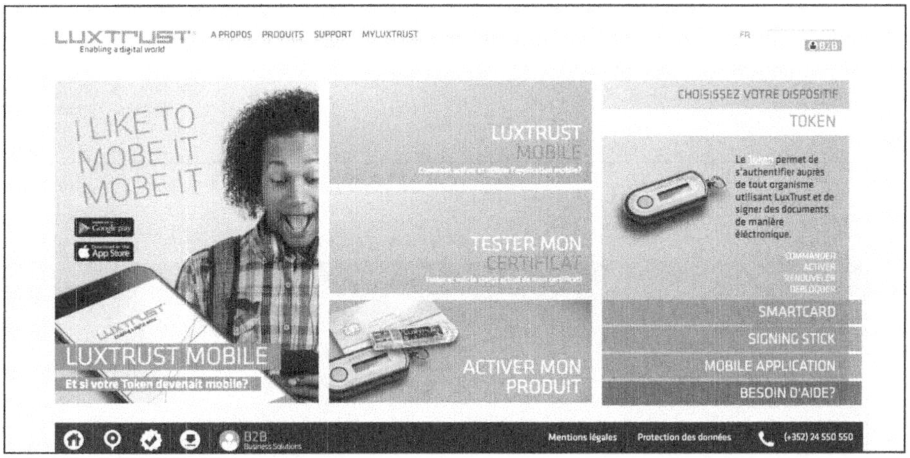

FIGURE 6.9 : LuxTrust ou quand un État s'intéresse à la *blockchain*…

L'avenir est à la *blockchain*

Le Bitcoin et les premières vagues des cryptomonnaies apparaissent avant tout désormais comme une sorte de refuge où l'argent se place en cas de crise, un peu sur le modèle de l'or ou du diamant.

La seconde vague, celle que nous vivons actuellement, avec l'émission d'une multitude de cryptomonnaies ayant des usages différents, semble reposer en partie sur le désir des spéculateurs de réaliser un profit rapide en achetant et revendant des valeurs qui fluctuent souvent au gré d'un *buzz* sur les forums de discussion spécialisés.

Une autre vague commence à émerger avec des apps sur la *blockchain*. Elle représente la promesse d'un nouvel Internet entièrement décentralisé. Cette nouvelle structure pourrait remettre en question à très long terme les monopoles actuels de Netflix, Facebook ou Google. Toutefois, la route sera longue avant que la *blockchain* ne devienne une forme dominante de l'organisation du réseau.

CAS D'ÉCOLE : PIKCIO

Créée en 2014 par Didier Collin de Casaubon, Pikcio est installée à Montpellier. Sa technologie, déjà opérationnelle, permet de créer des registres de clients authentifiés et sécurisés, notamment dans le système bancaire. BNP Paribas a été l'une des premières banques à manifester un intérêt pour cette solution.

FIGURE 6.10 : Pikcio, un exemple d'ICO *made in* France.

Quel usage faites-vous de la blockchain ?

Nous développons une infrastructure pour la gestion des données personnelles fondée sur une blockchain à permission facilitant la collecte, la certification et la portabilité/monétisation de ces données.

»

»

Comment définiriez-vous ce qu'est une ICO ?

Ce type d'opération consiste à organiser une communauté autour du projet d'une entreprise, de lui expliquer l'enjeu de l'usage du token dans le *business* actuel et futur, et de lui démontrer que ce token prendra de la valeur au fur et à mesure que les produits ou services seront déployés.

Généralement, sur une base de 100 tokens créés, 40 sont vendus au public, 20 servent à financer des opérations marketing et à rémunérer des conseillers et partenaires, et 40 restent propriété de l'entreprise pour ses développements futurs.

Quel est l'intérêt d'un financement par une ICO ?

Une ICO permet essentiellement de trouver un type de financement similaire à du *crowdfunding*, sans avoir à faire entrer de nouveaux investisseurs (pas de dilution).

À la différence d'un *crowdfunding* classique, l'ICO s'adresse à des acheteurs dans le monde entier, qui paieront leur achat de tokens en cryptomonnaie principalement.

À l'heure actuelle, la réglementation assez imprécise a permis à de nombreux projets de se financer plus facilement que par n'importe quelle autre voie réglementée.

Une ICO permet également de s'engager à grande vitesse dans la constitution d'une communauté de clients (futurs) et de supporters du projet.

Quelles sont les difficultés d'une ICO ?

La première difficulté est de faire connaître sa technologie, de la confronter aux communautés de développeurs. Il faut également faire face, selon les pays, à des disparités fiscales dans le traitement des sommes récoltées.

Qu'est-ce que reçoivent les souscripteurs à l'ICO en contrepartie de leur investissement ?

Dans notre cas, ils reçoivent des tokens. Ces tokens sont liquides puisqu'ils peuvent être échangés sur des bourses d'échanges, contre d'autres tokens ou de la monnaie traditionnelle.

Il est intéressant de noter que parmi nos souscripteurs dans le monde, nous avons eu 40 % d'Européens et 30 % d'Asiatiques. Il s'agissait tous d'acheteurs en crypto, nous n'avons pas eu de souscription de la part de fonds ou d'investisseurs institutionnels. La somme ainsi levée représente environ 14 millions d'euros.

4

Franchir le pas

DANS CETTE PARTIE :

- Investir dans les cryptomonnaies
- Quatre scénarios pour l'avenir des cryptomonnaies

Les plus-values retentissantes que certains ont pu réaliser sur le Bitcoin ont de quoi séduire ceux qui ont quelques derniers à placer. Si les cryptomonnaies attirent un large public, celui-ci est en grande partie constitué d'investisseurs, particuliers comme professionnels.

Mais quelle assurance peut-on avoir, lorsque l'on achète de l'Ethereum, du Cardano ou de l'EOS, que l'on ne court pas le risque de perdre sa mise ? Nous allons ici examiner cet aspect des choses, en prodiguant quelques conseils à l'intention de ceux qui souhaiteraient avant tout profiter d'une potentielle ruée vers l'or. Au risque, certes, d'en décevoir certains…

Nous nous intéresserons également à l'avenir des cryptomonnaies, en imaginant quatre scénarios possibles d'évolution, du plus pessimiste au plus optimiste. Tout en sachant qu'il est difficile à ce jour de prédire précisément lequel des quatre pourrait l'emporter…

Chapitre 7

Investir dans les cryptomonnaies

DANS CE CHAPITRE :

- **Le Bitcoin comme un actif de réserve**
- **La cryptomonnaie comme moyen de paiement**
- **Jouer les spreads entre les places de marché**
- **Investir dans les altcoins à forte volatilité**
- **Comment choisir sa place de marché ?**
- **Où en est la législation sur l'achat et la revente de cryptomonnaies ?**
- **Existe-t-il une fiscalité du Bitcoin et des cryptomonnaies ?**
- **Quand ferons-nous les courses avec des Bitcoins ?**

Investir dans les cryptomonnaies n'est pas simple. Il faut être prêt à se lancer dans un univers de spéculation où les variations de cours sont violentes, les escroqueries fréquentes et les règlements pour protéger les consommateurs largement inopérants.

Il n'y a pas d'investissement tranquille dans les cryptomonnaies et la première règle à suivre est celle de tout investissement spéculatif : soyez prêt à perdre entièrement votre mise.

Il existe de nombreuses stratégies pour parier sur les cryptomonnaies et nous en allons explorer les principales.

Pour le cas où vous auriez décidé de vous lancer dans la spéculation, nous ferons une revue des principales places de marché qui offrent leurs services aux détenteurs de cryptomonnaies.

Nous détaillerons ensuite les aspects juridiques liés à l'achat et à la revente de cryptomonnaies.

Enfin, nous ferons un point sur les aspects fiscaux et la manière dont les États taxent ce type de transactions.

Le Bitcoin comme un actif de réserve

Les crises financières rythment la croissance du Bitcoin. Son apparition suit de près la faillite de Lehman Brothers et la déconfiture de Wall Street liée aux prêts *subprimes* (ou prêts hypothécaires à risque) qui finirent par faire exploser la bulle immobilière américaine en 2008.

La faillite du système bancaire chypriote a entraîné une première ruée vers le Bitcoin fin 2013.

Plus près de nous, l'élection surprise de Donald Trump à la présidence des États-Unis a sonné le début de l'ascension de la monnaie électronique vers les sommets de la fin 2017.

Une monnaie comparable à l'or

L'or, valeur refuge par excellence, présente des caractéristiques similaires. Ainsi, de la fin 2008 à la fin 2013, sa valeur s'est renchérie de plus de 100 % avant de commencer à décliner durant la période où l'économie mondiale s'est remise de la grande récession liée aux *subprimes*. Fin 2016, l'or a repris sa marche vers les sommets avant de se stabiliser tandis que le monde s'interrogeait encore sur l'impact de la présidence Trump sur l'économie de la planète.

Il n'est pas difficile d'anticiper si de nouvelles crises amèneront le Bitcoin à se renchérir. Il reste que le Bitcoin est très loin d'être une valeur comparable à l'or.

En effet, la monnaie virtuelle véhicule ses propres facteurs de risque.

- Tout d'abord, le marché du Bitcoin n'est pas régulé. Cela signifie qu'il peut faire l'objet de manipulations qui ne feront pas l'objet de poursuites ou de sanctions. Il semble par exemple que l'ascension du cours qui a marqué toute la fin de l'année 2017 ait été la conséquence de transactions suspectes entre le Bitcoin et une autre cryptomonnaie, le Tether. La valeur du Tether était censée reposer sur une véritable réserve en dollars mais personne n'a apporté la preuve que le Tether n'était pas tout simplement une monnaie inventée de toutes pièces avec pour seul objectif de donner une valeur au Bitcoin, pour le plus grand profit d'un petit nombre de personnes détenant une grande quantité de cette monnaie.
- Ce phénomène, et c'est le second risque, a conduit un certain nombre d'États à introduire des règles brutales pour mettre fin à la spéculation. La Chine a ainsi purement et simplement interdit l'usage du Bitcoin pour payer des transactions commerciales. Plus récemment, les autorités chinoises ont notifié aux gérants des hôtels et des lieux publics qu'il était interdit de tenir des réunions pour discuter des cryptomonnaies.
- Le troisième risque est celui de l'utilisation du Bitcoin pour mener des activités illicites. Ainsi, il a été révélé que l'attaque menée par les services secrets russes pour *hacker* les courriels d'Hillary Clinton pendant la campagne électorale américaine avait été financée par des Bitcoins. Il est clair dans ce contexte que certains pays vont prendre des précautions en limitant l'usage de la monnaie virtuelle de manière de plus en plus stricte.
- Le quatrième risque est consécutif au grand nombre d'attaques de pirates sur les places de marché d'échange de cryptomonnaies. Ces attaques représentent aujourd'hui plus de 1,7 milliard de dollars perdus pour ceux qui ont choisi d'investir dans le Bitcoin ou autre Euthereum. Il y a plus de 200 places de marché qui permettent de faire du trading de cryptomonnaies. Elles sont toutes particulièrement vulnérables car la plupart stockent les valeurs de leurs clients. Lorsque vous achetez des Bitcoins sur Coinbase ou Bitfinex, vos clés privées sont stockées sur les serveurs de ces deux prestataires. La tentation est grande pour les pirates d'aller collecter ces clés privées directement à la source comme un bon vieux *hold-up* traditionnel. Pendant la crise de Mt.Gox alors que son P.-D.G., Mark Karpelès avait compris que des hackeurs volaient peu à peu les Bitcoins de la plate-forme, il avait pris l'habitude de copier les clés privées sur des morceaux de papier et de les mettre dans un vrai coffre-fort. Il ne faut jamais oublier qu'une clé privée, sous quelque forme que ce soit, représente une valeur équivalente à celle d'un compte bancaire.

Ces quatre risques rythment le cours du Bitcoin de manière plus grande encore que les crises financières. Une plate-forme d'échange annonce qu'elle a été piratée ? Le cours baisse. Un pays déclare le Bitcoin hors la loi ? Le cours baisse. Un nouveau scandale éclabousse les cryptomonnaies ? Le cours baisse.

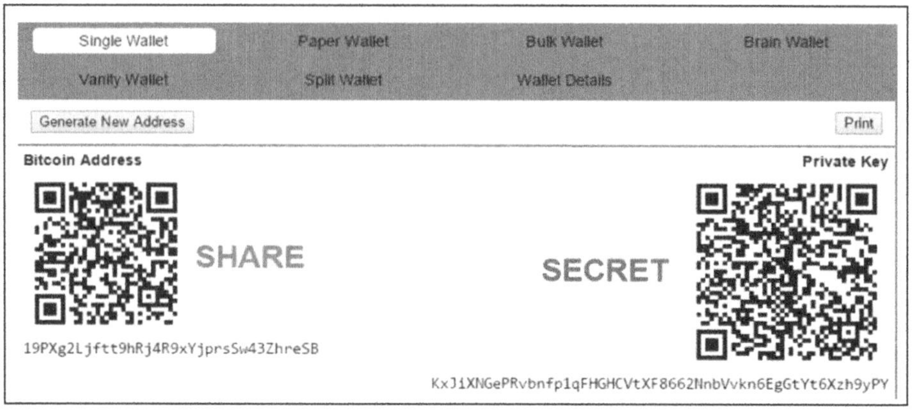

FIGURE 7.1 : Une clé publique et une clé privée conservées sous forme papier.

Autant de facteurs qui n'affectent pas le cours de l'or, dont la quantité totale est connue et les paramètres de conservation bien établis.

Un signe favorable qui pourrait conduire le Bitcoin vers de nouveaux sommets serait que de grands fonds d'investissement décident d'y placer une partie de leurs actifs. Ces fonds ont une puissance de feu de 15 000 milliards de dollars. Si leurs gérants déplaçaient 1 % de cette manne vers le Bitcoin, son cours doublerait immédiatement.

Cependant, un tel mouvement n'est pas perceptible pour le moment. Le Bitcoin apparaît donc comme une monnaie de réserve à moyen ou long terme pour les cryptofans les plus convaincus.

La cryptomonnaie comme moyen de paiement

L'argument est souvent utilisé : plus le Bitcoin sera utilisé par un grand nombre de personnes, plus son cours va monter.

Les promoteurs de la cryptomonnaie y voient un véhicule de paiement de transactions de tout type. Si l'adoption du Bitcoin devient aussi large que celle des cartes de crédit, la valeur de la monnaie devrait progresser de manière exponentielle.

FIGURE 7.2 : Vinylstatus.com, spécialisé dans la fabrication de stickers, en propose un pour les boutiques souhaitant indiquer qu'elles acceptent le Bitcoin.

Dans la réalité, l'adoption du Bitcoin comme moyen de paiement est des plus modestes. Fin 2017 aux États-Unis, moins de 12 000 magasins acceptaient le Bitcoin comme moyen de règlement de leurs biens et services.

Introduit en 2014, Apple Pay, le mode de paiement dématérialisé d'Apple par iPhone était déjà accepté par plus de 40 % des magasins américains à la mi-2018.

Bitcoin n'est donc pas une monnaie que l'on peut considérer comme un moyen de paiement. La volatilité des cours ne contribuera sûrement pas à changer cet état de fait à court terme. Personne n'a envie d'être payé dans une monnaie dont on ne sait pas si le lendemain elle aura gagné ou perdu 2 à 3 % de sa valeur.

Le Ripple décrit au Chapitre 4 est la seule cryptomonnaie dont l'usage comme moyen de paiement progresse régulièrement grâce à son succès auprès des institutions bancaires, mais son cours reste fortement influencé par les variations du cours du Bitcoin.

Compte tenu de la concurrence des moyens de paiement liés au smartphone, il est probable que les cartes de crédit auront été remplacées par des apps bien avant que le Bitcoin ne remplace quoi que ce soit d'autre.

Jouer les *spreads* entre les places de marché

Comme le cours des grandes monnaies, le cours du Bitcoin varie à un instant *t* d'une place de marché à une autre.

Cet effet de cours variable est appelé *spread*, c'est la différence entre le cours sur un marché x et celui sur un marché y.

Jouer de cette différence en achetant et en revendant simultanément d'un marché sur l'autre est une technique classique des *traders* pour faire du profit. Les *spreads* sur les monnaies officielles sont généralement modestes car les marchés sont interconnectés et très liquides. Il n'en est pas moins vrai qu'ils permettent aux professionnels de gagner des fractions de pourcentages sur des fractions de seconde.

Dans le domaine des cryptomonnaies, les *spreads* peuvent être très conséquents avec des différences de 10 à 15 % sur le cours du Bitcoin ou d'une autre monnaie d'une place de marché à l'autre.

Les raisons de ces différences sont multiples :

- L'offre et la demande peuvent être déséquilibrées sur une place de marché donnée à un certain moment.
- Les différences de liquidités peuvent être importantes. Ainsi, si un grand nombre de vendeurs et d'acheteurs se présentent sur une place donnée, le cours de la crypto sera plus proche d'un cours d'équilibre établi par l'offre et la demande, alors que sur une place différente, le nombre faible d'acheteurs et de vendeurs peut provoquer des variations de cours plus importantes.
- Personne ne contrôle vraiment le délai d'enregistrement d'une transaction sur la *blockchain*, ce qui signifie qu'entre le moment où vous placez un ordre d'achat ou de vente, 10 minutes à 8 heures peuvent parfois s'écouler.

Les véritables *aficionados* de la cryptomonnaie ont ainsi développé des stratégies pour jouer sur les *spreads*.

Leurs résultats sont-ils concluants ? Certains affirment pouvoir vivre des profits accumulés par cette spéculation. Dans la réalité, quand plusieurs heures s'écoulent entre un ordre et sa confirmation sur la *blockchain*, le profit ou la perte sont à peu près autant fonction de la chance que du talent du *trader*.

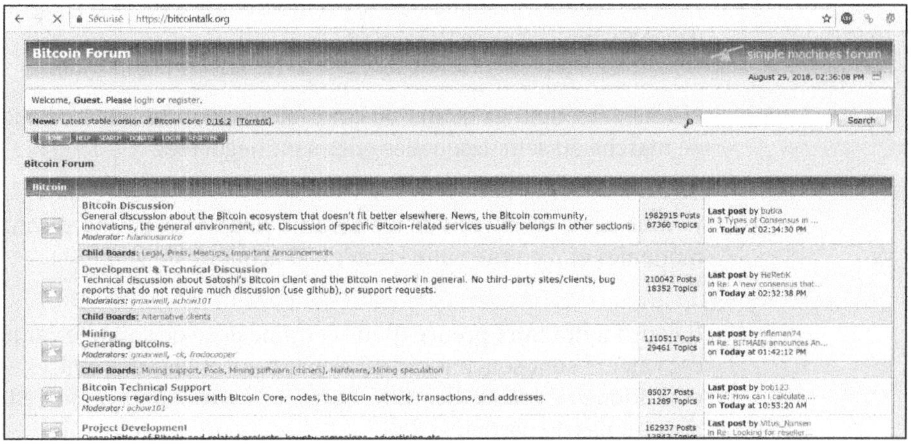

FIGURE 7.3 : Bitcointalk.org, le point de ralliement des fondus de cryptos.

Investir dans les altcoins à forte volatilité

Les variations de cours font partie de l'attractivité des cryptomonnaies : pouvoir gagner ou perdre 30 % de la valeur d'un investissement en une journée est tout de même plus excitant que de découvrir son relevé de livret d'épargne une fois par an.

Pour ceux qui souhaitent connaître la décharge d'adrénaline de la fortune soudaine ou de la déconfiture rapide, il est possible de recommander d'investir dans les monnaies les plus volatiles.

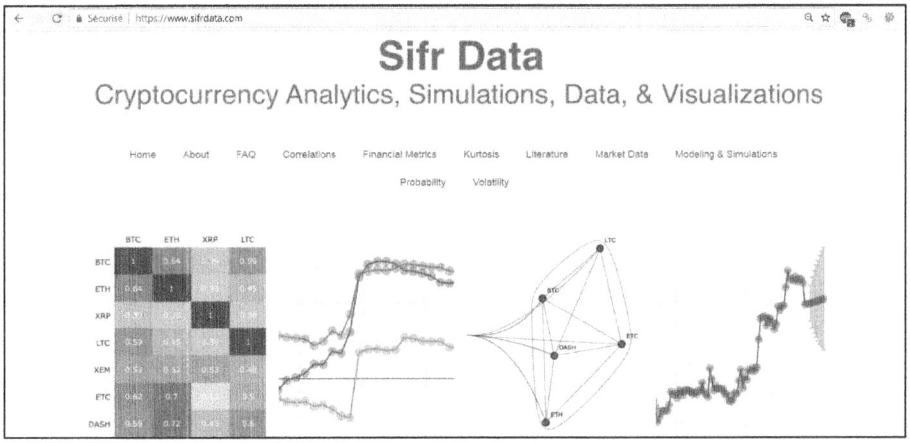

FIGURE 7.4 : Sifrdata.com analyse les fluctuations et probabilités de rentabilité des cryptomonnaies.

Pour les repérer, certains sites spécialisés comme `www.sifrdata.com` maintiennent des statistiques sur ce thème.

Si vous sélectionnez quatre ou cinq valeurs, vérifiez ensuite quelles sont les places de marché au sein desquelles elles sont négociées.

Il vous reste à suivre sur les forums Reddit ce qui se raconte à propos de ces monnaies et à en tirer une stratégie d'achat ou de vente.

Il vous faudra faire preuve d'une certaine dose de courage car les mouvements sur ces valeurs sont souvent contrôlés par ceux qui les ont émises et en détiennent par définition une grande quantité. Le mieux est d'opérer selon l'adage : « l'important n'est-il pas de participer ? »

Investir dans les tokens des start-ups prometteuses

La multiplication des ICO (*Initial Coin Offerings*) permet à tous d'acheter des tokens.

Cependant, il faut bien comprendre que ces tokens n'ont rien à voir avec les actions que l'on peut acheter sur un marché boursier. En effet, dans la plupart des cas, ils n'ouvrent droit ni à des parts dans la société qui les a émis, ni à des dividendes ou à une part des profits.

Il faut donc interpréter l'achat de tokens comme une sorte de don en échange duquel le donateur reçoit un actif dont la valeur augmentera peut-être en fonction de la notoriété de la start-up ou des produits qu'elle propose.

Une valeur dépendant du nombre d'utilisateurs

Certains tokens cependant permettent un usage particulier.

Par exemple, le token Augur autorise son détenteur à voter dans un marché de prédiction qui permet des paris sur toutes sortes d'évènements.

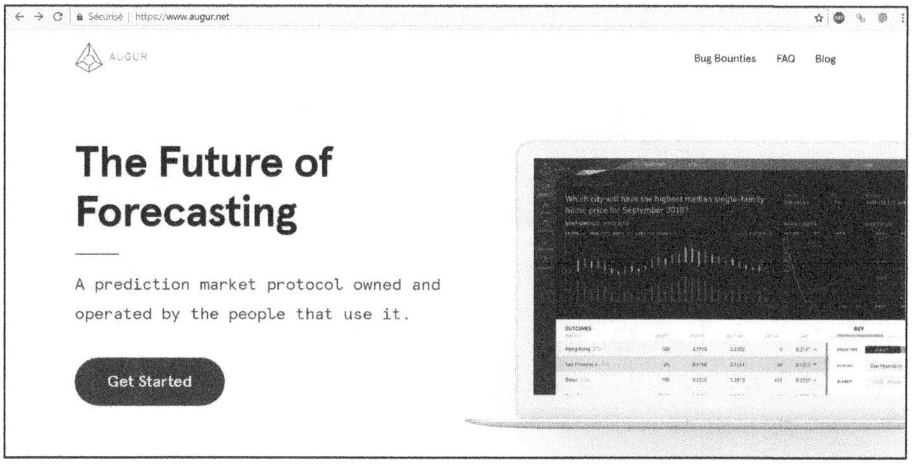

FIGURE 7.5 : Le token Augur permet à ses détenteurs de participer à un « marché de la prédiction ».

Le principe est simple : si vous voulez organiser des paris sur un résultat sportif ou l'issue d'une élection politique, Augur vous fournit les outils qui permettent d'accueillir des parieurs sur le thème que vous avez choisi.

Les mises des paris sont faites en Ethers. Toutefois, pour avoir le droit de participer et d'arbitrer les paris, vous devez utiliser la monnaie Augur qui s'appelle le REP et permet de bâtir votre réputation sur le réseau de prédiction.

L'hypothèse d'investissement est que plus Augur aura d'utilisateurs, plus le REP prendra de la valeur.

Sur cette même hypothèse, il est probable que lorsque l'application de messagerie Telegram va lancer sa propre cryptomonnaie appelée GRAM, le succès devrait être au rendez-vous compte tenu des 200 millions d'utilisateurs mensuels du service.

Souscrire dans la phase privée des ICO

Lorsqu'une nouvelle monnaie ou un nouveau token est lancé, il y a toujours une phase initiale de placement réservée aux premiers souscripteurs.

Pour ceux qui décident de donner les premiers fonds, les organisateurs réservent souvent des bonus avec des primes de 25 % de tokens en plus distribués au moment de l'émission.

Le bonus permet d'avoir un profit immédiat si tout se déroule bien.

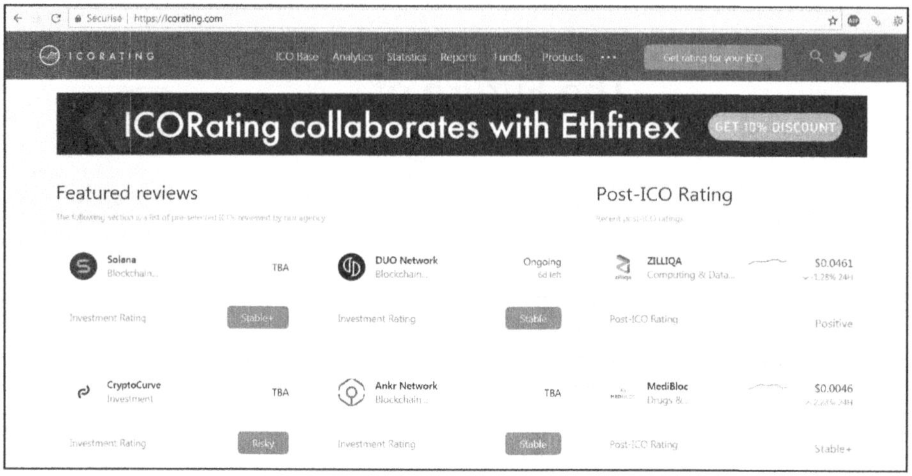

FIGURE 7.6 : ICORating publie une newsletter hebdomadaire sur la qualité des ICO.

Reste à évaluer la qualité de l'ICO, de son livre blanc (en anglais : *white paper*) et de ses animateurs. Pour y parvenir, des sites d'évaluation de la qualité des ICO existent tels que `www.icorating.com`. Cependant, il est difficile de savoir si cette évaluation est fondée sur une collecte d'informations indépendante ou s'il faut traiter leurs analyses comme de la publicité achetée par les promoteurs de la nouvelle monnaie.

Comment choisir sa place de marché ?

Nous l'avons évoqué plus haut, il existe plus de deux cents places de marché/ plates-formes d'échange différentes qui proposent l'échange du Bitcoin et des autres monnaies.

Il existe six critères de choix pour s'orienter dans cette jungle :

- l'emplacement physique de la place de marché ;
- l'ampleur du volume d'échanges traité par la place de marché ;
- le niveau de sécurité de la place de marché ;
- les valeurs cotées par la place de marché ;
- la réputation des animateurs de la plate-forme ;
- le montant des commissions.

Où est physiquement établie la place de marché ?

Des sociétés qui opèrent sur des territoires où existent des protections juridiques pour les consommateurs ou les investisseurs offrent de meilleures garanties.

Les places américaines sont donc les plus fiables car leurs animateurs risquent la prison en cas de mauvaise conduite. Une place de marché installée en Europe est soumise au droit local et reste plus accessible en cas de problème soit *via* le système judiciaire, soit même physiquement. Lors de la faillite de Mt.Gox, certains de ses clients ont fait le voyage depuis l'Australie jusqu'à Tokyo pour essayer d'aller comprendre ce qui se passait. Ils ignoraient alors tout du système judiciaire japonais qui n'a toujours pas éclairci l'affaire quatre ans après les faits.

Les nombreux services installés en Asie ne sont pas forcément très fiables et ils sont régulièrement victimes de piratages.

Quelle est l'ampleur du volume d'échanges traité par la place de marché ?

Plus le volume est important, plus le nombre de clients satisfaits est grand. C'est donc un signe positif quant à la qualité du service.

Par ailleurs, si le volume est important, les échanges se déroulent de manière fluide et les cours proposés reflètent un consensus des vendeurs et des acheteurs plus fiable.

Toutefois, le volume traité doit aussi avoir certaines caractéristiques.

Une place de marché comme Binance peut revendiquer un volume quotidien de près d'un milliard d'euros. Pourtant, ce volume est réalisé sans échange de monnaie traditionnelle. Cela signifie que toutes les transactions portent sur des conversions de cryptomonnaie à cryptomonnaie. De plus, le volume principal porte sur des échanges de Bitcoin à tether, une cryptomonnaie identifiée par certains comme douteuse. Basée initialement en Chine, Binance a transféré son siège social à Malte.

FIGURE 7.7 : La place de marché Binance est la plus importante en termes de volumes échangés.

OKEx traite aussi plus d'un milliard de transactions par jour. Toutefois, comme Binance, les échanges en monnaie traditionnelle comme l'euro sont très faibles. La plate-forme a été régulièrement accusée de gonfler ses volumes.

Quel est le niveau de sécurité de la place de marché ?

Considérant l'ampleur du phénomène du piratage sur ce secteur, la sécurité apparaît comme un critère majeur. Dans ce domaine, le mot à la mode est *cold storage*, littéralement le stockage froid.

Ce terme signifie que les valeurs en cryptomonnaie des clients sont sauvegardées sur des mémoires externes telles qu'un disque dur ou une clé USB non connectée au réseau ou même sous forme imprimée. Les places vantent de plus en plus cette méthode.

Cependant, si vos cryptos restent sous leur contrôle, vous n'avez aucun moyen de savoir ce qu'elles en ont effectivement fait.

La méthode la plus fiable, mais pas la plus simple à mettre en œuvre, consiste effectivement à ne pas laisser vos cryptos en dépôt dans une place de *trading* et à les stocker sur votre propre portefeuille physique tel qu'une clé USB.

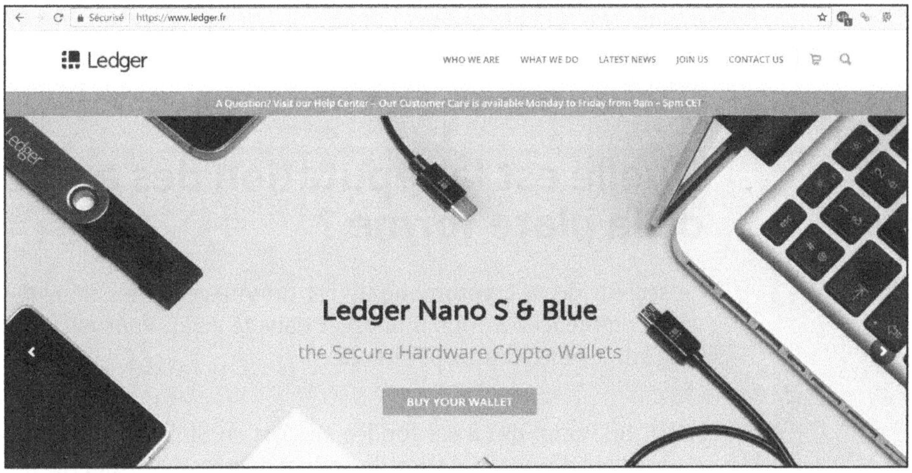

FIGURE 7.8 : Ledger, une solution française de cold storage : stockage d'un wallet sur une clé USB.

Quelles sont les valeurs cotées par la place de marché ?

Nous avons là une question délicate. Les plates-formes d'échange les plus fiables cotent en général un nombre très restreint de valeurs. Coinbase ou Kraken se concentrent sur un petit nombre d'altcoins ou tokens. Cela limite le plaisir du spéculateur.

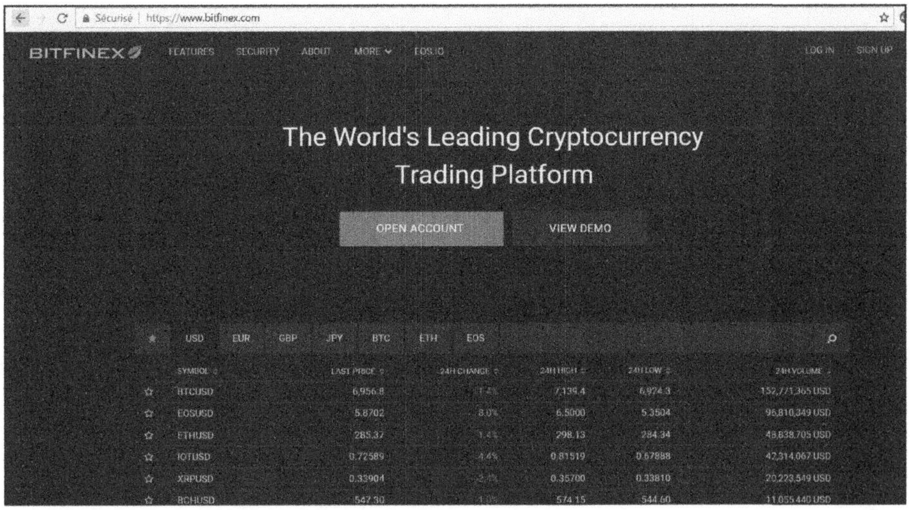

FIGURE 7.9 : Bitfinex se targue d'être la place de marché qui accueille le plus de cryptomonnaies différentes.

A contrario, un autre leader comme Bitfinex propose un choix très large ainsi que des fantaisies telles que des ventes à découvert et d'autres outils de spéculation avancés.

Quelle est la réputation des animateurs de la plate-forme ?

Le secteur de la cryptomonnaie est un village où les nouvelles circulent vite. Si vous commencez à vous immerger dans le sujet, vous en apprendrez rapidement long sur les différents opérateurs.

Ainsi, BitStamp qui a été fondée en 2011 en Slovénie par Damijan Merlak et Nejc Kodric jouit d'une réputation de probité. Elle est désormais localisée au Luxembourg au cœur de l'Union européenne et s'est fixé un code de bonnes pratiques. Cela ne l'a pas empêché de subir un piratage important en 2015.

Bitfinex a connu une histoire plus agitée. Alors que la plate-forme d'échange est basée dans les Îles Vierges, elle a fait l'objet d'une attention toute particulière du fisc américain et les banques des États-Unis ont été contraintes de stopper les transactions de leurs clients avec cette place de marché. Plus récemment, il a été révélé que le propriétaire de Bitfinex était le principal promoteur de la cryptomonnaie Tether qui semble avoir été utilisée pour organiser une fraude massive sur le cours du Bitcoin.

Quel est le montant des commissions ?

Dans ce marché nouveau, le montant des commissions peut varier de manière significative d'une place à l'autre.

Les frais sont aussi répertoriés pour différents types de transaction.

Par exemple, sur Coinbase :

- Frais d'échange : 1,49 % sur la valeur de conversion entre monnaies.
- Frais de dépôt par carte de crédit : 3,99 % du montant déposé sur votre compte Coinbase.
- Frais de retrait : 1,49 % du montant viré sur votre compte d'argent traditionnel.
- Sur Bitfinex en revanche, les commissions sont limitées entre 0,1 et 0,2 %.

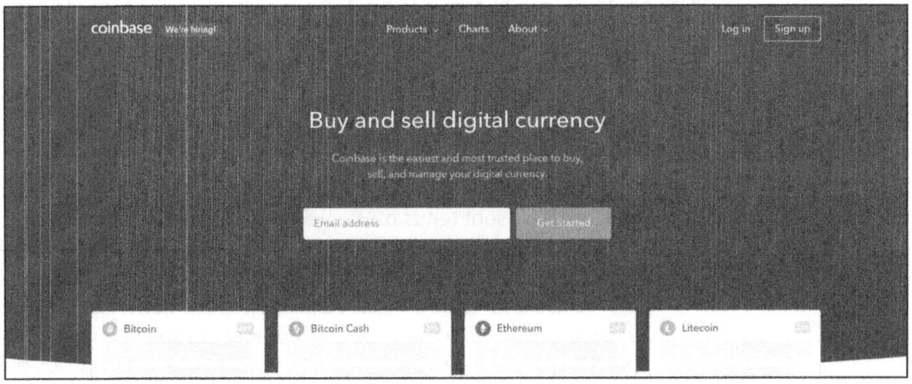

FIGURE 7.10 : Coinbase, une plate-forme d'échange chère, mais fiable.

Alors, que choisir ?

En guise de conclusion, il ne nous appartient pas de recommander telle ou telle institution. Votre choix dépendra de votre appétence pour le risque et surtout du temps que vous souhaitez dédier à votre investissement en cryptomonnaie.

Si votre démarche consiste à effectuer un investissement en Bitcoins sur le moyen ou long terme, les places telles que Kraken, Coinbase ou Bitstamp semblent les mieux adaptées.

Si la spéculation la plus échevelée vous tente, Bitfinex procurera des sensations fortes – à vos risques et périls.

Où en est la législation sur l'achat et la revente de cryptomonnaies ?

Le contexte légal dans lequel le Bitcoin et les autres cryptomonnaies évoluent varie de manière importante selon les pays.

Les trois thèmes principaux traités par les différents législateurs sont les suivants :

- » la qualification juridique du Bitcoin ;
- » le niveau de régulation des plates-formes d'échange ;
- » la nature juridique des ICO et de leurs émissions de tokens.

Quelle est la qualification juridique du Bitcoin ?

Trois définitions sont généralement admises :

- **Le Bitcoin est une monnaie jouissant d'un cours légal**. Dans ce cas, les commerçants sont tenus d'accepter le paiement dénommé dans cette monnaie. À la mi-2018, seul le Japon a adopté cette qualification. Si elle paraît donner au Bitcoin un prestige particulier, la qualification de monnaie à cours légal impose des règles de contrôle strictes. Le Japon impose que les détenteurs de comptes en Bitcoins soient identifiés et que leur identité soit vérifiée par la place de marché qui leur ouvre un compte. Le Japon exige aussi que les places de marché locales obtiennent une licence qui les autorise à opérer comme les banques traditionnelles. À l'occasion de l'octroi de cette licence, les autorités vérifient le niveau technique, la sécurité de l'entreprise et les antécédents de ses dirigeants.
- **Le Bitcoin est une marchandise**. C'est la définition adoptée par le Royaume-Uni. Dans ce cadre, aucune législation particulière n'est requise pour l'encadrer.
- **Le Bitcoin est un actif**. C'est l'hypothèse retenue par l'Union européenne et donc par la France. Le sentiment général, cependant, dans l'Union, est que cette technologie n'est pas encore assez mature pour justifier qu'un cadre juridique complet soit établi. En avril 2018, le Parlement a adopté une loi encadrant les transactions en cryptomonnaies afin de garantir qu'elles ne soient pas utilisées pour organiser le blanchiment d'argent ou le financement du terrorisme. Les plates-formes d'échange ou les fournisseurs de *wallets* doivent pouvoir identifier leurs clients.

Quel niveau de régulation doivent avoir les plates-formes d'échange ?

Le niveau de contrôle sur les plates-formes d'échange est très différent selon les pays où elles s'installent.

Les pays qui exercent un contrôle fort sont les États-Unis et le Japon, qui tendent de plus en plus à traiter les plates-formes d'échange comme des institutions financières comme les autres et à exiger qu'ils se conforment à des directives de qualité de service, de sécurité informatique et de transparence sur l'origine de leurs clients – afin d'éviter de favoriser le blanchiment d'argent. Pour parvenir à cet objectif, les autorités locales ont produit des règlements spécifiques.

La Corée du Sud rejoint peu à peu ce groupe, car les plates-formes d'échange locales ont fait face à un grand nombre d'opérations de piratage, souvent attribuées à son voisin du nord.

FIGURE 7.11 : Jesse Powell, le patron de Kraken, a toutes les autorisations du gouvernement américain.

Les pays qui exercent un contrôle modéré sont les territoires de l'Union européenne. Dans la plupart des cas, le droit commun déjà préexistant s'y applique. Cela signifie que les lois contre le blanchiment d'argent ou la protection du consommateur s'exercent sur les plates-formes d'échange de cryptomonnaies comme sur tous les autres fournisseurs de service.

Cependant, l'archipel de Malte qui fait partie de l'Union européenne a mis en place un règlement particulier afin d'attirer sur son territoire des places de marché à la recherche d'un point de chute après avoir été priées de quitter leur base originelle en Asie. Le règlement est assez favorable à ces institutions – avec un impôt limité à 5 % de leurs profits. C'est la raison pour laquelle depuis le deuxième trimestre 2018, Malte est devenu le premier pays au monde pour le volume de transactions en cryptomonnaie.

Les pays de contrôle aléatoire sont ceux où les règles apparaissent soumises à des fluctuations politiques. La Chine a vu se développer une industrie florissante de minage des Bitcoins et des autres monnaies. C'est sur cette base que se sont établies les plates-formes d'échange les plus importantes en volume de transactions comme OKCoin, Huobi ou Binance. En particulier, la Chine a longtemps fermé les yeux sur des accès à une électricité à très bas prix qui leur étaient accordés. Fin 2017, le gouvernement chinois a interdit les conversions directes entre le yuan et les cryptomonnaies. Les privilèges qui ont permis aux mineurs de prendre le leadership mondial sont peu à peu réduits.

La plupart des plates-formes d'échange ont déménagé leurs sièges sociaux vers d'autres pays, encore une fois, probablement à l'invitation des autorités locales qui ont craint que l'éclatement de la bulle spéculative autour du Bitcoin finisse par produire un gros trou dans le bas de laine des Chinois et provoque des troubles sociaux, ce que Pékin cherche à éviter à tout prix.

Quelle est la nature juridique des ICO et de leurs émissions de tokens ?

Elles ont le goût et la couleur d'une introduction en Bourse, mais les ICO ne sont surtout pas des introductions en Bourse.

Leur objectif est pourtant le même : solliciter l'argent d'investisseurs pour permettre de financer le projet d'une start-up. Cependant, en France, comme dans les autres pays développés, l'appel public à l'épargne est étroitement réglementé.

L'appel public à l'épargne

De manière organique, l'appel public à l'épargne est un des meilleurs moments de la vie d'un entrepreneur. Souvent concrétisé par une entrée en Bourse, il implique que sa création a atteint une maturité suffisante pour que, de manière ouverte, ses rouages soient présentés au public et que n'importe qui puisse devenir actionnaire de la société.

Plus techniquement, l'appel public à l'épargne désigne le fait, par voie de publicité, d'offrir aux particuliers ou à des personnes morales des titres financiers, des titres négociables ou des parts sociales.

Comme il s'agit de faire prendre des risques à des investisseurs *lambda*, les conditions d'appel public à l'épargne sont assez restrictives et cela partout dans le monde.

En France, l'article 1841 du Code civil interdit cette activité à toute société n'y ayant pas été expressément autorisée. Cela implique que les sociétés qui souhaitent émettre des instruments financiers doivent avoir reçu le visa de l'Autorité des Marchés Financiers.

Celle-ci vérifie :

- leur qualité ;
- les critères requis pour de telles émissions ;
- les conditions dans lesquelles le public est informé sur les conditions de l'émission et des droits associés.

Le fait d'émettre sans autorisation des valeurs mobilières (telles que des actions) auprès du public est sévèrement réprimé. En France, les contrats nés d'une telle démarche sont considérés comme nuls.

Aux États-Unis, la Security and Exchange Commission (SEC) exerce le même type de contrôle. Les émetteurs non autorisés y sont poursuivis pour fraude. Souscrire à des émissions non autorisées expose aussi les souscripteurs à des poursuites.

Pour contourner cet obstacle, les ICO se structurent de manière à échapper à la définition d'émission de valeurs mobilières. En contrepartie de son argent, le souscripteur ne reçoit aucune valeur négociable, aucun droit fiduciaire. La société qui émet un token ou un altcoin ne souscrit à aucune obligation vis-à-vis de son investisseur.

Il est permis dès lors de s'interroger sur l'intérêt de souscrire aux ICO. Car en réalité, à part le droit de posséder quelques lignes de code d'une suite cryptée, l'ICO n'accorde aucun droit sur le patrimoine de la start-up qui l'a organisée.

Participer à une ICO, c'est à peu près comme mettre son argent sur les numéros d'une loterie foraine en espérant gagner une peluche géante si le bon numéro sort.

Comment expliquer alors l'engouement du public pour ces opérations ?

Il suffit de revoir le film de Martin Scorsese, *Le Loup de Wall Street*, pour comprendre. Dans ce dernier, Leonardo di Caprio joue le rôle d'un *trader* qui dirige un *sweat shop* (littéralement, une boutique à sueur). Son modèle d'affaires ? Trouver des petits investisseurs et les convaincre d'investir dans des microvaleurs inconnues ou obscures en leur promettant que le cours va monter. Ces pratiques continuent d'exister. On achète une action qui vaut 0,01 dollar et on parle de triomphe si elle monte à 0,1 dollar.

ICO et microvaleurs reposent sur le même ressort : le rêve d'un profit rapide et la faible compréhension du véhicule d'investissement proposé.

S'agit-il pour autant d'un investissement « Pour les Nuls » ? Puisque vous prenez le temps de lire ces lignes, vous avez décidé de vous informer et vous prouvez par-là votre souhait de faire un investissement réfléchi.

La démarche de souscription à une ICO peut avoir alors trois motivations :

- l'envie de spéculer ;
- le désir de participer à un phénomène de société intéressant ;
- le souhait de faire un don à une équipe dont la technologie vous paraît prometteuse.

C'est sur ce dernier fondement que s'appuie l'articulation juridique des ICO les plus sérieuses. En effet, la plupart des offres ayant connu un grand succès sont menées par des entités à deux têtes. D'un côté, une société commerciale qui regroupe des actifs tels que des programmes informatiques, des brevets ou les équipes de développement du projet. De l'autre côté, une fondation à but non lucratif, le plus souvent basée en Suisse, qui émet les tokens et se trouve le principal bénéficiaire de l'ICO. Les souscripteurs font alors un don à la fondation, don pour lequel ils n'espèrent ni ne réclament aucune contrepartie.

C'est de cette manière que l'Ethereum a été financé mais aussi la société Tezos ou encore la communauté décentralisée EOS de David Larimer et Block One.

Une fois que les fonds levés ont atterri dans la fondation, cette dernière finance les développements de la start-up selon le même principe, un don de fonds.

Ce mode de financement est des plus avantageux pour les promoteurs de la start-up : ils conservent l'ensemble du capital de leur société et reçoivent gracieusement de l'argent pour se développer. Ils n'ont de compte à rendre à personne d'un point de vue légal. En revanche, pour que le cours du token se maintienne, il leur faut communiquer de manière constante sur les progrès du projet et faire face à une communauté de fans dont la gestion peut se révéler aussi complexe que celle d'un conseil d'administration peuplé d'investisseurs en capital risque. De fait, hors leur capacité de nuisance sur la réputation de l'entreprise, les souscripteurs à une ICO n'ont en réalité aucun droit.

Ce montage peut parfois tourner mal comme dans le cas de Tezos, car depuis une levée de fonds de plusieurs centaines de millions de dollars, les dirigeants de la fondation et ceux de la start-up sont engagés dans un conflit qui conduit la fondation à bloquer l'argent de la start-up.

Les travaux de mise au point de la *blockchain* Tezos n'avancent pas et les souscripteurs, américains pour la plupart, réclament qu'on leur retourne leur argent. Certains ont décidé de saisir la justice suisse.

Hélas, les tribunaux locaux ne comprennent pas très bien pourquoi de généreux donateurs cherchent à se faire rembourser les dons qu'ils ont volontairement faits à cette fondation. Il est vrai que celle-ci avait clairement spécifié que cet argent était confié sans autre contrepartie qu'un paquet de tokens et quelques chauds remerciements.

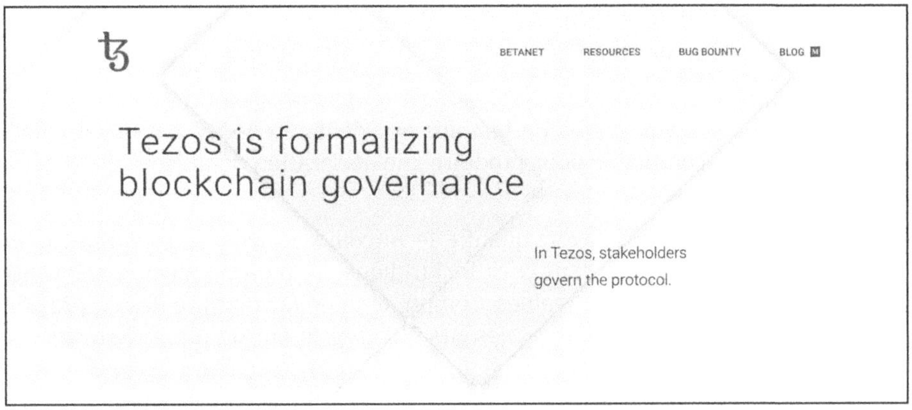

FIGURE 7.12 : Les fonds investis dans Tezos sont bloqués en Suisse par la fondation qui a lancé le projet.

Existe-t-il une fiscalité du Bitcoin et des cryptomonnaies ?

Faut-il vraiment s'en étonner ? Oui, le Trésor public s'intéresse à vos Bitcoins. Le Conseil d'État a même changé la qualification juridique de la monnaie électronique au regard du droit fiscal français dans une décision d'avril 2018.

Alors qu'elles étaient considérées jusqu'alors comme des bénéfices non commerciaux, les plus-values sur le Bitcoin sont désormais identifiées comme des plus-values sur la vente de biens meubles. Cela signifie essentiellement que les profits engrangés sur un investissement en cryptomonnaie n'entrent plus dans votre base d'imposition sur les traitements et les salaires et sont transférés à la catégorie « Revenus des valeurs et capitaux mobiliers ». Si vous avez gagné 100 € sur un investissement en Bitcoins, vous ne le déclarez plus dans la ligne Revenus mais dans la ligne Plus-values. Cela peut être avantageux si vous avez un haut niveau de revenu. Si en revanche, votre niveau de revenu est faible, la taxation sera supérieure.

Le taux d'impôt est fixé à un forfait de 19 %, plus les prélèvements sociaux de 17,2 % pour 2018. Ce taux peut varier selon le temps de détention avec un abattement de 5 % par année de détention. Enfin, si la transaction porte sur moins de 5 000 € sur l'année, elle est entièrement exonérée.

Attention, si vous vous livrez à des opérations spéculatives régulières, il faudra déclarer les achats/reventes en bénéfices industriels et commerciaux et les sommes seront réintégrées dans votre assiette d'impôt sur le revenu.

Si vos ventes de Bitcoins excèdent 170 000 € par an, il vous faudra engager un comptable pour produire une déclaration détaillée.

Pourquoi avoir qualifié le Bitcoin de bien meuble plutôt que d'actif financier ? Parce que dans ce cadre juridique, les moins-values ne peuvent pas venir compenser les plus-values. Compte tenu de la volatilité des cryptos, le fisc ne fait pas de cadeau aux investisseurs qui choisissent de placer leur argent sur cette nouvelle technologie.

Ainsi, si vous aviez acheté une action de la Société Générale avant l'affaire Kerviel et si vous aviez souffert d'une grosse moins-value, celle-ci était déductible du profit que vous aviez pu faire sur une action Apple.

Tel n'est pas le cas si vous avez acheté du Bitcoin à 20 000 USD en décembre 2017 et que vous l'ayez revendu à 6 000 USD en juillet 2018. Votre perte sur le Bitcoin n'est pas déductible d'une plus-value future sur des actions Amazon.

Autre contrainte : toute plus-value sur un bien meuble doit être déclarée dans le mois suivant le fait générateur, la vente, sur un formulaire spécial avec le paiement de la taxe accompagnant la déclaration.

Quid alors des échanges de cryptomonnaie à cryptomonnaie ? Pour le Conseil d'État, la même définition s'applique sur les échanges de biens meubles à biens meubles. Reste à savoir si les tokens sont aussi des biens meubles. Sur ce point, pas de réponse claire à ce jour.

Enfin, si vous minez du Bitcoin, vous devrez déclarer vos revenus au titre des bénéfices non commerciaux. C'est la fête !

Aux États-Unis, l'IRS, le fisc américain, a opté pour la même interprétation que l'administration fiscale française : les cryptomonnaies sont des biens meubles. Leur taxation est fixée à 20 % si elles sont conservées plus d'un an. Le fisc n'exige pas de contribution sociale. La nuance importante est que les moins-values sont déductibles des plus-values.

Point important : si vous payez un bien ou un service en Bitcoins, la transaction est traitée comme une vente et est soumise à l'impôt sur les plus-values. Idem si vous échangez une crypto contre une autre crypto.

Point moins important mais intéressant : si vous aviez des Bitcoins au moment du *fork* du Bitcoin Cash, vous avez reçu un Bitcoin Cash pour chaque Bitcoin classique détenu. *Quid* de la plus-value sur le Bitcoin Cash ? Mystère.

Avant de vous noyer sous les papiers, sachez qu'il peut être utile de vérifier si la plate-forme d'échange avec laquelle vous opérez adresse au fisc des déclarations annuelles comme le fait votre banque. La plupart ne le font pas.

Quand ferons-nous les courses avec des Bitcoins ?

En conclusion, l'investissement dans les cryptomonnaies apparaît à court terme comme une démarche purement spéculative. Les prophètes du secteur évoquent la nécessité pour la monnaie de se répandre comme instrument de paiement dans les transactions quotidiennes pour que le cours reprenne son chemin vers les sommets. Il est permis de douter que cela se produise à court comme à moyen terme. En clair, nous ne sommes pas prêts de payer les courses avec des Bitcoins.

En revanche, si les gérants des fonds d'investissement décidaient de placer une partie de leur argent sur ce secteur, l'impact sur la valeur des cryptomonnaies pourrait être considérable.

LE PUMP AND DUMP

Le marché des cryptomonnaies a beaucoup en commun avec le marché des microcapitalisations de la Bourse américaine que l'on appelle *Over The Counter* (OTC).

Si vous voulez découvrir comment fonctionne l'OTC, nous vous conseillons une fois encore un visionnage du film de Martin Scorsese *Le Loup de Wall Street* avec Leonardo Di Caprio, qui vous en apprendra autant qu'il faut en savoir pour investir dans les cryptomonnaies.

La technique bien rodée pour spéculer sur ce type de valeur est celle du *Pump and Dump*, littéralement « pomper et bazarder ».

En quoi consiste le *Pump and Dump* ? Essentiellement à diffuser des rumeurs pour faire monter le cours d'un token ou d'un altcoin. Certains forums de Telegram comme Smashing Pumpkings, Cryptopia Pump, Whalepump reborn servent de bases à ces opérations commandos.

Le processus est assez simple : les membres du forum reçoivent des messages qui annoncent une opération de « pompage » sur une monnaie, souvent concentrée sur une place de marché donnée. Les membres du groupe se précipitent sur la plate-forme d'échange et commencent à acheter la valeur.

Dès que le cours monte, il faut convaincre les autres groupes de pompage de rejoindre la manœuvre. Si tout se passe bien, la pompe assure une jolie ascension du cours.

L'animateur du forum donne alors le signal du « bazardage » : il s'agit de revendre et de prendre son profit. Les derniers prévenus arrivés en retard sur la phase de pompage deviennent les pigeons dont l'argent se transforme en plus-value pour les petits malins qui ont suivi la manœuvre dès le début.

Le *Pump and Dump* est-il illicite ? Non, pas du tout. Le marché des cryptomonnaies n'est pas régulé. Si le pompage démarre sur la base de la diffusion d'une fausse nouvelle, aucun recours n'est possible. Sur le marché boursier, répandre une fausse nouvelle pour spéculer est un délit, mais sur les places d'échange de Bitcoins et autres, c'est considéré comme faisant partie du jeu.

Que la pratique soit légale ne vous fera pas vous sentir mieux si vous vous faites avoir, mais dites-vous bien que, comme pour la roulette, c'est toujours le casino qui gagne !

Chapitre 8

Quatre scénarios pour l'avenir des cryptomonnaies

DANS CE CHAPITRE :

» **Scénario optimiste : la *blockchain* devient la nouvelle fondation du réseau mondial**

» **Scénario pessimiste : la *blockchain* disparaît avec son rêve communautaire**

» **Scénario n° 3 : un oligopole sur la *blockchain***

» **Scénario n° 4 : les États prennent le contrôle de la *blockchain***

Les cryptomonnaies et le système de la *blockchain* sont à des étapes embryonnaires de leur développement. Il est difficile d'évaluer ce que l'avenir réserve au secteur. Pour comprendre comment cette nouvelle technologie peut se développer, il faut s'efforcer de construire des scénarios qui tiennent compte des caractéristiques traditionnelles constatées dans les cycles d'adoption des nouvelles technologies.

Entre le quatrième trimestre 2017 et le premier trimestre 2018, le cours du Bitcoin a connu une folle ascension puis un déclin non moins rapide. S'agissait-il déjà sur une période très courte d'un éclatement de bulle comme celle que nous avons connue lors de la bulle Internet du début des années 2000 ?

Il est permis d'en douter car les sommes en jeu sont beaucoup plus modestes. Durant la bulle Internet, ce sont 5 000 milliards de dollars qui sont partis en fumée.

Entre la fin 2017 et le début 2018, la valeur du Bitcoin n'a perdu que 300 milliards de dollars. Par ailleurs, compte tenu de la concentration du nombre de détenteurs de Bitcoins, il est probable qu'une masse importante de ces investisseurs aient obtenu leurs Bitcoins à un prix faible et qu'ils n'aient en réalité pas perdu d'argent.

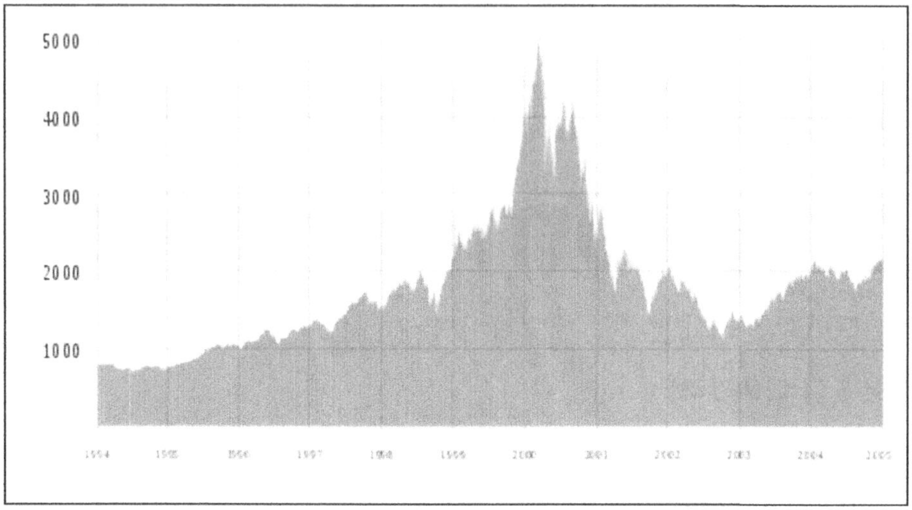

FIGURE 8.1 : Le crash de la bulle Internet ressemble à s'y méprendre aux fluctuations du Bitcoin.

Il est notable qu'à ce titre, les ICO se sont poursuivies dès le début 2018 à un rythme de croissance toujours plus soutenu.

Nous allons tenter d'explorer quatre scénarios pour l'avenir des cryptomonnaies :

- » Le scénario optimiste va décrire comment la *blockchain* parvient à remplacer l'infrastructure actuelle de l'Internet et à s'établir comme le nouveau standard des relations sur le réseau mondial.
- » Le scénario pessimiste va pointer dans la direction d'un échec du développement de la *blockchain* et des cryptomonnaies qui pourraient succomber aux défauts techniques que l'on constate ici et là, et aux difficultés de gérer des développements décentralisés entre des groupes de participants qui cherchent à maintenir un certain niveau de démocratie.
- » Le troisième scénario évoquera la perspective de l'émergence d'un nouveau géant à visée monopolistique dont le contrôle sur la *blockchain* serait comparable à celui qu'exercent actuellement sur le Web des sociétés comme Google, Amazon et Facebook.
- » Le quatrième scénario enfin est celui d'un accaparement de la *blockchain* par des États considérant que l'Internet ressort de la puissance publique et doit à ce titre être régulé de manière stricte. Ce modèle est déjà en partie en œuvre en Chine sur la base de la technologie actuelle du Net.

Scénario optimiste : la *blockchain* devient la nouvelle fondation du réseau mondial

Le standard de communication actuel sur le Net est le protocole TCP/IP. Celui-ci a été introduit en 1972. Quelle innovation a amené le TCP/IP ? Avant son introduction, la communication entre deux machines impliquait d'avoir une ligne constamment ouverte entre l'émetteur et le récepteur. Les paquets de données devaient se déplacer de manière constante entre les deux points pour que la communication se maintienne.

Avec le TCP/IP, les données sont réduites en petits paquets qui restent identifiables grâce à une adresse unique et se déplacent librement en fonction de la disponibilité du réseau pour arriver de l'émetteur au récepteur. Les coûts de transmission de ces données s'en sont trouvés drastiquement réduits. Toutefois, il a fallu vingt ans entre les premiers essais et le déploiement d'un nombre suffisant d'applications pour atteindre une masse critique d'usage.

Comme le TCP/IP, la *blockchain* est une nouvelle méthode pour organiser les connexions entre les ordinateurs.

Le premier usage effectif de la *blockchain* va se dérouler dans des environnements fermés et contrôlables par ses participants. L'exemple le plus pertinent est celui de Ripple qui permet aux banques de réduire leurs coûts de transaction interbancaire.

Toutefois, l'enjeu du développement de l'architecture en *blockchain* dépasse de loin la rationalisation des opérations financières. Car peu de temps après avoir atteint sa masse critique, un phénomène étrange s'est déroulé dans le monde nouveau établi par le TCP/IP. Tim Berners-Lee, l'un des pères de l'Internet et des inventeurs du protocole de communication parle de l'apparition de *Walleds Gardens* (jardins fermés).

Ce phénomène, nous le vivons chaque jour avec un peu plus d'acuité : nous consommons du Net dans les environnements fermés mis en œuvre par Google, Facebook ou Amazon.

FIGURE 8.2 : Les Gafa dominent le Net centralisé.

Une liberté apparente qui opère sous la tutelle de trois géants

De fait, le Net n'a pas permis l'émergence de la diversité mais bel et bien la concentration autour d'une poignée d'entreprises qui contrôlent des serveurs géants. La concentration est-elle une bonne chose ?

Du point de vue des usagers, elle donne l'apparence d'environnements sécurisés et familiers. La réalité est bien différente : plus les serveurs sont concentrés, plus la sécurité du public est affaiblie.

Des exemples ?

- » Comme l'a révélé Edward Snowden, la National Security Agency n'a désormais plus qu'à passer un accord avec Google pour surveiller les flux d'e-mails distribués par le géant de la recherche.
- » L'État russe souhaite manipuler les élections en Grande-Bretagne ou aux États-Unis ? Facebook n'est même pas en mesure de confirmer à qui et quand le réseau social a fourni sans réelle contrepartie les données privées de ses utilisateurs.
- » Quant à la litanie des vols d'identité, elle est si longue que la masse des victimes n'arrive même plus à justifier un entrefilet dans la presse quand une nouvelle attaque intervient sur des dizaines de milliers d'individus.

Ces failles peuvent-elles être corrigées dans le cadre de la structure actuelle de l'Internet ? Probablement pas. Car la règle cardinale des serveurs centralisés géants est d'offrir leurs services gratuitement. Comment garantir la sécurité du public si votre modèle d'affaires repose sur cette offre ô combien séduisante mais apte à masquer certaines réalités moins brillantes ?

Rien n'est gratuit. Et la nécessité d'accumuler des audiences en millions voire en milliards d'utilisateurs pour vendre des messages publicitaires induit la faible sécurité des serveurs centralisés. Pour Facebook ou Google, il s'agit d'accumuler les données sur les utilisateurs pour les revendre au plus offrant.

Leur apparence de puissance bienveillante cache une réalité : ils gagnent de l'argent en faisant profiter à d'autres de l'immense réservoir de données individuelles qu'ils ont pu accumuler. Il est frappant de constater à quel point l'accès à la force d'analyse d'un Google ou d'un Facebook est en réalité fort bon marché.

Comment la *blockchain* redéfinit Internet

La fin de la gratuité

Sur la *blockchain*, le premier principe cardinal est que rien n'est gratuit.

Chaque participant, que ce soit dans l'environnement Bitcoin ou Ethereum, est tenu de payer une somme, même modique, pour financer une transaction. Cette somme est reçue par les mineurs qui assurent le maintien et l'intégrité du réseau.

En lieu et place d'un serveur central qui monétise l'identité et les habitudes de ses utilisateurs, l'infrastructure est fournie par ces mineurs qui reçoivent en contrepartie commissions et nouvelles émissions de Bitcoins ou d'ethers.

L'impossibilité de privatiser la *blockchain*

Le second principe cardinal est que le registre des transactions est inaltérable et ne peut pas être privatisé.

Pour s'accaparer la *blockchain* Bitcoin, il faudrait maîtriser plus de 50 % des ordinateurs qui minent. Au-delà de cette caractéristique technique, il faut convaincre de l'intérêt d'une telle maîtrise. L'un des principaux mineurs, le chinois Binance, a déjà passé ce seuil. Pourtant, il a dû rapidement rectifier le tir car il risquait d'y perdre ses clients. Le fait de voir un seul acteur prendre le contrôle de la *blockchain* risquait de provoquer un *crash* de la valeur du Bitcoin.

Dans cette économie décentralisée, c'est la décentralisation même qui permet aux acteurs de s'enrichir. Cette caractéristique est une barrière majeure pour quiconque voudrait reproduire l'économie des serveurs centraux dans le cadre de cette nouvelle architecture.

En effet, l'organisation même du Bitcoin induit que ceux qui mettent la puissance de calcul de leur ordinateur au service du réseau reçoivent en récompense les Bitcoins qui sont minés.

Si un opérateur dominant tente de réduire fortement la part des autres participants, ceux-ci n'auraient plus intérêt à participer, ils quitteraient la *blockchain* qui s'effondrerait. L'opérateur dominant perdrait alors toute la valeur qu'il a tenté de s'approprier.

Jaron Lanier, l'inventeur de la réalité virtuelle, critique de manière persistante Facebook et Google pour la façon dont ils s'accaparent les données personnelles de leurs utilisateurs, et il suggère ce qui suit : si Facebook et Google veulent vendre nos données, ils doivent d'abord nous payer pour que nous utilisions leurs services.

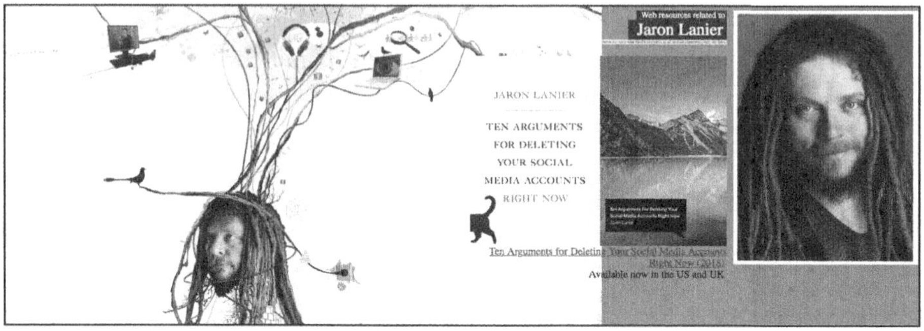

FIGURE 8.3 : Jaron Lanier, infatigable critique des serveurs centraux.

Si une telle revendication peut sembler utopique dans notre environnement technique actuel, elle s'impose naturellement sur la *blockchain*.

Un système qui s'autocorrige en permanence

Les principes évoqués plus haut n'induisent pas que la sécurité est totale sur la *blockchain*. Les incidents existent, car les clés privées qui donnent accès à nos tokens ont beau être infalsifiables, elles n'en sont pas moins stockées quelque part. Certes, la clé privée est une suite de chiffres et de lettres unique. S'il s'avérait qu'elle était mal protégée par une plate-forme d'échange (place de marché), un hackeur pourrait s'approprier la clé et l'utiliser comme bon lui semble. De plus, la technologie est balbutiante et elle est open source.

Le problème vient avant tout des *smart contracts*, car ce sont des couches de logiciels qui viennent s'additionner aux *blockchains*. Ces programmes circulent librement et que chacun peut y contribuer en y ajoutant sa version. Cette caractéristique permet aux programmeurs d'identifier les failles de manière rapide et transparente. Il est frappant de constater dans l'affaire du hacking de The DAO – voir la section « The DAO révèle le talon d'Achille de Ethereum » dans le Chapitre 4 – que le hackeur s'est inspiré d'un article dénonçant une faille de sécurité pour mener son attaque.

En d'autres termes, le hackeur n'a rien eu d'autre à faire que de lire le mode d'emploi pour savoir comment ouvrir le coffre-fort de la banque.

Dans le monde des serveurs centralisés, c'est le secret qui prévaut. Quand un chercheur identifie une faille dans un logiciel d'Apple ou de Microsoft, son premier réflexe est de prévenir le fabricant et de lui demander une juste rémunération pour sa trouvaille. Si la faille identifiée est particulièrement dangereuse, les services de renseignement tels que la NSA tentent même de surenchérir pour acheter la faille et garnir leurs arsenaux d'armes cybernétiques. Des accidents sont fréquents. Ainsi, la fameuse attaque du *ransomware* « Wannacry », qui s'est déroulée en 2017, exploitait des failles de sécurité développées précédemment par la NSA. L'architecture actuelle des serveurs centralisés n'est donc pas un gage de sécurité. Bien au contraire, les attaques menées sur des logiciels propriétaires des grands groupes dominant l'Internet sont souvent bien plus destructrices que les offensives sur la *blockchain*.

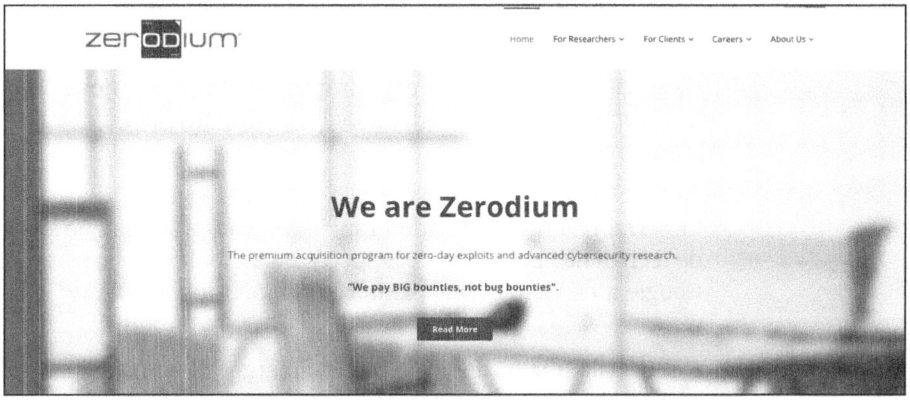

FIGURE 8.4 : Zerodium vend des failles découvertes dans les logiciels des grands fabricants.

« *Resistance is not futile* » (« la résistance n'est pas futile »), proclamait jadis Jean-Louis Gassée, ancien président d'Apple France, quand il essayait de produire avec Be, un système d'exploitation capable de desserrer l'étau du monopole de Microsoft et de Windows.

La même passion est à l'œuvre dans le domaine de la *blockchain* aujourd'hui pour tenter de déloger le mammouth Google et surtout d'imposer un modèle nouveau dans les relations entre les fournisseurs d'applications et leurs utilisateurs.

Il est difficile de comprendre la vogue des ICO, ces levées d'argent sans contrepartie, si on ne comprend pas à quel point ce modèle est l'antithèse du modèle de développement du Net imposé par Google et Facebook.

Dans le modèle Google/Facebook, il s'agit d'agglomérer des audiences toujours plus grandes grâce à un service « gratuit » et de monnayer les données privées auprès des annonceurs.

Lors d'une ICO, les souscripteurs reçoivent en contrepartie un nouvel actif dont souvent, personne ne sait vraiment ce qu'il vaut. C'est d'une part une récompense immédiate, et c'est d'autre part la promesse de participer à une aventure nouvelle, incarnée par des fondateurs, des idées inédites et une technologie qui se veut libératrice.

Fondamentalement, la relation qui s'instaure entre les souscripteurs et ceux qui lancent l'ICO pourrait être jugée plus saine que celle d'un utilisateur relié à un serveur centralisé. Les souscripteurs savent qu'en théorie, ils ont une chance non nulle d'être rémunérés pour participer à la *blockchain* et que plus l'application a du succès, plus les actifs émis au moment de l'ICO auront de la valeur. Il est d'ailleurs symptomatique que ces souscripteurs restent fidèles aux start-ups qu'ils ont choisi de soutenir même quand, comme c'est souvent le cas, la valeur de leurs tokens a dégringolé bien en dessous de celle du cours d'introduction.

Il est assez exaltant de découvrir qu'au-delà des pulsions de spéculation, les fans des cryptos mobilisent leurs moyens pour participer à une nouvelle révolution du réseau mondial.

Ce terrain en transformation rapide ressemble à l'époque des débuts des moteurs de recherche quand Alta Vista, Lycos ou Yahoo! paraissaient compétitifs, avant que Google n'en vienne à supplanter la compétition.

Nul ne sait si la technologie qui va émerger de ce bouillon sera le Bitcoin, l'Ethereum ou toute autre structure comme EOS ou Blockstack.

L'HYPOTHÈSE BLOCKSTACK

Blockstack envisage d'être le navigateur d'un nouvel Internet basé sur la blockchain. Ses développeurs mènent une nouvelle itération du concept lancé par Satoshi Nakamoto.

Au début était le Bitcoin qui ambitionne de créer et gérer une nouvelle monnaie virtuelle. Vitalik Buterin a décrété que cela ne suffisait pas et a décidé de produire un environnement où tout est possible, une blockchain qui réponde aux critères de Turing pour former en elle-même un langage informatique. Un langage informatique est dit « Turing-complet » quand il permet d'accomplir de manière constante toutes les sortes de calcul qu'on lui confie.

Pourtant, Bitcoin du fait de sa structure et de son succès montre des signes de saturation. Le même phénomène commence à handicaper la blockchain Ethereum alors que *smart contracts*, tokens et autres Dapps s'accumulent.

»

Blockstack explore une troisième voie : transférer les DNS sur une nouvelle blockchain. Les DNS ? Ce sont les adresses qui permettent d'identifier les serveurs dans le *Domain Name System*. En d'autres termes, c'est le système qui accorde à tel ou tel une adresse de site Web : `https://ichbiah.com` ou `www.bitfranc.net`.

L'élégance de la solution Blockstack est qu'elle permet à l'utilisateur de conserver la propriété de toutes ses données sans pour autant encombrer la blockchain : c'est le système de recherche qui est décentralisé, mais les données elles-mêmes sont stockées dans un *cloud* traditionnel. Cette architecture maintient une blockchain allégée dont la seule fonction est de valider les requêtes, l'accès aux données elles-mêmes étant géré dans un système de stockage conventionnel.

Cela signifie aussi que Blockstack prend l'apparence d'un navigateur à l'interface familière.

Les fondateurs du projet ont réussi à lever plus de 70 millions de dollars pour alimenter le projet et ils affirment que plus de 10 000 développeurs travailleraient volontairement sur le code avec eux.

À la mi-2018, Blockstack disposait déjà d'une vingtaine d'applications dont Graphite, dont certains veulent croire qu'il pourrait remplacer Microsoft Office.

À l'essai, les performances sont décevantes. Il faut dire que la blockchain de Blockstack repose sur la technologie de blockchain du Bitcoin, le Bitcoin Core, et comme nous l'avons vu à plusieurs reprises, celle-ci est déjà saturée...

FIGURE 8.5 : Le navigateur Blockstack, déjà opérationnel.

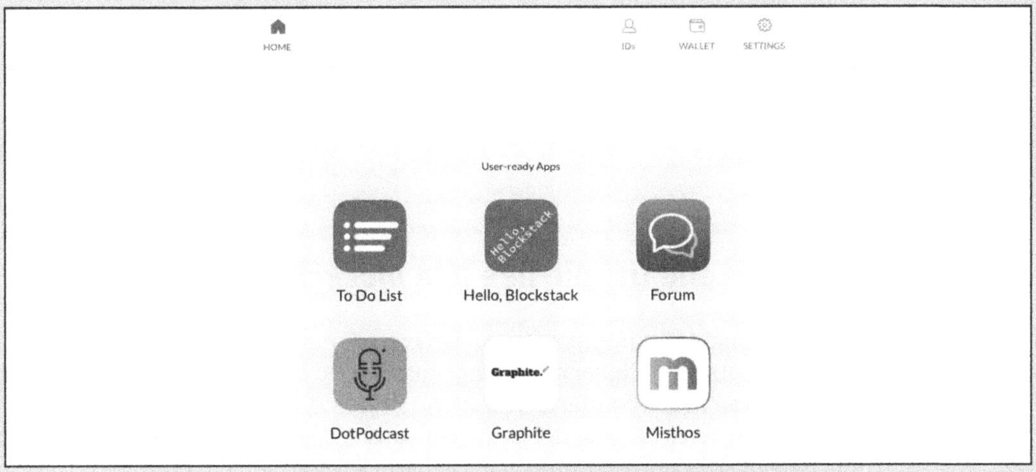

Ainsi, si nous nous projetons dans dix, vingt ou trente ans, c'est-à-dire demain, à quoi ressemblerait un futur reposant sur la *blockchain* ?

Ce serait un futur dans lequel les serveurs centraux que sont Google, les banques ou les services tels qu'Uber auraient perdu une partie de leur hégémonie actuelle.

Un exemple pratique : le transport

L'avenir du transport automobile pourrait demain ressembler à l'hypothèse suivante. Dès leur sortie de l'usine, les nouveaux véhicules autonomes reçoivent une identité unique sur la *blockchain*. Ils peuvent choisir de payer un loyer à leur constructeur jusqu'à l'amortissement de leur prix, de rejoindre une ligue de véhicules qui assure leur « libération » immédiate en contrepartie d'une appartenance à une flotte. En d'autres termes, ils peuvent choisir de rester un véhicule indépendant ou de rejoindre une confrérie de voitures qui ressemblerait à un Uber du futur. Grâce à leurs systèmes autonomes et *via* la *blockchain*, ils entrent en contact avec des clients. Ceux-ci commandent des courses et ainsi, les véhicules génèrent leurs propres chiffres d'affaires pour faire face à leurs frais d'assurance, de réparation ou d'énergie. Les contrats de transport et d'assurance, les accords de maintenance sont gérés sous forme de *smart contracts* liés à la *blockchain*. Si les exploitants des routes souhaitent prélever un péage, un *smart contract* de plus est ajouté. De la même manière, les échanges financiers se déroulent sur une *blockchain* et chaque véhicule peut se constituer son propre patrimoine et le cas échéant sa propre flotte.

Dans un tel univers, la fluidité entre les agents serait parfaite car la circulation de l'information n'aurait plus besoin d'être contrôlée par un tiers de confiance. La *blockchain* dans son ensemble est le tiers de confiance.

Des oracles pourraient être désignés par les participants au réseau en raison de leur réputation pour arbitrer les conflits entre véhicules ou entre les clients et les véhicules.

Une nouvelle utopie liée à la *blockchain* ?

Les fonctionnalités qui sont décrites dans cette anticipation du transport automobile, pourraient s'appliquer de la même manière aux individus. Ainsi, la vie digitale ne consisterait plus à confier ses ressources et ses données à des serveurs centraux. Il s'agirait d'accumuler actifs et droits sous la forme de *smart contracts* placés directement sous notre contrôle dans la part de *blockchain* qui nous serait réservée. Pour cette participation à la *blockchain*, nous serions tenus de payer une modeste contribution à l'ensemble des participants au réseau.

Notre indépendance aurait un prix : renoncer aux services soi-disant « gratuits » des géants actuels du Net. L'impact d'une telle évolution verrait se dissoudre l'immense manne publicitaire accaparée par Google et Facebook pour se répartir de manière plus égalitaire entre des myriades de fournisseurs de service.

Une telle évolution serait de nature à redéfinir les relations de travail telles qu'elles ont été définies dans le système capitaliste, puisque l'accumulation de la valeur ne se ferait plus en fonction de la position des individus par rapport aux serveurs, comme c'est le cas actuellement.

- Dans le paradigme actuel, l'accumulation de richesse est maximale si vous êtes le fondateur du propriétaire du serveur principal, par exemple Mark Zuckerberg (Facebook) ou Jeff Bezos (Amazon).
- Viennent ensuite les actionnaires associés aux fondateurs du serveur.
- Le troisième cercle est formé par les experts, salariés ou non, qui se sont mis au service du serveur.
- Le quatrième cercle, déjà beaucoup plus distant, est celui des opérateurs qui réussissent à tirer parti du serveur.
- Le cinquième cercle est constitué par tous ceux qui voient la valeur de leurs actifs fortement diminuée par l'ascendance du serveur : les propriétaires de centres commerciaux, les journaux imprimés, les titulaires de plaques de taxi…
- Le public constitue le dernier cercle, appelé à utiliser les services du serveur gratuitement en contrepartie au renoncement à la propriété sur ses données.

Dans ce nouveau système fondé sur la *blockchain*, le serveur central est escamoté. Le premier et le deuxième cercle disparaissent et la valeur accumulée est répartie sur les quatre cercles restants. Le dernier cercle, celui du public, voit sa situation transformée : il paie pour avoir accès à la *blockchain*, mais il peut aussi être rémunéré pour maintenir le réseau en fonctionnement.

La situation des gagnants et des perdants du troisième et quatrième cercle se rééquilibre, car le critère de réussite n'est plus l'accumulation de l'audience mais la qualité du service.

Enfin, le troisième cercle, celui des experts de la technologie, voit ses perspectives se diversifier dès lors que la richesse ne s'accumule plus de manière disproportionnée au bénéfice d'une poignée de Gafa.

Scénario pessimiste : la *blockchain* disparaît avec son rêve communautaire

Le développement de la *blockchain* et des cryptomonnaies peut se heurter à de nombreux obstacles qui pourraient signifier la fin du phénomène à plus ou moins courte échéance.

Explorons trois types d'obstacles qui pourraient sonner le glas du secteur.

Obstacle n° 1 : la technologie n'est pas suffisamment évolutive

« *Scalable* » (ou évolutif) est le mot-clé dans l'informatique d'aujourd'hui. Une application, quel que soit son usage, est-elle viable à n'importe quelle échelle ? En d'autres termes, la technologie permet-elle d'accommoder 1 million, 100 millions, 1 milliard d'utilisateurs ?

Force est de constater que le principe de la *blockchain* n'est pas pour l'instant d'une grande efficacité pour traiter la circulation de données entre un grand nombre de participants. Le protocole *peer-to-peer* le plus utilisé actuellement est BitTorrent qui permet de faire circuler des fichiers dont le stockage est réparti entre un grand nombre de participants. Or, la caractéristique de ces fichiers est qu'ils ne sont pas protégés. De fait, la condition même pour participer au réseau est qu'ils soient librement accessibles sur le lieu de stockage privé où ils se trouvent.

Le protocole BitTorrent identifie où se trouvent les fragments de fichiers et s'assure qu'ils sont livrés à l'endroit d'où la requête est partie.

Le principe de la *blockchain* est l'antithèse de celui de BitTorrent : chaque transaction ou circulation de données doit être authentifiée par les participants au réseau.

Cela implique qu'à tout moment, l'intégralité de la *blockchain* soit présente sur l'ordinateur de chacun des participants au réseau d'authentification – ou bien alors sur une plate-forme d'échange comme Coinbase.

Cette caractéristique est un handicap. Car au fur et à mesure que le nombre d'utilisateurs augmente, la charge de chacun des points d'authentification (nœuds) augmente de manière significative.

Certains ingénieurs informatiques se sont ainsi amusés à calculer la configuration nécessaire pour un ordinateur appartenant à la *blockchain* Bitcoin si la monnaie virtuelle devait assurer le même nombre de transactions financières que le système bancaire actuel.

Les résultats sont édifiants : chaque nœud devrait disposer d'un ordinateur de grande capacité avec une bande passante robuste pour un budget annuel d'environ

20 000 USD par an. Et la validation d'un bloc par le réseau prendrait environ un mois, ce qui n'est tout simplement pas acceptable.

La question n'est pas définitivement tranchée, mais Vitalik Buterin, le fondateur d'Ethereum, reconnaît lui-même que l'évolution de la *blockchain* devra tenir compte d'un *trilemme*, un dilemme à trois dimensions :

- **Le niveau de décentralisation** : il faudra choisir entre un haut niveau de décentralisation incluant un grand nombre de participants au réseau d'authentification et des niveaux de décentralisation intermédiaires comme en propose EOS avec son réseau de « témoins » humains élus par les participants à sa *blockchain*. Cependant, gardons à l'esprit que plus le niveau de décentralisation est grand, plus la *blockchain* échappe au contrôle d'un acteur central.
- **L'extensibilité (Scalability)** : c'est le problème de la montée en charge du nombre de transactions. Dans le cas particulier des transactions financières, la saturation peut rapidement signifier que la *blockchain* devient impraticable.
- **La sécurité** : une application sur laquelle se déplacent des actifs de valeur significative avec un grand nombre de participants doit présenter des garanties de sécurité élevées. C'est la raison pour laquelle la validation d'échanges de Bitcoins sur la *blockchain* prend un temps significatif.

Équilibrer ces trois éléments du « dilemme » peut très bien se révéler impossible et condamner la *blockchain* à ne jamais pouvoir concurrencer les méthodes centralisées pour traiter les transactions.

Certaines applications évoquées au Chapitre 1, comme EOS ou Lighting Network, cherchent à contourner le problème en adoptant des méthodes d'authentification qui ne dépendent pas uniquement de la cryptographie.

Si de telles approches permettent de préserver un vrai niveau de décentralisation et une bonne extensibilité, la sécurité sur ce type de *blockchain* sera néanmoins réduite.

Obstacle n° 2 : l'État ne peut accepter une telle perte de contrôle

Jamie Dimon est le patron de JP Morgan Chase, la plus grande banque américaine, et il n'y est pas allé par quatre chemins pour exprimer son dédain pour le Bitcoin : « Le Bitcoin est une arnaque. À l'instant où le ministère de la Justice va le déclarer illégal, l'histoire sera terminée, le Bitcoin disparaîtra ».

Ces déclarations n'ont pas été très bien accueillies, on s'en doute, par la communauté des amateurs de cryptomonnaies.

Pourtant, la position de Dimon rejoint celle de nombreux régulateurs. Espionnage, arnaques, blanchiment d'argent, trafics illicites... Le Bitcoin et les cryptomonnaies n'ont pas toujours bonne réputation auprès des gouvernements de la planète.

Il faut dire que l'idée d'une masse monétaire hors de contrôle des banques centrales, de transactions financières échappant aux vérifications du fisc, de levée de fonds hors de la vérification des autorités de marché, n'est pas une perspective réjouissante pour les garants de l'ordre public.

Les États préparent donc leur revanche avec différents niveaux de régulation. Pour le moment, il s'agit de ne pas tuer ce qui pourrait se révéler une poule aux œufs d'or : s'il y a création de valeur, il y a sûrement moyen pour le Trésor public d'en absorber une partie significative.

D'ores et déjà, les débordements spéculatifs, les piratages à répétition, commencent à en exaspérer certains, dans les pays asiatiques en particulier. La Chine et la Corée du Sud ont mis en place des systèmes de contrôle de plus en plus stricts sur les start-ups du secteur et les plus exubérantes d'entre elles ont été priées de déménager ailleurs. Ainsi, Binance a d'abord déguerpi à Taïwan avant de se trouver un nouveau foyer à Malte.

FIGURE 8.6 : Bien que ses fondateurs soient chinois, Binance a trouvé refuge à Malte après les injonctions des autorités chinoises.

En Europe, les ICO restent un moyen marginal de se financer et les risques juridiques sont significatifs pour quiconque franchirait les limites légales fixées par les règles de l'appel public à l'épargne. Les pays les plus accueillants comme la Suisse imposent des montages juridiques compliqués dont la solidité à moyen terme n'est pas évidente.

Nous verrons plus loin que pour certains États, la remise en bon ordre du secteur passe par une prise de contrôle.

Comme d'autres domaines de la technologie, les États-Unis ont été prompts à réagir pour encadrer la qualification des transactions en cryptomonnaies ou les places de marché. Leur hypothèse : plus rapidement un cadre juridique est en place, plus rapidement des investissements massifs pourront avoir lieu pour leur assurer une domination sur un secteur.

Néanmoins, si le développement de ce domaine entre en conflit avec des intérêts établis, le retour de bâton pourrait être rapide. Ainsi, lors de la première émergence de systèmes *peer-to-peer* dans le domaine de la musique avec Napster, la Cour suprême est rapidement intervenue pour condamner ce service de partage de fichiers qui contournait les lois sur le *copyright*.

L'arbitre peut siffler la fin de la partie à tout moment.

Obstacle n° 3 : la *blockchain* est une bulle

La valeur totale de toutes les cryptomonnaies en circulation est, à l'heure où s'écrivent ces lignes en juillet 2018, de près de 290 milliards de dollars. Il y a un an, cette valeur était légèrement inférieure à 100 milliards de dollars.

Pour remettre en perspective ces chiffres qui donnent le tournis, la capitalisation d'Apple a dépassé le milliard de dollars durant l'été 2018. Or, en décembre 2017, la capitalisation de l'ensemble des cryptomonnaies était de 830 milliards de dollars.

On peut néanmoins se demander quelles sont les nouvelles qui ont justifié de telles variations de cette valeur ? Il est possible d'identifier deux effets majeurs :

- » d'une part, l'arrivée sur le marché d'un grand nombre de nouveaux spéculateurs, qu'il s'agisse d'investisseurs amateurs ou professionnels. Cet influx a fait monter le cours du Bitcoin ;
- » d'autre part, les efforts de régulation des états asiatiques qui ont eu pour conséquence de faire baisser les cours.

Il faut reconnaître que nous sommes loin des critères d'une croissance saine.

Les cryptomonnaies ont-elles fait la preuve qu'elles pouvaient être utilisées à autre chose que de la pure spéculation ? Pas vraiment.

Les entreprises développant une *blockchain* ou des cryptomonnaies ont-elles fait la preuve qu'elles pouvaient générer des profits et donc des dividendes importants ? Rien ne permet encore de l'affirmer.

Plus préoccupant encore, il est notable que tous les cours des cryptomonnaies varient en même temps dans le même sens que le cours du Bitcoin. Si l'Ethereum a semblé pendant un moment susceptible d'échapper à la force d'attraction de la création de Satoshi Nakamoto, les corrélations entre les variations de l'ether et celle du Bitcoin sont redevenues très fortes.

Au demeurant, il n'est pas très raisonnable de croire que le cours puisse retrouver les hauteurs de la fin 2017 sans que des indices d'une valeur sous-jacente concrète commencent à se manifester. Qu'est-ce qui justifie la valeur du Bitcoin ? L'or permet de créer de jolis bijoux, le dollar de s'acheter une Tesla ou une Ferrari, les actions Apple livrent même désormais un joli dividende depuis que Tim Cook, le nouveau patron, a remis en cause la politique de Steve Jobs qui refusait de rémunérer les actionnaires. Dans le cas du Bitcoin, aucune valeur d'usage ne s'est manifestée à ce jour en dehors de la passion spéculative que semble susciter la monnaie virtuelle.

Les oracles de l'ascension fulgurante des cryptomonnaies sont parfois condamnés à des arguments légèrement décalés pour justifier leurs convictions. John McAfee, le fondateur de l'entreprise de logiciels antivirus qui porte son nom, a ainsi affirmé qu'il mangerait son sexe si le Bitcoin n'atteignait pas la valorisation de 500 000 dollars en 2020. Souhaitons-lui de faire bon usage de son organe en attendant la date fatidique.

Scénario n° 3 : un oligopole sur la *blockchain*

Dans sa forme actuelle, l'Internet, par l'effet de réseau et la nature du système des serveurs centralisés, est une machine à favoriser les oligopoles : une poignée d'entreprises contrôlent le trafic, les transactions et la création de valeur.

Est-il possible qu'après une période d'explosion créative à travers une myriade de *blockchains* décentralisées, l'Internet se replie à nouveau sur une poignée de compagnies géantes ?

Se poser la question revient à se demander si la *blockchain* a la capacité de rendre obsolète des services comme ceux d'Amazon, Facebook, Google ou Netflix.

Dans le cas d'Amazon ou de Netflix, la réponse est non. Le succès d'Amazon tient autant à sa capacité à déployer une infrastructure de livraison physique efficace qu'un site de vente attirant. La taille critique d'Amazon entraîne des économies d'échelle importantes sur la logistique et son niveau d'efficacité devient difficile à atteindre pour un concurrent. La *blockchain* pourrait certainement jouer un rôle dans l'optimisation d'un *process* de livraison physique, mais Amazon a tous les moyens d'être à la pointe sur ce terrain.

Pour ce qui concerne Netflix, le succès tient avant tout à son approche innovante dans l'industrie des programmes de télévision. En produisant ses propres séries télévisées, cette entreprise a su recruter des abonnés partout dans le monde, sans la friction qui consiste à vendre ces programmes chaîne par chaîne, pays par pays, comme c'est encore le cas pour les networks traditionnels tels que NBC, CBS ou TF1. La *blockchain* pourrait devenir un mode de distribution décentralisé des programmes, mais la décentralisation implique une dispersion de l'argent généré pour amortir les coûts de production. Si ces programmes génèrent moins d'argent, leur coût de production baissera et la qualité s'en ressentira.

La réponse est plus délicate dans le cas de Google ou de Facebook.

La technologie qui permettrait de produire un moteur de recherche à travers les différentes *blockchains* reste à inventer. Il est certain que la *blockchain* permettrait d'échapper au modèle défendu par Google et Facebook d'un échange d'un service gratuit contre un torrent de publicité. Des expériences comme Steemit, un réseau social fondé sur une *blockchain* autonome, permettent d'entrevoir un environnement sécurisé, moins sujet aux manipulations publicitaires ou malveillantes, alors que Facebook et son modèle ont été plusieurs fois remis en cause. Le public semble enfin prendre conscience des abus rendus possibles par les pratiques de Facebook. Le scandale sur le détournement de données privées tel que celui organisé par la société britannique Cambridge Analytica a conduit quelques dizaines de milliers d'utilisateurs à clôturer leurs comptes sur le réseau social. Évidemment, les responsables de ce réseau social qualifieraient une telle désertion de lilliputienne au regard des 2 milliards d'abonnés mondiaux de Facebook.

L'autre aspect de la question est celui de l'accaparement par une nouvelle start-up d'une technologie *blockchain* rencontrant un grand succès.

Tel était le programme de Craig Steven Wright (voir encadré plus bas) lorsqu'il a proclamé être le véritable Satoshi Nakamoto : lui et ses partenaires envisageaient de déposer des brevets liés à son « invention » du Bitcoin. Cette opération a échoué, mais rien n'empêcherait Vitalik Buterin et le groupe central des développeurs d'Ethereum de revendiquer un brevet sur cette autre *blockchain*.

Certes, la structure décentralisée va à l'encontre de cette hypothèse. En effet, la *blockchain* n'existe que parce que certains de ses participants sont rémunérés pour l'utilisation de leur capacité de calcul et de maintenance du registre commun. Par ailleurs, plus il y a de participants, plus la valeur des cryptomonnaies que détiennent les fondateurs de la *blockchain* augmente. Ainsi, quel que soit le succès du Bitcoin, le détenteur le plus riche de la chaîne est Satoshi lui-même.

CRAIG STEVEN WRIGHT CONTRE VITALIK BUTERIN

FIGURE 8.7 : Cet article de 20 Minutes est typique des soupçons qui pèsent sur Craig Steven Wright depuis qu'il s'est proclamé comme le créateur du Bitcoin.

»

»

Qui est réellement Craig Steven Wright ? Cet Australien de 47 ans a lancé en mai 2016 une grande campagne de relations publiques en affirmant qu'il était le véritable Satoshi Nakamoto. Depuis, la polémique fait rage. Prouver l'identité de Satoshi n'est pas difficile pour… Satoshi. En effet, chacun sait que les premiers Bitcoins lui appartiennent puisqu'il les a minés lui-même. Ces premiers Bitcoins appartiennent à ce que l'on appelle les blocs « Genèse ». Le vrai Satoshi peut donc à tout moment opérer une transaction sur Bitcoin des blocs « Genèse » et prouver son identité.

C'est ce qu'a tenté de faire Craig Steven Wright en prétendant avoir utilisé la clé privée de Satoshi. Hélas, les meilleurs analystes de la blockchain ont démontré que Wright n'avait utilisé que des informations déjà publiques.

Wright a alors déclaré que puisqu'il était l'objet de critiques et de jalousies, il préférait garder son identité secrète et ne plus tenter de prouver quoi que ce soit. Plus tard, une enquête publiée sur la *London Review of Books*, a affirmé que cet homme d'affaires australien aurait tenté de déposer plus d'une cinquantaine de brevets relatifs à la technologie du Bitcoin qui pourraient lui permettre de revendre certaines applications utilisant la technologie. Les compétences de Wright en matière de cryptographie sont indéniables, même si sa personnalité est contestée. Il a joué un rôle dans l'établissement du *hard fork* vers le Bitcoin Cash en arguant que les capacités de la blockchain originelle du Bitcoin étaient trop limitées pour concurrencer Ethereum.

Cette rivalité entre Bitcoin Cash et Ethereum a ensuite dégénéré dans une polémique personnelle entre Wright et Vitalik Buterin. Lors d'une conférence, l'inventeur de l'ether s'est interrogé publiquement durant une présentation de Wright sur les raisons pour lesquelles cet individu qu'il juge peu recommandable avait ainsi pu être invité.

Vitalik Buterin l'affirme : Craig Wright ne serait pas Satoshi Nakamoto. Leur polémique concrétise les luttes qui pourraient se poursuivre autour de la blockchain avant qu'une technologie capable de toucher le grand public ne s'impose.

Scénario n° 4 : les États prennent le contrôle de la *blockchain*

Alors que les valeurs démocratiques sont en recul, les caractéristiques de la *blockchain* peuvent attirer des États motivés par un contrôle plus étroit sur leurs citoyens.

Une des fonctions majeures de l'État est d'être le tiers de confiance dans un grand nombre de transactions. Ainsi, le gouvernement américain confère un cours légal au dollar, authentifie les droits de propriété et confirme aussi l'identité de ses citoyens. Par ailleurs, il fixe pour chacun de ses ressortissants la quotité de l'impôt à payer.

Sur chacune de ces tâches, la *blockchain* pourrait apporter efficacité et sécurité pour un coût sensiblement inférieur aux systèmes actuels.

Reconfigurer les capacités informatiques de l'État de manière à traiter sur un seul bloc l'identité d'un citoyen, sa situation sociale, salariale, ses antécédents médicaux ou judiciaires serait parfaitement envisageable. Un dossier médical confié à une *blockchain* dès la naissance pourrait évoluer sous la forme d'un *smart contract* jusqu'au jour du constat de décès.

En réalité, sur ce terrain, une bataille se déroule sous nos yeux. Elle a lieu lors des réunions d'un groupe international chargé de déterminer le standard international pour le futur de la *blockchain*. Ce groupe, qui compte des représentants de 25 pays, travaille sous l'égide de l'Organisation internationale de normalisation (norme ISO).

FIGURE 8.8 : La Russie cherche à influencer l'avenir de la *blockchain* en imposant sa propre norme à l'ISO.

Si les États-Unis ont délégué leur représentation à IBM et Microsoft, la Russie envoie à ces réunions de hauts gradés de leurs services de renseignements (FSB) et la Chine déploie le plus important contingent d'experts.

Au cours de ces réunions, les pays discutent notamment du type d'algorithmes de cryptographie qui seront intégrés dans les normes. La Russie a proposé que certains de ces algorithmes soient issus des travaux du FSB. Une telle démarche n'est pas rassurante car c'est dans ces algorithmes que l'on peut placer des portes dérobées (*backdoor*) qui permettent de casser la confidentialité des données.

L'un des membres du FSB présents aux réunions de l'ISO a même déclaré : « L'Internet appartient à l'Amérique, mais la *blockchain* appartiendra aux Russes. »

La redistribution des cartes en cours sur le réseau mondial grâce à cette nouvelle technologie pourrait donc attirer des convoitises qui n'iraient pas forcément dans le sens de l'intérêt des citoyens.

5 Les dix commandements

DANS CETTE PARTIE :

- Dix questions sur les cryptomonnaies
- Dix points à retenir sur les cryptomonnaies

Comme il se doit dans un livre de la collection « Pour les Nuls », cette dernière partie est consacrée aux dix commandements des cryptomonnaies.

Chaque fois que nous-mêmes, auteurs de ce livre, sommes amenés à exposer les potentiels des cryptomonnaies à un public non averti, quelques questions reviennent inlassablement : est-ce que je peux payer mon repas avec des Bitcoins ? Si oui, comment cela marche au juste ? Et comment fais-je pour acquérir des Bitcoins ou des Ethers ? Nous répondons à dix questions de ce type (plus quelques questions annexes) dans le Chapitre 9.

Nous terminons ce parcours en égrenant dix points fondamentaux qu'il est bon de garder à l'esprit à propos des cryptomonnaies.

Chapitre 9

Dix questions sur les cryptomonnaies

Comment acquérir des Bitcoins ?

Il existe trois façons d'acquérir des Bitcoins :

- La plus simple consiste à acheter des Bitcoins en déboursant des euros, tout comme on va acheter des dollars avant de partir aux États-Unis, ou des livres sterling lorsqu'on doit aller au Royaume-Uni.

  Il existe de nombreux sites Web ou applications sur smartphones ou tablette proposant de vous vendre des Bitcoins (voir Figure 9.1). Parmi les sites Web, citons Coinbase, Binance ou Bitrex. Si vous habitez à Paris, vous pouvez aussi vous rendre à la Maison du Bitcoin. Comme dans le cas d'une banque traditionnelle, chaque plate-forme qui vous vend des Bitcoins va prendre une commission plus ou moins élevée au passage.

- Une deuxième façon consiste à demander d'être payé en Bitcoins pour certains de vos services. Ainsi, de nombreux sites Web offrent la possibilité à leurs visiteurs de payer en Bitcoins. C'est par exemple le cas du site de voyages Expedia, du constructeur de PC Dell, du site de restauration rapide pizza.fr ou encore de l'éditeur de logiciels Microsoft (voir également plus bas) !

  Vous pouvez également proposer à des clients d'une boutique que vous gérez dans le monde réel de vous payer en Bitcoins s'ils le désirent. Ainsi, déjà en 2017, si l'on en croit la société immobilière Redin, le Bitcoin a été la monnaie utilisée pour acheter 75 propriétés sur le sol américain.

FIGURE 9.1 : En tapant « Bitcoin wallet » sur un smartphone ou une tablette, on peut accéder à des dizaines d'applications permettant de gérer des Bitcoins, et notamment d'en acheter.

» La troisième façon consiste à devenir un « mineur » de cette monnaie. En théorie, il suffit de disposer d'un PC particulièrement puissant, avec notamment une bonne carte graphique, car celles-ci sont pourvues d'unités de calcul très performantes. Il vous faut ensuite connecter cet ordinateur à Internet et faire tourner un logiciel jour et nuit qui va permettre à votre ordinateur de participer à la validation et à la sécurisation des transactions du réseau Bitcoin. Tout se fait de manière automatique. En contrepartie, vous êtes rémunéré en Bitcoins.

Seulement voilà, si ce qui vient d'être dit était vrai aux alentours de 2009 lorsque le Bitcoin a été lancé, ça ne l'est plus aujourd'hui. De nos jours, il faut mettre à profit des fermes de serveurs de très haut niveau pour espérer avoir sa chance dans le minage des Bitcoins. En revanche, l'opération précitée peut tout à fait être pratiquée avec des cryptomonnaies plus jeunes comme l'Ethereum.

Mais pour la plupart des cryptomonnaies, plus le temps passe et plus la durée de production d'une nouvelle « pièce » s'allonge. Déjà au début de l'année 2018, avec un ordinateur ultra haut de gamme, il fallait plus d'un mois pour produire un ether. Plus les mois passent et plus cette durée s'allonge. C'est la raison pour laquelle, si l'on souhaite devenir mineur, il est préférable de s'intéresser à de nouvelles cryptomonnaies, tout juste apparues.

FIGURE 9.2 : Le logo « Bitcoin accepted here » présent sur certains sites Web ou boutiques du monde réel signifie que les paiements en Bitcoins y sont acceptés. Rien ne vous empêche si vous gérez vous-même un site Web d'indiquer que vous acceptez les paiements en Bitcoins.

Quels sites Web acceptent le Bitcoin comme moyen de paiement ?

Lorsqu'on évoque le Bitcoin, un grand nombre de gens répondent : « Tout cela est bien beau, mais que puis-je acheter au juste avec des Bitcoins ? »

En réalité, il est de plus en plus courant de voir des sites Web proposer le Bitcoin parmi les moyens de paiement acceptés.

Parmi les plus célèbres figurent :

- l'agence de voyages Expedia (qui accepte des paiements en Bitcoins depuis juin 2014) ;
- l'éditeur de logiciels Microsoft ;
- le site de réservation aérien CheapAir ;
- Dell, le constructeur de PC ;
- la chaîne de télévision pour adultes Playboy TV – pour ses contenus à accès restreint ;
- le réseau social Reddit ;
- Virgin Galactic, une filiale de Virgin Group dédiée aux vols dans l'espace ;
- l'encyclopédie Wikipédia, dans le cadre de ses appels aux dons ;
- Steam, la plus grande plate-forme de jeux dématérialisés ;
- Zynga, un éditeur de jeux en ligne ;

» Bloomberg, un média d'informations économiques ;

» Overstock.com, un site américain d'e-commerce présent en version française depuis la Belgique. Il accepte des paiements en Bitcoins depuis janvier 2014, mais aussi en d'autres cryptomonnaies telles que Ethereum, Litecoin, Monero, Dash ou Bitcoin Cash ;

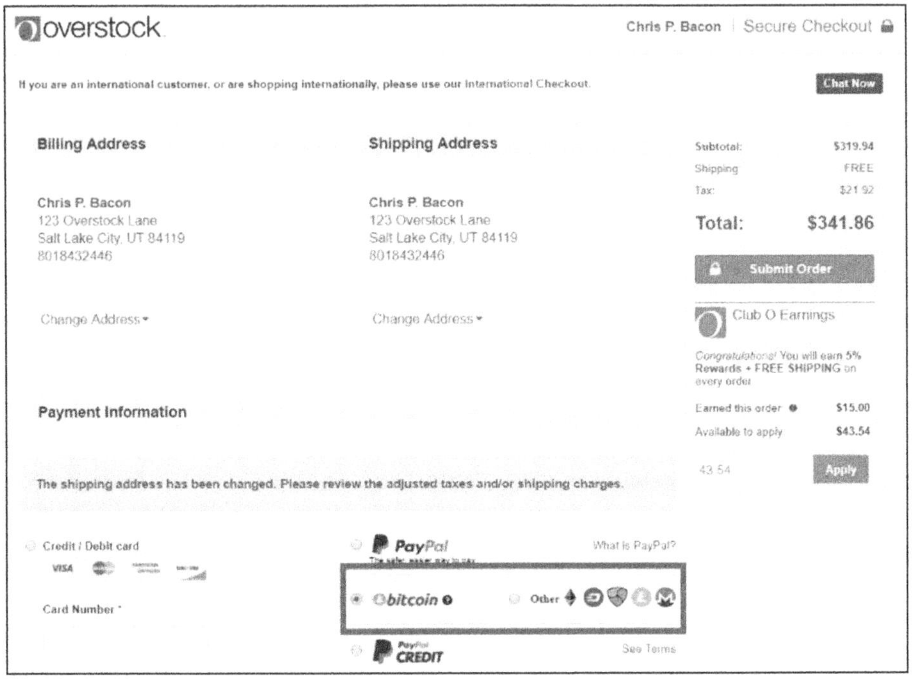

FIGURE 9.3 : Le site américain d'e-commerce Overstock propose le Bitcoin parmi les moyens de payement.

» T-Mobile, le n° 1 de la téléphonie mobile en Pologne ;

» Famsa, le n° 1 mexicain du commerce.

En France, les grands sites qui acceptent des paiements en cryptomonnaie sont encore rares. On trouve toutefois les suivants :

» Showroomprive.com, le deuxième site français de déstockage ;

» Pizza.fr, livraison à domicile de pizzas ;

» Grosbil – vente de matériel informatique – accepte les paiements en Ethereum.

Bitcoin.fr est un annuaire qui recense des sites de vente de produits avec possibilité de payer en Bitcoins. Une liste régulièrement mise à jour de sites français peut être consultée sur la page : `https://bitcoin.fr/depenser-ses-bitcoins/`.

Où se trouvent les commerces qui acceptent le Bitcoin comme moyen de paiement ?

Payer sa consommation avec des Bitcoins ? C'est aujourd'hui possible dans un grand nombre de boutiques. À titre d'exemple, il est possible de payer en Bitcoins dans un grand nombre de succursales de la chaîne de restauration rapide Subway.

Pour payer en Bitcoins, on affiche un QR code sur son smartphone, lequel QR code correspond à notre clé publique et ce code est flashé par le commerçant.

À Paris, dans le 2e arrondissement, les 20 commerçants du passage du Grand Cerf acceptent les paiements en cryptomonnaies.

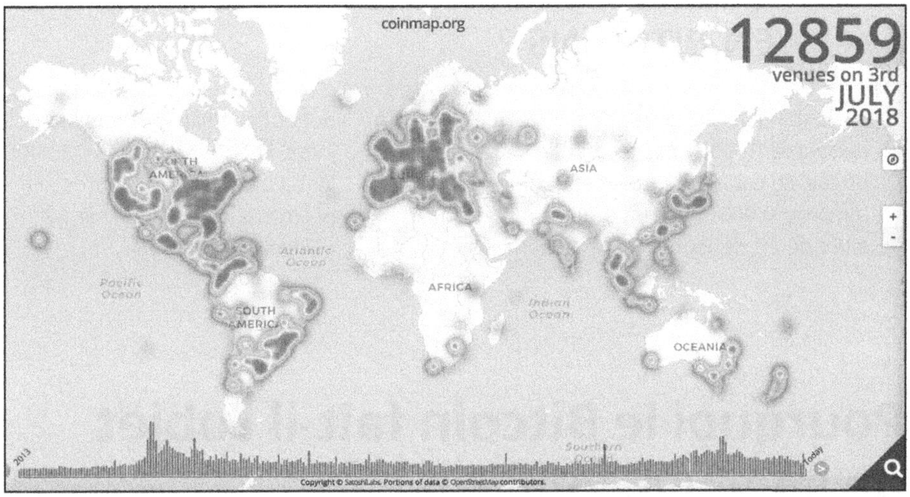

FIGURE 9.4 : Le site coinmap.org fait ressortir le nombre de commerces acceptant des Bitcoins dans chaque pays. Il ressort que la France est bien moins lotie que ses voisins…

Une carte régulièrement mise à jour est accessible sur le site coinmap.org.

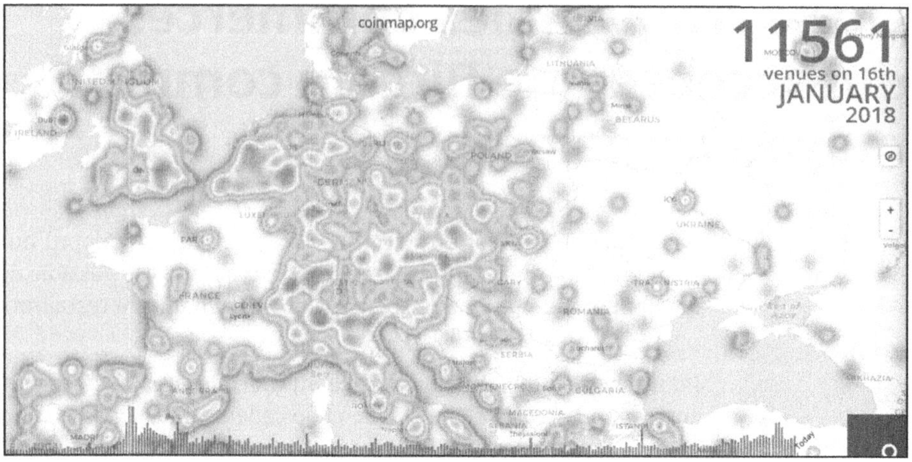

FIGURE 9.5 : Le nombre de commerces acceptant des Bitcoins en France en janvier 2018 était bien inférieur à celui de ses voisins européens.

QUELLE A ÉTÉ LA PREMIÈRE COMMANDE PASSÉE EN BITCOINS ?

Le 22 mai 2010, le développeur Laszlo Hanyecz a déboursé 10 000 Bitcoins afin de se faire livrer 2 pizzas. Le cours du Bitcoin était alors très réduit (environ 0,003 dollar), ce qui explique qu'il ait alors dû en débourser autant. Dans les faits, il a déboursé environ 30 dollars de l'époque. De nos jours – début août 2018 – 10 000 Bitcoins équivalent à plus de 60 000 euros ! En souvenir de cette première commande, le 22 mai est devenu le « Bitcoin Pizza Day ».

Pourquoi le Bitcoin fait-il l'objet de spéculations ?

Les raisons sont multiples et plusieurs d'entre elles ont été exposées dans divers chapitres de ce livre. Ce qui est sûr, c'est qu'à partir de 2016, le cours du Bitcoin s'est envolé. Que s'est-il passé au juste ?

» De nombreux blogueurs et analystes financiers réputés ont publié des chroniques qui ont contribué à créer une crédibilité autour du Bitcoin. Ainsi, Vitalik Buterin, le créateur de l'Ethereum, s'est d'abord fait remarquer pour la clarté de ses analyses sur le site *Bitcoin Magazine*. Des gens tels que Thimoty B. Lee de *Forbes* ont contribué à rendre l'économie du Bitcoin accessible au grand public. Peu à peu, certains de ces observateurs éclairés se sont lancés dans des prévisions à la hausse spectaculaires. Ainsi, en juin 2017, l'un d'eux, Brett Donovan, s'est autorisé à prédire que le Bitcoin était en mesure de dépasser les 3 000 dollars et les faits lui ont rapidement donné raison. En juillet de la même année, le milliardaire John McAfee a fait sensation en déclarant qu'il mangerait ses propres parties génitales en direct à la télévision si le Bitcoin n'atteint pas les 500 000 dollars d'ici 3 ans – et donc en 2020. Pour information, John McAfee est l'un des pionniers des logiciels antivirus et en 2017, il a démarré une activité de minage dans la société MGTI – qui peu après a jugé préférable de se séparer de lui.

» Le Bitcoin est devenu plus accessible au grand public grâce à l'apparition d'application rendant son usage aisé. Les plates-formes d'échange se sont multipliées : Coinbase, Bitrate, Poloniex…

» Certaines institutions financières de taille ont peu à peu annoncé qu'elles prenaient le Bitcoin au sérieux. Parmi elles, le FMI, Goldman Sachs, Merril Lynch… Et certaines banques ont commencé à intégrer cette monnaie dans leur offre, comme la banque suisse Falcon.

» En parallèle, le Bitcoin a fait l'objet d'un *buzz* médiatique particulièrement fort, qui a rappelé les débuts du Web aux alentours de 1995. Un grand nombre de gens se sont donc intéressés au Bitcoin dans l'espoir de réaliser une plus-value rapide.

Quel est le volume quotidien d'échanges de cryptomonnaies ?

On peut en trouver une liste sur la page `https://coinmarketcap.com/rankings/exchanges/` qui donne la valeur des transactions effectuées au cours des 24 dernières heures, en fonction des 100 principales plates-formes d'échange.

En août 2018, le volume de transactions quotidien sur la plate-forme n° 1 du lot, Binance, dépassait le milliard de dollars.

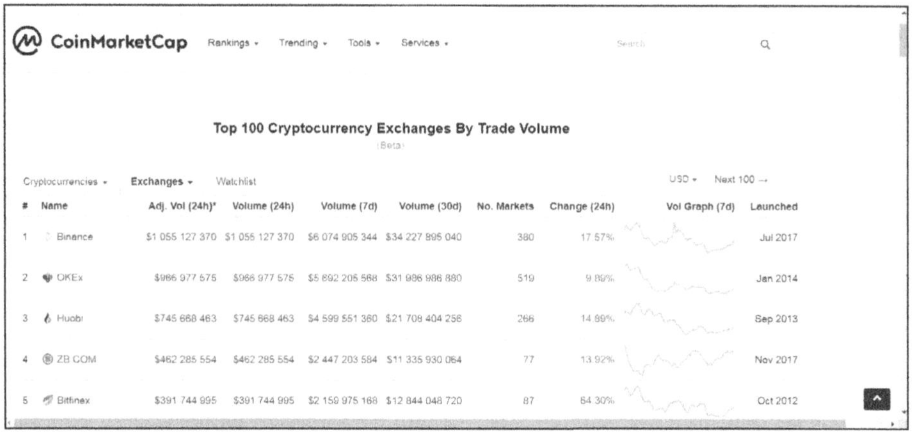

FIGURE 9.6 : Le volume de transactions sur les principales plates-formes d'échange en août 2018.

Qui sont les millionnaires en cryptomonnaies ?

Il existe d'ores et déjà plusieurs millionnaires de la cryptomonnaie, parmi lesquels figurent les personnalités suivantes :

- Les frères Winklevoss, rendus célèbres par le film *Social Network* (2010), ont touché plusieurs millions de dollars dans un procès les opposant à Mark Zuckerberg, fondateur de Facebook. Ils ont eu la clairvoyance de les investir sur du Bitcoin. Au début de l'année 2018, ils sont temporairement devenus les premiers « milliardaires en Bitcoins ».
- Chris Larsen est le cofondateur de Ripple. Sa fortune s'élève à environ 8 milliards de dollars. Elle est montée jusqu'à 20 milliards au plus fort de l'action Ripple fin 2017, pour redescendre aux alentours de 8 milliards deux mois plus tard.
- Ancien cadre de Goldman Sachs, Joseph Lubin est le codéveloppeur de l'Ethereum. Sa fortune est estimée entre 1 et 5 milliards de dollars.
- Changpeng Zhao. En tant que P.-D.G. de Binance, une plateforme de transaction de cryptomonnaies, ce Sino-Canadien détient une fortune estimée à 2 milliards de dollars.
- Matthew Mellon, héritier de la Bank of New York, a acheté 2 millions de XRP (la monnaie de Ripple) dès 2012 alors qu'elle ne valait que quelques centimes. Sa fortune est estimée à 1 milliard de dollars.
- Brian Armstrong. En tant que P.-D.G. de Coinbase, une plate-forme d'échange de cryptomonnaies, il pèse près d'un milliard de dollars.

- Anthony Di Iorio, cofondateur d'Ethereum et investisseur dans de nombreux projets, dispose d'une fortune supérieure à 750 millions de dollars.
- Valery Vavilov a fondé Bitfury, une entreprise dédiée au minage de Bitcoins en 2011. Sa fortune est estimée aux alentours de 600 millions de dollars.
- Dan Larimer, le créateur d'EOS, disposerait d'une fortune dépassant les 600 millions de dollars. Brendan Blumer, qui dirige pour sa part la plate-forme EOS.IO, est crédité d'une fortune similaire.
- Ancien Marine, Jered Kenna a acheté ses premiers Bitcoins alors qu'ils ne valaient que 20 cents pièce. Il en a perdu une grande partie (l'équivalent de plusieurs millions de dollars) un jour où, malencontreusement, il a effacé son disque dur. Il a toutefois pu récolter suffisamment de fonds pour lancer plusieurs entreprises. Son avoir en Bitcoins est estimé à 30 millions de dollars.

Le Bitcoin, l'Ethereum et autres monnaies vont-ils remplacer le dollar et l'euro ?

L'hypothèse est fort peu probable dans les conditions actuelles. Les raisons sont diverses mais la principale réside dans l'absence de stabilité de ces nouvelles monnaies.

Ainsi, la valeur d'une monnaie telle que le Bitcoin ne cesse de changer. Certes, les monnaies classiques connaissent aussi des fluctuations mais elles sont moins énormes pour une raison simple. Des monnaies comme le dollar, le yen et l'euro font l'objet d'un suivi permanent de la part d'une banque centrale, laquelle cherche activement à influer sur l'économie dans un certain sens. Si par exemple l'euro venait à perdre un peu trop de valeur, la Banque centrale européenne, qui dispose de réserves d'or, interviendrait afin de moduler cette baisse. Par conséquent, si un achat important a été prévu en euros dans les semaines à venir, nous pouvons être relativement sûrs que le cours de cette monnaie ne variera pas excessivement.

Pour sa part, le Bitcoin a eu tendance à évoluer fortement de jour en jour, en fonction de l'offre et de la demande et aucune instance n'a été prévue pour le réguler – ce serait contraire à son ADN.

Il faudrait donc en premier lieu qu'une certaine stabilité puisse être observée sur une longue période pour que le Bitcoin et autres cryptomonnaies puissent être envisagés comme des substituts des monnaies actuelles.

Là n'est pas tout. Comme vous le savez, si quelqu'un dérobait aujourd'hui votre carte de crédit et se livrait à des emplettes avec, votre banque serait tenue de vous rembourser intégralement les sommes ainsi déduites de votre compte – si tant est que le voleur n'a pas eu accès à votre code secret, auquel cas le remboursement est plafonné à 50 euros. Qu'en est-il des cryptomonnaies ? Celles-ci sont conçues selon un modèle qui empêche le vol et le piratage. Pourtant, à plusieurs reprises, quelques rares incidents ont été constatés, notamment sur des plates-formes d'échange. Dans le cas fortement improbable si l'on en croit les mathématiques impliquées (voir Chapitre 5) où une partie de vos avoirs seraient détournés, vous n'avez à ce jour aucun recours légal.

Dernier point : les monnaies classiques sont assorties d'une obligation par un commerçant d'accepter votre argent. Or, pour le moment, rien n'oblige une boutique à accepter vos Bitcoins !

Les cryptomonnaies sonnent-elles la fin des banques ?

Il est vraisemblable de penser qu'il devrait exister durant encore fort longtemps des établissements bancaires. Il se pourrait qu'elles adoptent des monnaies comme le Bitcoin ou l'Ether à la place des monnaies traditionnelles. En revanche, les banques devraient normalement conserver leur rôle de conseiller en investissement ou d'organisme de prêt.

Il est raisonnable d'estimer que nous devrions souhaiter faire appel à un conseiller que nous connaissons dans la vraie vie dans le cadre d'un prêt pour l'achat d'une maison, d'un prêt étudiant, *etc.* On peut donc penser que les banques devraient voir se réduire fortement le rôle de dépositaire de notre argent, mais toutefois conserver une activité de service auprès de la clientèle.

Dois-je payer une TVA si j'achète des Bitcoins ?

En octobre 2005, la Cour européenne de justice a examiné une demande de la Suède sur cette question. Elle revenait à demander s'il fallait considérer le Bitcoin comme un produit (et donc auquel la TVA peut s'appliquer) ou comme une devise. La Cour européenne a choisi la deuxième option.

LES TROIS GÉNÉRATIONS DE CRYPTOMONNAIES

Les trois générations de cryptomonnaies sont les suivantes :

- La première génération est celle du Bitcoin dont les principes ont été définis en 2008 par Satoshi Nakamoto. Le Bitcoin a été lancé en 2009 et depuis, c'est devenu la monnaie la plus importante du domaine. Il a toutefois montré quelques limitations à partir de la fin 2016, n'ayant pas été conçu en vue de soutenir un nombre très élevé de transactions simultanées.
- La deuxième génération est celle de l'Ethereum. Son créateur Vitalik Buterin l'a lancé en 2014, car il trouvait regrettable que le Bitcoin, ne permette pas de gérer certaines transactions de manière automatique, selon certaines conditions. Il a donc introduit la notion de *smart contract* grâce auquel il est possible de définir des cryptomonnaies programmables. La plupart des cryptomonnaies apparues par la suite sont des variantes d'Ethereum, programmées avec un *smart contract.*
- La troisième génération est matérialisée par des monnaies comme EOS, IOTA ou Cardano. Elles utilisent divers systèmes visant à résoudre certains des problèmes rencontrés avec le Bitcoin. Parmi ces questions figure la *scalability* (changement d'échelle) : le Bitcoin n'autorise qu'un nombre limité de transactions par seconde. Or, Cardano utilise un système de confiance accordée par le biais d'un vote collectif pour déterminer qui va avoir le droit de valider un bloc. Parmi les autres problèmes figure le stockage d'une copie de la blockchain par un grand nombre d'intervenants, ce qui est coûteux en espace disque et en bande passante. Un système comme IOTA résout la chose en remplaçant la blockchain par un autre modèle (voir la section « IOTA » au Chapitre 1) beaucoup plus léger.

Qu'est-ce qu'ERC 20 ?

ERC20 est un modèle de tokens fondé sur Ethereum, qui repose sur un certain nombre de principes précis.

Rappelons-le : un token est créé par le biais d'un *smart contract* qui définit son fonctionnement, la façon de le gérer. Les centaines d'ICO apparues, notamment en 2017 et 2018, sont ainsi des variantes d'Ethereum assorties d'un *smart contract.*

Le souci, c'est qu'un *smart contract* n'est pas infaillible. Il peut avoir été mal programmé. Or, en vertu des principes de la *blockchain*, une fois qu'un *smart contract* a été défini, il n'est plus possible de le changer. S'il comporte une anomalie, il n'est plus possible de la réparer. Et comme on le voit au Chapitre 4, il est arrivé qu'un hackeur puisse ainsi dérober un certain volume de cryptomonnaie.

Pour pallier cette situation, la communauté Ethereum a donc proposé le modèle ERC20. Il s'agit en fait de la proposition n° 20 (ERC est l'abréviation d'*Ethereum Request for Comments* – grâce auquel il est possible de proposer des améliorations à la norme Ethereum).

Un *smart contract* conforme à ERC20 doit respecter les points suivants :

- Il est nécessaire de définir, comme pour Bitcoin, un nombre maximal de tokens pouvant être créés.
- On doit pouvoir établir, pour chaque adresse du réseau, combien de tokens sont détenus.
- Il doit être possible de transférer des tokens depuis la masse globale évoquée plus haut, vers un usager.
- Il doit être possible d'échanger des tokens d'un usager à un autre.
- Il doit exister une technique d'approbation des transactions.
- Un usager ne peut envoyer des tokens à un autre que s'il les détient et il doit être possible de le vérifier.

Le site TokenFactory permet de créer des tokens respectant la norme ERC20 de manière quasi automatique.

ERC20 n'est pas parfait et afin de pallier ses propres insuffisances, une nouvelle norme a été proposée, ERC23.

Chapitre 10

Les dix points à retenir sur les cryptomonnaies

N'investissez dans les cryptos que l'argent que vous êtes prêt à perdre

Si vous avez choisi la lecture de cet ouvrage, c'est peut-être parce que vous vous posiez la question : « Et moi, comment puis-je gagner de l'argent avec ça ? »

Soyons sans illusion. Au-delà du phénomène technologique nouveau, ce qui fascine dans les cryptomonnaies ce sont les histoires de fortunes soudaines gagnées dans la bulle spéculative qui s'est formée autour du secteur.

La sagesse du spéculateur est la même quel que soit l'objet de la spéculation : n'investissez que l'argent que vous êtes prêt à perdre totalement.

L'univers des cryptos est un Far West sans foi ni loi dans lequel les règles qui protègent habituellement les investisseurs n'existent pas. À la mi-2018, il est impossible de comprendre précisément ce qui nourrit les mouvements de marché. De nombreux analystes surdiplômés tentent d'identifier des corrélations entre le cours de la monnaie virtuelle et celui du dollar ou de « l'indice de peur », l'indice de volatilité du marché des actions (VIX), mais ils ne sont parvenus à aucune conclusion pertinente.

Certains critiques prédisent la disparition pure et simple du Bitcoin suite à son interdiction dans la plupart des pays développés. Et de fait, le cours des cryptos est souvent affecté par les décisions politiques prises, en Asie notamment, pour tenter d'en restreindre l'usage.

Les cryptos sont avant tout une affaire de communauté

Si vous souhaitez vraiment vous intéresser au phénomène des cryptos, il vous faut, d'une manière ou d'une autre, vous plonger dans une communauté. Il existe de nombreuses réunions physiques dans les capitales nationales ou régionales et un premier contact avec les *aficionados* est souvent enrichissant.

En préparant ce livre, nous avons pu notamment découvrir la communauté de Tokyo lors de leur réunion hebdomadaire dans un petit bar de Ropongi. Il y avait là des victimes de Mt.Gox, le fameux Bitcoin Jesus, Roger Ver, et même de passage en ville, Jesse Powell, le patron de la place de marché américaine, Kraken.

Toutes ces personnalités sont particulièrement accessibles, prêtes à évangéliser le premier venu pour tenter de faire partager leur passion. Il faut dire que dans le domaine des cryptos, plus il y a de convaincus, plus la valeur du Bitcoin augmente.

Les débats qui se lancent lors des *meetups* (réunions) se prolongent ensuite sur trois forums fondamentaux pour la compréhension du secteur : Bitcointalk, Reddit et Telegram. Méfiance cependant, les tentatives d'intoxication et les *fake news* sont fréquentes.

Thésauriser du Bitcoin est sans doute une bonne idée

Ce qui est rare est cher et le Bitcoin original est rare : il ne sera pas possible d'en miner plus de 21 millions.

La proposition d'investissement est donc assez simple : plus la demande de Bitcoin va augmenter, plus sa valeur va monter. Tous les spéculateurs qui se sont procurés du Bitcoin avant 2017 et l'ont conservé n'ont sûrement pas à s'en plaindre.

Ainsi, comme c'est souvent le cas, la question n'est pas tellement de savoir quand vendre mais bien plutôt quand acheter. Le Bitcoin est probablement une valeur de contre-cycle : il baisse quand tout va bien et monte quand tout va mal.

Alors que la Bourse atteint des sommets, la bonne idée est sans doute de garnir son portefeuille de quelques BTC en prévision des mauvais jours.

La nature du Bitcoin reste incertaine

Même si le Bitcoin est désormais une valeur détenue par plusieurs dizaines de millions de personnes à travers le monde, il reste difficile de caractériser précisément ce que représente cette « monnaie électronique ».

Une chose est certaine, le Bitcoin est très loin d'avoir accompli le rêve de Satoshi Nakamoto de le voir remplacer les monnaies émises par les États (les monnaies traditionnelles telles que l'euro, le dollar ou le yen). À ce titre, les transactions en Bitcoins pour assurer les dépenses de la vie quotidienne restent marginales et ne progressent pas de façon significative.

Globalement, le Bitcoin a connu davantage de succès en tant que valeur refuge que comme valeur de paiement. Les crises financières qui ont jalonné ces dernières années ont toujours contribué à l'accroissement de sa valeur.

Qui plus est, et même si les *aficionados* n'aiment pas le reconnaître, il faut bien reconnaître que le Bitcoin a initialement servi comme véhicule de blanchiment d'argent ou de paiement pour l'achat de biens ou de services illicites.

Ce qui fait consensus, c'est que le Bitcoin et les cryptomonnaies sont devenus des valeurs spéculatives qui passionnent un grand nombre de technophiles à l'instinct joueur.

La sécurité n'est pas absolue sur les plates-formes d'échange

Les clés privées de vos *wallets* Bitcoin ont beau être inviolables, elles restent une suite de chiffres et de lettres qui, si elles résident sur les ordinateurs d'une place de marché/plate-forme d'échange, pourraient théoriquement être dérobées par des hackeurs particulièrement adroits.

Si vous décidez de consacrer un investissement significatif aux cryptomonnaies, la sécurisation de votre investissement est donc fondamentale. Il convient donc de rapatrier régulièrement vos Bitcoins sur une machine qui soit votre propriété et idéalement d'y associer une mémoire externe qui assure un *cold storage* de vos valeurs, c'est-à-dire un stockage sur un disque ou une clé USB non connectée.

Reste ensuite à ne pas égarer votre clé USB ou votre disque dur car les histoires de fortunes perdues au fond d'une poubelle sont nombreuses et ne font rire que ceux à qui ces mésaventures ne sont pas arrivées.

Si vous investissez sur le long terme, pensez aussi à changer de support régulièrement car les technologies de stockage évoluent rapidement et la compatibilité d'une génération à la suivante n'est pas toujours excellente.

Le Bitcoin et la *blockchain* sont devenus incontournables

Dix ans après la révélation du premier livre blanc du Bitcoin, l'invention de Satoshi Nakamoto ne peut plus être ignorée. Même si Facebook, Amazon ou Apple représentent des capitalisations boursières supérieures, la totalité des cryptomonnaies engendrées par l'expansion du phénomène Bitcoin représente une valeur globale de 230 milliards de dollars à la fin de l'été 2018. Il n'est plus possible d'ignorer le phénomène.

Les premiers fidèles de l'oracle de la cryptomonnaie ont été largement récompensés et leurs Bitcoin valent désormais une petite fortune.

Au-delà de la monnaie, Satoshi Nakamoto a popularisé le concept de *blockchain* dont le potentiel de développement peut bouleverser jusqu'à la structure même de l'Internet telle qu'on la connaît actuellement.

Satoshi Nakamoto, qui qu'il soit, unique ou multiple, japonais ou lapon, est à l'origine de deux innovations majeures du début du XXIe siècle.

Le caractère mystérieux de son personnage a certainement contribué au succès de ses inventions dans un univers de réseaux sociaux où le public a besoin d'entendre une histoire excitante pour trouver de l'intérêt dans une nouvelle technologie.

La technologie de la *blockchain* dépasse largement le domaine de la cryptomonnaie

La *blockchain* est une innovation tellement importante qu'elle va impacter un très grand nombre de secteurs : assurance, gestion des stocks, notariat...

En faisant reposer la confiance sur le réseau décentralisé et sur un système cryptographique, la *blockchain* a introduit un nouveau concept, ultrafiable, que l'on peut appliquer à des domaines très divers.

Il est encore trop tôt pour dire si la *blockchain* va devenir le nouveau standard sur lequel repose Internet, mais il est certain que cette technologie a un potentiel immense, que l'on peine à délimiter.

Le système *peer-to-peer* associé à la *blockchain* redéfinit le modèle du Web

La structure *peer-to-peer* de la *blockchain* sur laquelle reposent les cryptomonnaies n'est pas une nouveauté technique majeure. Bien avant le Bitcoin, Napster ou BitTorrent ont popularisé l'idée d'un Internet décentralisé.

La révolution majeure de la *blockchain* est qu'en combinant une structure *peer-to-peer* à une monnaie, Satoshi Nakamoto a introduit l'idée que certains des participants au réseau décentralisé devaient être rémunérés pour les récompenser de leur participation à la tenue du registre d'authentification des transactions.

Ce concept va à l'encontre de la structure actuelle du Net. En effet, les géants du secteur ont appuyé leur développement sur l'idée qu'en centralisant une prestation, ils pouvaient acquérir une position monopolistique. Soit le public souscrit à un service comme Netflix pour avoir une sorte de fournisseur unique de télévision, soit il bénéficie du service gratuit de Facebook ou de Google qui en contrepartie exploitent commercialement les données privées de leurs utilisateurs.

La *blockchain* renverse le paradigme : le service n'est plus centralisé et il n'est plus gratuit – chacun contribue en micropaiement ou en fourniture de stockage ou de bande passante pour assurer la prospérité du réseau et garantir la qualité des échanges.

Le standard de la *blockchain* n'existe pas encore

Aucun des modèles proposés actuellement ne fonctionne réellement pour assurer un développement rapide de la *blockchain*.

La structure décentralisée entraîne une lourdeur et une lenteur dans l'exécution des fonctions et aucune des solutions proposées n'a encore convaincu de sa capacité à alléger ce traitement.

Si des start-ups comme EOS ou TEZOS ambitionnent de construire une *blockchain* ultrarapide, leurs logiciels ne sont pas encore disponibles et n'ont pas été testés.

Ethereum a connu un développement rapide en tant que première *blockchain* programmable et capable de recevoir des instructions sophistiquées dites *smart contracts*. Toutefois, alors que ces « contrats intelligents » se multiplient sur Ethereum, leur vitesse d'exécution tend à se réduire.

La *blockchain* du Bitcoin elle-même, le Bitcoin Core, fait encore l'objet de débat et de discorde pouvant entraîner des *hard forks* (scissions) comme le Bitcoin Cash.

Cela est d'autant plus préoccupant que le logiciel du Bitcoin est resté spécialisé dans la simple fonction de miner la monnaie et d'en authentifier les transactions.

Une solution élégante pour populariser le concept n'a pas encore émergé. Elle pourrait survenir d'un moment à l'autre. Rappelons-nous que dans les premiers temps du Web, il a suffi que Netscape produise un navigateur populaire pour que le nombre d'usagers explose.

Les gouvernements ne tueront pas les cryptomonnaies

Contrairement à des prédictions alarmistes, la régulation ne tuera pas les cryptos. Les États voient un intérêt dans le développement des nouvelles technologies et les politiciens ont bien compris que les tentatives d'interdiction sont vaines, même si le Bitcoin et ses petits frères représentent autant d'opportunités de contourner les lois et de tromper le fisc.

La Suisse est en pointe sur le sujet, suivie de près par Malte ou les Bermudes. De fait, de nombreux pays souhaitent surfer sur la vague des cryptos et offrir aux entrepreneurs du secteur les meilleures conditions pour s'établir chez eux. La concurrence est rude et ni les États-Unis, ni la Chine ne souhaitent passer à côté de la prochaine grande révolution de l'Internet.

Index

S

T

U

V

W

X

Imprimé en France par EPAC Technologies
N° d'impression : 4550414306121
Dépôt légal : octobre 2018